Mehr als achtzehn Dichter und Schriftsteller beschreiben in dieser Sammlung ihre Kinderspiele und ihre Spielgefühle. Ob nun Goethe, Marie Ebner-Eschenbach oder Fontane, ob Thomas Mann, Joachim Ringelnatz oder Carl Zuckmayer, ob Vicki Baum, Elias Canetti oder Hermann Hesse – ein Brevier von Kindheitserinnerungen, in das man sich sehr schnell festliest. Dargestellt wird die ganze Vielfalt der kindlichen Spielwelt mit ihren eigenen Normen und Gesetzen, und es wird deutlich, wie sich Kinder gegenüber ihrer Umwelt verhalten, wie sie soziales Handeln lernen, wie sie das Ich-Bewußtsein entwickeln und wie sie Widerstand zu leisten beginnen. Es geht aber nicht nur um Spiele, es geht um Verstecke und Schätze, um Kinderbanden und Mutproben, und so erhält man faszinierende Einblicke in die Struktur der »logischen Ordnungen« der Kinderwelt.

Nach der Lektüre der hier vorgelegten Kinderspiele weiß man mehr über den Sinn des Spiels, der ja für die Kinder nicht nur Unterhaltung und Zeitvertreib bedeutet. Spiele ermöglichen es den Kindern, soziale Vorurteile zu überwinden und Ängste zu erleben. Es kann geschehen, daß die Kinder im Spiel bei sich selbst und den anderen Qualitäten entdecken, die in der Alltagswelt, im Zusammenleben mit den Erwachsenen nicht zum Ausdruck kommen. Solch Kinderspiel ist das Gegenteil von Einsamkeit, daran werden wir uns – die Erwachsenen – stets zu erinnern haben. Das Buch hilft uns, diese Fähigkeit des spielenden Menschen nicht gänzlich zu vergessen.

insel taschenbuch 1371

Was wir gespielt haben

Was wir gespielt haben

Erinnerungen an die Kinderzeit

Herausgegeben von
Ingeborg Weber-Kellermann
und Regine Falkenberg

Insel Verlag

insel taschenbuch 1371
Erste Auflage 1992
Insel Verlag Frankfurt am Main und Leipzig

Quellenverweise am Schluß des Bandes
Vertrieb durch den Suhrkamp Taschenbuch Verlag
Umschlag nach Entwürfen von Willy Fleckhaus
Satz: Fotosatz-Service Weihrauch, Würzburg
Druck: Nomos Verlagsgesellschaft, Baden-Baden
Printed in Germany

1 2 3 4 5 6 - 97 96 95 94 93 92

WAS WIR GESPIELT HABEN

Bäumchen wechselt euch (Max Liebermann 1847–1935)

Es ist überhaupt wunderbar, wie schroff die Kinderjahre den Mannesjahren gegenüberstehen, wie wenig Verständnis das Kind für die Angelegenheiten des reiferen Alters hat, und umgekehrt, wie sehr die reiferen Jahre es verlernen, einen richtigen Blick in die Welt des Kindes zu tun. Ich würde diese scheinbar triviale Bemerkung gewiß nicht gemacht haben, wenn ich nicht häufig bemerkt hätte, daß sehr ernsthafte Leute das Recht zu haben glauben, über die gewöhnlichen Vorstellungen und Ansichten der Kinder zu lachen, ohne daran zu denken, daß die kleinen zukünftigen Weltbürger in vollem Maße Repressalien gebrauchen würden, wenn die Ausbrüche ihrer gerechten Heiterkeit nicht durch elterliche Zucht im Zaume gehalten würden.

Fritz Reuter

Das Ballspiel (Heinrich Hoffmann 1809-1894)

ERSTER UND LETZTER

Normen- und Wertsysteme der Kinder

Das Kind hat seine eigene unendliche Welt, um sich darin zurechtzufinden, sie zu erobern, sich hineinzuträumen – aber was erfährt es? Hindernisse, Eindringen, Zurechtweisungen den lieben langen Tag. Das Kind soll immer irgend etwas bleiben lassen, oder etwas anderes tun, etwas anderes finden, etwas anderes wollen, als was es tut oder findet oder will; immer wird es nach einer anderen Richtung geschleift, als nach der sein Sinn weist. Und all dies oft aus purer Zärtlichkeit, aus Wachsamkeit, aus dem Eifer zu richten, zu raten, zu helfen, das kleine Menschenmaterial zu einem vollkommenen Exemplar in der Modellserie Musterkinder zuzuhauen und zu polieren!

Ellen Key

Gustav Parthey
Kriegsrecht

Eines Winters erhielt die Herzogin den Besuch ihrer zweiten Tochter, der Fürstin von Hohenzollern-Hechingen mit dem Erbprinzen Konstantin, der ungefähr in meinem Alter war (geb. 1801, † 1869). Anfangs hatte ich einen großen Respekt vor ihm und wagte bei meiner angebornen Zurückhaltung kaum, ihn anzureden. Als ich sah, daß er ein Mensch sei, wie alle andern, so faßte ich bald mehr Mut, und wir spielten sehr vergnügt zusammen. Weil aber allen Knaben die Kampflust angeboren ist und sie ihre Kräfte gegen einander versuchen wollen, so kam es auch zwischen uns sehr bald zum Balgen und Ringen, das ich in der Schule zwar weniger als andre, aber doch geübt hatte. Dabei galt es nun als höchst unwürdig, gegen alles Kriegs- und Völkerrecht verstoßend, einander in den Haaren zu raufen. Ich setzte dies als stillschweigende Bedingung bei meinem fürstlichen Gegner voraus; da er indessen, als ich einmal im Vorteil war, mir in die Haare fuhr, so tat ich dasselbe mit solcher Vehemenz, daß er in ein fürchterliches Geschrei ausbrach. Der ganze Salon eilte herbei, die Fürstin von Hohenzollern fand ihren Thronerben in Tränen, ich stand, einen Flausch seiner blonden Haare haltend, sehr verlegen daneben und erwartete ein schreckliches Strafgericht. Aber o Wunder! nachdem ich die Sache wahrheitsgetreu erzählt und der Prinz nicht leugnen konnte, daß er mir zuerst in die Haare gefahren sei, so ward ich von seiner Mutter mit Liebkosungen überhäuft, dafür, daß ich ihrem ungezogenen Sohne gezeigt, wie er sich nicht alles gegen andre erlauben dürfe. »Siehst du wohl, Konstantin«, so schloß sie ihren Sermon an den zerzausten Erbprinzen, »wer ausgibt, der muß einnehmen!«

Friedrich Hebbel
Wir riskieren Peitsche und Stock

Weiter knüpft sich an diese Schulstube mein erster und vielleicht bitterster Martergang. Um deutlich zu machen, was ich sagen will, muß ich etwas ausholen. Schon in der Kleinkinderschule finden sich alle Elemente beisammen, die der reifere Mensch in potenzierterem Maße später in der Welt antrifft. Die Brutalität, die Hinterlist, die gemeine Klugheit, die Heuchelei, alles ist vertreten, und ein reines Gemüt steht immer so da wie Adam und Eva auf dem Bilde unter den wilden Tieren. Wie viel hiervon der Natur, wie viel der ersten Erziehung oder vielmehr der Verwahrlosung von Haus aus beizumessen ist, bleibe hier unentschieden: die Tatsache unterliegt keinem Zweifel. Das war denn auch in Wesselburen der Fall. Von dem rohen Knaben an, der die Vögel bei lebendigem Leibe rupfte und den Fliegen die Beine ausriß, bis zu dem fixfingerigen Knirps herunter, der seinen Kameraden die buntpapierenen Merkzeichen aus der Fibel stahl, war jede Spezies vorhanden, und das Schicksal, das die besser gearteten und darum zum Leiden verdammten Mitschüler den jungen Sündern zuweilen im Zorn prophezeiten, wenn sie eben Gegenstand ihrer Foppereien oder ihrer Heimtücke geworden waren, ging an mehr als einem buchstäblich in Erfüllung. Der Auswurf hat immer in so weit Instinkt, daß er weiß, wen sein Stachel am ersten und am schärfsten trifft, und so war denn ich den boshaften Anzapfungen eine Zeitlang am meisten ausgesetzt. Bald stellte sich einer, als ob er sehr eifrig im Katechismus läse, den er dicht vor's Gesicht hielt, raunte mir aber über's Blatt weg allerlei Schändlichkeiten in's Ohr und fragte mich, ob ich noch dumm genug sei zu glauben, daß die Kinder aus dem Brunnen kämen und daß der Storch sie herauf hole.

Bald rief ein anderer mir zu: Willst Du einen Apfel haben, so nimm ihn Dir aus meiner Tasche, ich habe einen für Dich mitgebracht! Und wenn ich das tat, so schrie er: Susanna, ich werde bestohlen! und leugnete sein Wort ab. Ein Dritter bespuckte wohl gar sein Buch, fing dann zu heulen an und behauptete mit frecher Stirn, ich habe es getan. War ich nun solchen Vexationen fast allein preisgegeben, teils weil ich sie am empfindlichsten aufnahm und teils, weil sie wegen meiner großen Arglosigkeit am besten bei mir glückten, so gab es dagegen auch andere, die sich alle ohne Ausnahme gefallen lassen mußten. Dazu gehörten vorzugsweise die Prahlereien einiger hoch aufgeschossener Rangen, die uns übrigen in Jahren beträchtlich voraus waren, aber trotzdem noch auf der Abece-Bank saßen und von Zeit zu Zeit die Schule schwänzten. Sie hatten an und für sich nichts davon als doppelte und dreifache Langeweile, denn zu Hause durften sie nicht kommen, und Spielkameraden fanden sie nicht, es blieb ihnen daher nichts übrig, als sich hinter einen Zaun hinzuducken oder in einem ausgetrockneten Wassergraben zu lauern, bis die Erlösungsstunde schlug, und sich dann, als ob sie gewesen wären, wo sie sein sollten, auf dem Heimgang unter uns zu mischen. Aber sie wußten sich zu entschädigen und sich den Spaß nachträglich zu bereiten, wenn sie wieder in die Schule kamen und uns ihre Abenteuer berichteten. Da war einmal der Vater ganz dicht am Zaun vorbeigegangen, das spanische Rohr, womit er sie durchzuwalken pflegte, in der Hand und hatte sie doch nicht bemerkt; da war ein anderes Mal die Mutter, vom Spitz begleitet, an den Graben gekommen, der Hund hatte sie aufgeschnüffelt, die Mutter sie entdeckt und die Lüge, daß sie von Susanna selbst hergeschickt seien, um ihr Kamillenblumen zu pflücken, ihnen doch noch durchgeholfen. Dabei brüsteten sie sich, wie alte Soldaten den verwunderten Rekruten ihre Heldentaten erzählen, und die Applikation lautete stets: Wir riskieren Peitsche und Stock, Ihr höchstens die Rute, und dennoch wagt Ihr nichts! Dies war verdrießlich und um so mehr, da sich die Wahrheit nicht ganz in Abrede stellen ließ; als daher der Sohn eines Altflickers einst mit zerbleutem Rücken zur Schule kam und uns mitteilte, sein Vater habe ihn ertappt und ihn derb mit dem Knieriemen gezüchtigt, er werde es nun aber nur um so öfter probieren, denn er sei kein Hase, beschloß auch ich, meine Courage zu zeigen, und das noch denselben Nachmittag. Ich ging also, als meine Mutter mich zur gewohnten Stunde, mit zwei saftigen Birnen für den Durst ausgerüstet, fortschickte, nicht zu Susanna, sondern verkroch mich mit klopfendem Herzen und ängstlich rückwärts spähend in den Holzschuppen unseres Nachbars, des Tischlers, von seinem Sohn, der viel älter war als ich und schon mit in der Werkstatt hantierte, dazu aufgemuntert und dabei unterstützt. Es war sehr heiß und mein Schlupfwinkel so dunkel als dumpf, die beiden Birnen hielten nicht lange vor, auch aß ich sie nicht ohne Gewissensbisse, und eine im Hintergrund mit ihren Jungen kauernde alte Katze, die bei der geringsten meiner Bewegungen grimmig knurrte, trug nicht auf die angenehmste Weise zu meiner Zerstreuung bei. Die Sünde führte ihre Strafe unmittelbar mit sich, ich zählte alle viertel- und halbe Stunden der Uhr, deren Schläge gellend und, wie es mir vorkam, drohend vom hohen Turm zu mir herüber drangen, ich ängstete mich ab, ob ich auch wohl unbemerkt aus dem Schuppen wieder heraus kommen werde, und ich dachte nur sehr selten und äußerst flüchtig an den Triumph, den ich morgen zu feiern hoffte. Es war bereits ziemlich spät, da trat meine Mutter in den Garten und ging, vergnügt und fröhlich um sich blickend, zum Brunnen, um Wasser zu schöpfen. Sie kam fast an mir vorbei, und mir stockte schon davon der Atem, aber wie ward mir erst, als der Vertraute meines Geheimnisses sie plötzlich fragte, ob sie auch wohl wisse, wo Christian sei, und auf ihre stutzend abgegebene Antwort: bei Susanna! halb schalkhaft, halb schadenfroh versetzte:

Die ABC-Schule (Franz Pocci 1807–1876)

nein! nein! bei der Katze! und ihr blinzelnd und zwinkernd meinen Versteck zeigte. Ich sprang, vor Wut außer mir, hervor und stieß nach dem lachenden Verräter mit dem Fuß, meine Mutter aber, das ganze Gesicht eine Flamme, setzte ihren Eimer beiseite und packte mich bei Armen und Haaren, um mich noch in die Schule zu bringen. Ich riß mich los, ich wälzte mich auf dem Boden, ich heulte und schrie, aber alles war umsonst, sie schleppte mich, viel zu empört darüber, in ihrem überall gepriesenen stillen Liebling einen solchen Missetäter zu entdecken, um auf mich zu hören, mit Gewalt fort, und mein fortgesetztes Widerstreben hatte keine andere Folge, als daß alle Fenster an der Straße aufgerissen wurden und alle Köpfe heraus schauten. Als ich ankam, wurden meine Kameraden gerade entlassen, sie rotteten sich aber um mich herum und überhäuften mich mit Spott und Hohn, während Susanna, die einsehen mochte, daß die Lektion zu streng war, mich zu begütigen suchte. Seit jenem Tage glaube ich zu wissen, wie dem Spießrutenläufer zu Mute ist.

Theodor Fontane
An Strom und Strand

Es ist ein hübsches Wort, daß die Kinder ihren Engel haben, und man braucht nicht sehr gläubig zu sein, um es zu glauben. Für die Kleinen ist dieser Engel eine mit einem langen, weißen Lilienschleier angetane Fee, die lächelnd zu Füßen einer Wiege steht und entweder vor Gefahr bewahrt oder, wenn sie schon da ist, aus ihr hilft. Das ist die Fee für die Kleinen. Ist man aber aus der Wiege, beziehungsweise dem Bettchen heraus und schläft man bereits in einem richtigen Bett, mit andern Worten, ist man ein derber Junge geworden, so braucht man freilich auch noch seinen Engel, ja, man braucht ihn erst recht; aber statt des Lilienengels muß es eine Art Erzengel sein, ein starker, männlicher Engel mit Schild und Speer, sonst reicht seine Kraft für seine mittlerweile gewachsenen Aufgaben nicht mehr aus. Ich war nicht eigentlich wild und wagehalsig, und alle meine Kunststücke, die mir als etwas Derartiges angerechnet wurden, geschahen immer nur in kluger Abmessung meiner Kräfte; trotzdem hab' ich im Rückblick auf jene Zeit das Gefühl eines beständigen Gerettetwordenseins, ein Gefühl, in dem ich mich auch schwerlich irre. Denn als ich mit zwölf Jahren aus dem elterlichen Hause kam, in einem Alter also, wo die Fährlichkeiten eigentlich erst zu beginnen pflegen, wird es mit einem Male ganz anders, so sehr, daß es mir vorkommt, als habe mein Engel von jenem Zeitpunkt ab wie Ferien gehabt; alle Gefahren hören entweder ganz auf oder schrumpfen doch so zusammen, daß sie mir keinen Eindruck hinterlassen haben. Es muß also bei dem Dichtnebeneinanderliegen dieser Zeitläufte doch wohl ein Unterschied gewesen sein, der mir so ganz verschiedene Gefühle zurückgelassen hat.

Aus sogenannten Schlüsselbüchsen schießen war ein

Hauptvergnügen. Es wird solche Schlüsselbüchsen unter Großstadtkindern kaum noch geben, und deshalb möcht' ich sie hier noch beschreiben dürfen. Es waren Hohlschlüssel von ganz dünner Wandung, also sozusagen mit ungeheurer Seele, womit die Wäschetruhen und namentlich die Truhen der Dienstmädchen zugeschlossen wurden. Solche Schlüssel uns anzueignen, war unser beständiges Bemühen, worin wir bis zur Piraterie gingen. Wehe dem armen Dienstmädchen, das den Schlüssel abzuziehen vergaß – sie sah ihn nie wieder.

Wir bemächtigten uns seiner, und durch die einfache Prozedur eines Zündloch-Einfeilens war nun die Schußwaffe hergestellt. Da diese Schlüssel immer rostig, mitunter auch schon ausgesplittert waren, so war es nichts Seltenes, daß sie sprangen; wir kamen aber immer heil davon. Der Engel half.

Ungleich gefährlicher waren die beständig geübten Feuerwerkskünste. Ich hatte mich mit Hilfe von Schwefel und Salpeter, die wir in der Apotheke bequem zur Hand hatten, zu einem vollständigen Pyrotechniker herangebildet, dabei von meiner Papp- und Kleisterkunst sehr wesentlich unterstützt. Alle Sorten von Hülsen wurden mit Leichtigkeit hergestellt, und so entstanden Sonnen, Feuerräder und pot à feu's. Oft weigerten sich diese Schöpfungen, ihre ihnen zugemutete Schuldigkeit zu tun, und wir warfen sie dann zusammen und zündeten den ganzen Haufen mißglückter Herrlichkeit mit einem Schwefelfaden an, abwartend, was draus werden würde. All das war ziemlich gefahrlos. Desto gefahrvoller für uns war aber das, was in der Pyrotechnik als das einfachste und niedrigststehende Produkt galt und auch von uns so angesehen wurde: der Schwärmer. Dieser, wenn ich die Mischung verfehlt haben mochte, wollte häufig nicht recht brennen, was mich immer sehr verdroß. Wenn sich ein Feuerrad zu drehen weigerte, nun, das ging allenfalls; ein Feuerrad war eine vergleichsweise künstliche Sache; ein Schwärmer aber mußte brennen, und wenn er trotzdem nicht wollte, war das eine Schändlichkeit, die man nicht hinnehmen durfte. So bückte ich mich denn über die in einen Sandhaufen gesteckten Hülsen und begann zu pusten, um dem erlöschenden Zündschwamm neues Leben zu geben. Erlosch er dabei völlig, so war das eigentlich das beste; ging es aber plötzlich los, so wurde mir das Haar versengt oder die Stirn verbrannt. Schlimmeres kam nicht vor. Der Engel schützte mich eben mit seinem Schild.

Das war das Element des Feuers. Aber auch mit dem Wasser machten wir uns zu schaffen, was in einer Seestadt nicht wundernehmen durfte.

Herbst 31 war mir von einem Berliner Anverwandten eine Kanone als Geschenk verehrt worden, nicht etwa ein gewöhnliches Kinderspielzeug, wie man es beim ersten besten Kupferschmied oder Zinngießer kaufen kann, sondern eine sogenannte Modellkanone, wie man ihnen nur in Zeughäusern begegnet - ein wahres Prachtstück an Schönheit und Eleganz, die Lafette fest und sauber, das Geschützrohr blitzblank und wohl anderthalb Fuß lang. Ich war selig und beschloß, alsbald zu einem Bombardement von Swinemünde zu schreiten. Zwei Jungens meines Alters und mein jüngerer Bruder bestiegen mit mir ein an »Klempins Klapp« liegendes Boot, und nun fuhren wir, die Kanone vorn am Steven, flußabwärts. Als wir etwa in Höhe des Gesellschaftshauses waren, hielt ich die Zeit zum Beginn der Beschießung für gekommen und gab drei Schuß ab, bei jedem Schuß abwartend, ob wir vom Bollwerk aus beobachtet und in dem Ernst unsres Tuns gewürdigt würden. Beides blieb jedoch aus. Was aber nicht ausblieb, das war, daß wir inzwischen in die Strömung hineingeraten waren und von dieser gefaßt und getrieben, uns mit einem Male zwischen den Molendämmen sahen, und nun erfaßte mich eine furchtbare Angst. Ging das so weiter, so waren wir in zehn Minuten draußen und konnten dann auf Bornholm und die schwedische Küste zufahren. Es war eine ganz verteufelte Situation, und wir griffen zuletzt zu dem wenigst tapferen, aber doch schließlich verständigsten Mittel und begannen ungeheuer zu schreien, zugleich winkend und schwenkend und erwiesen uns überhaupt als geradezu erfinderisch in Notsignalen. Endlich wurden wir von einigen auf der Westmole stehenden Lotsen bemerkt, die nun mit dem Finger drohten, aber doch auch, vergnüglich dreinschauend, uns schließlich ein Tau zuwarfen. Und damit waren wir aus der Gefahr heraus. Einer der Lotsen kannte mich, weil sein Junge zu meinen Spielgefährten gehörte. Das machte denn auch wohl, daß wir mit ein paar nicht allzu schlimmen Ehrentiteln davonkamen. Ich nahm meine Kanone unter den Arm und hatte noch die Befriedigung, sie bewundert zu sehen. Dann ging ich nach Hause, nachdem ich versprochen hatte, Hans Ketelböter, einen großen Schiffersjungen, der ganz in unsrer Nähe wohnte, hinauszuschicken, um das inzwischen an einem Pfahl befestigte Boot zurückzurudern ...

Eine weitere Wassergefahr, die zu bestehen mir noch beschieden war, hatte nichts mit der See zu tun, sondern spielte sich auf dem Strome ab, dicht am Bollwerk, keine fünfhundert Schritt von unserm Hause.

Wir hatten verschiedene Spielplätze. Der uns liebste war aber wohl der am Bollwerk, und zwar gerade da, wo die mehrerwähnte, von unserm Hause abzweigende Seitenstraße einmündete. Die ganze Stelle war sehr malerisch, besonders auch im Winter, wo hier die festgelegten und ihrer Obermasten entkleideten Schiffe lagen, oft drei hintereinander, also bis ziemlich weit in den Strom hinein. Uns hier am Bollwerk herumzutummeln und auf den ausgespannten Tauen, so weit sie dicht über dem Erdboden hinliefen, unsere Seiltänzerkünste zu üben, war uns gestattet, und nur eines stand unter Verbot: wir durften nicht auf die Schiffe gehn und am wenigsten die Strickleiter hinauf bis in den Mastkorb klettern. Ein sehr vernünftiges Verbot. Aber je vernünftiger es war, desto größer war unser Verlangen, es zu übertreten, und bei »Räuber und Wandersmann«, das wir alle sehr liebten, verstand sich diese Übertretung beinahe von selbst. Entdeckung lag überdies außerhalb der Wahrscheinlichkeit; die Eltern waren entweder bei ihrer »Partie« oder zu Tisch geladen. »Also nur vorwärts. Und petzt einer, so kommt er noch schlimmer weg als wir.«

So dachten wir auch eines Sonntags im April 31. Es muß um diese Jahreszeit gewesen sein, weil mir noch der klare und kalte Lufton vor Augen steht. Auf dem Schiffe war keine Spur von Leben und am Bollwerk keine Menschenseele zu sehen, was mir des ferneren beweist, daß es ein Sonntag war.

Ich, als der älteste und stärkste, war natürlich Räuber, und acht oder zehn kleinere Jungens – unter denen nur ein einziger, ein Illegitimer, der, wie zu Begleichung seiner Geburt, Fritz Ehrlich hieß, es einigermaßen mit mir aufnehmen konnte – waren schon vom Kirchplatz her, wo wie gewöhnlich die Jagd begonnen hatte, dicht hinter mir her. Ziemlich abgejagt kam ich am Bollwerk an, und weil es hier keinen anderen Ausweg für mich gab, lief ich, über eine breite und feste Bohlenlage fort, auf das zunächstliegende Schiff hinauf. Die ganze Meute mir nach, was natürlich zur Folge hatte, daß ich vom ersten Schiff alsbald aufs zweite und vom zweiten aufs dritte mußte. Da ging es nun nicht weiter, und wenn ich mich meiner Feinde trotzdem erwehren wollte, so blieb mir nichts anderes übrig, als auf dem Schiffe selbst nach einem Versteck oder wenigstens nach einer schwer zugänglichen Stelle zu suchen. Und ich fand auch so was und kletterte auf den etwa mannshohen, neben der Kajüte befindlichen Oberbau hinauf, darin sich neben andren Räumlichkeiten gemeinhin auch die Schiffsküche zu befinden pflegte. Etliche in die steile Wandung eingelegte Stufen erleichterten es mir. Und da stand ich nun oben, momentan geborgen, und sah als Sieger auf meine Verfolger. Aber das

Siegesgefühl konnte nicht lange dauern; die Stufen waren wie für mich so auch für andre da, und in kürzester Frist stand Fritz Ehrlich ebenfalls oben. Ich war verloren, wenn ich nicht auch jetzt noch einen Ausweg fand, und mit aller Kraft und soweit der schmale Raum es zuließ einen Anlauf nehmend, sprang ich, von dem Küchenbau her, über die zwischenliegende Wasserspalte hinweg auf das zweite Schiff zurück und jagte nun wie von allen Furien verfolgt wieder aufs Ufer zu. Und nun hatte ich's, und den Freiplatz vor unsrem Hause zu gewinnen, war nur noch ein kleines für mich. Aber ich sollte meiner Freude darüber nicht lange froh werden, denn im selben Augenblicke fast, wo ich wieder festen Boden unter meinen Füßen hatte, hörte ich auch schon von dem dritten und zweiten Schiff her ein jämmerliches Schreien und dazwischen meinen Namen, so daß ich wohl merkte, da müsse was passiert sein. Und so schnell wie ich eben über die polternde Bohlenlage ans Ufer gekommen, ebensoschnell ging es auch wieder über dieselbe zurück. Es war höchste Zeit. Fritz Ehrlich hatte mir den Sprung von der Küche her nachmachen wollen und war dabei, weil er zu kurz sprang, in die zwischen dem dritten und zweiten Schiff befindliche Wasserspalte gefallen. Da steckte nun der arme Junge, mit seinen Nägeln in die Schiffsritzen hineingreifend; denn an Schwimmen, wenn er überhaupt schwimmen konnte, war nicht zu denken. Dazu das eiskalte Wasser. Ihn von obenher so ohne weiteres abzureichen war unmöglich, und so griff ich denn nach einem von der einen Strickleiter etwas herabhängenden Tau und ließ mich, meinen Körper durch allerlei Künste nach Möglichkeit verlängernd, an der Schiffswand so weit herab, daß Fritz Ehrlich meinen am weitesten nach unten reichenden linken Fuß gerade noch fassen konnte. Oben hielt ich mich mit der rechten Hand. »Pack zu, Fritz.« Aber der brave Junge, der wohl einsehen mochte, daß wir beide verloren waren, wenn er wirklich fest zupackte, beschränkte sich darauf, seine Hand

Gefährliche Spiele (Adolph Menzel 1815–1905)

leise auf meine Stiefelspitze zu legen, und so wenig dies war, so war es doch gerade genug für ihn, sich über Wasser zu halten. Vielleicht war er auch aus natürlicher Veranlagung ein sogenannter »Wassertreter« oder hatte, was schließlich noch wahrscheinlicher, das bekannte Glück der Illegitimen. Gleichviel, er blieb in der Schwebe, bis Leute vom Ufer her herankamen und ihm einen Bootshaken herunterreichten, während andre ein an »Hannemanns Klapp« liegendes Boot losmachten und in den Zwischenraum hineinfuhren, um ihn da herauszufischen. Ich meinerseits war in dem Augenblick, wo der rettende Bootshaken kam, von einem mir Unbekannten, von oben her, am Kragen gepackt und mit einem strammen Ruck wieder auf Deck gehoben worden. Von Vorwürfen, die sonst bei solchen Gelegenheiten nicht ausbleiben, war diesmal keine Rede. Den triefenden, von Schüttelfrost gepackten Fritz Ehrlich brachten die Leute nach einem ganz in der Nähe gelegenen Hause, während wir

andern in kleinlauter Stimmung unsern Heimweg antraten. Ich freilich auch gehoben, trotzdem ich wenig Gutes von der Zukunft erwartete.
Meine Befürchtungen erfüllten sich aber nicht. Im Gegenteil.
Am andern Vormittag, als ich in die Schule wollte, stand mein Vater schon im Hausflur und hielt mich fest, denn Nachbar Pietzker, der gute Zipfelmützenmann, hatte wieder geplaudert. Freilich mehr denn je in guter Absicht.
»Habe von der Geschichte gehört ...« sagte mein Vater. »Alle Wetter, daß du nicht gehorchen kannst. Aber es soll hingehen, weil du dich gut benommen hast. Weiß alles. Pietzker drüben ...«
Und damit war ich entlassen.
Wie gerne denk' ich daran zurück, nicht um mich in meiner Heldentat zu sonnen, sondern in Dank und Liebe zu meinem Vater. So muß Erziehung sein. Der liebenswürdige Mann, wenn er zum Strafen abkommandiert wurde, traf er's nicht immer glücklich, wenn er aber seinem unmittelbaren Gefühle folgen konnte, traf er's desto besser.

Heinrich Seidel
Viele Spiele

Uns gegenüber lag, wie schon gesagt, die Nikolai- oder Schelf-Kirche und um sie herum ein stattlicher Platz mit alten Linden bepflanzt, der »Schelfkirchhof«. Das war ein herrlicher Spielplatz für die umwohnende Jugend. Darum wurde es in der schulfreien Zeit bei nur einigermaßen erträglichem Wetter dort nicht still von dem fröhlichen Getöse der Kinder, die dort die Spiele der Jahreszeit spielten. Sie begannen im ersten Frühling mit Buutz (Anwerf-Spiel mit Knöpfen) an der Kirchenmauer und Murmel. Dann wurden großartige Tründelband- (Reifen) Wettrennen veranstaltet, und später kamen alle möglichen Ballspiele, Ausläufer, Krinkball (Kreisball) und Kuhlsäg' (Sauball). Wieder gab es dann eine Zeit, wo nur Hirsch und Has' oder Klodibo (Anschlag), Letzten (Zeck), Hinken Düwel (Schwarzer Mann) und Abenkloss gespielt wurde. Das letzte war ein eigentümliches Spiel, bei dem jeder Teilnehmer einen Namen nach dem Alphabet erhielt, bei dem er aufgerufen wurde. Die Namen hießen: »Abenkloss, Bibo, Cizo, Dido, Eickenbreker, Fahnensteker, Gurkenfreter ...« Weiter weiß ich sie nicht, wahrscheinlich, weil selten mehr als sieben Teilnehmer an dem Spiel vorhanden waren. Im Winter gab es dann Schanzenbau oder gewaltige Schneeballschlachten, oder man fuhr im Schlitten die benachbarte steile Kirchenstraße hinab. Freilich, da gab es noch eine bessere Bahn, die steile Straße neben dem Arsenal, die so abschüssig war, daß man sie für Wagenverkehr gesperrt hatte. Dort aber war das Schlittenfahren verboten. Das war natürlich kein Hindernis, wenn man einen guten Freund hatte, der unten stand und auf die Wagen und »Auras« aufpaßte. Wenn der dann sein »Numan!« rief, heidi, da gab es eine Fahrt, daß es nur so

Kinderbelustigungen (Nach Moritz von Schwind 1804–1871)

sauste. Im Nu war man unten, dann gings quer über die Alexandrinenstraße und die Promenade, dann eine steile Uferböschung hinab und mit einem Hopps über die Kaimauer auf den gefrorenen Pfaffenteich hinauf. »Jungedi, wo güng dat fein!«

Was nun den vorhin genannten Auras betrifft, so war das der gefürchtetste von den Polizisten, den sogenannten Stadtdienern. Er war groß und hager und ausgerüstet mit langen Beinen und desgleichen Fangarmen. Seine runden hurtigen Augen schienen alles in weitem Umkreis gleichzeitig zu sehen. Etwas Wildes, Sprunghaftes lag in seinem Wesen: er hatte eine fatale Fertigkeit darin, plötzlich da zu sein oder unvermutet um eine Ecke zu kommen, und der warnende Ruf: »Auras!« bedeutete für alle, die etwas Verbotenes vorhatten: »Rette sich, wer kann!« Wenn ich jetzt die Phrase von dem Auge der Gerechtigkeit höre oder lese, so muß ich noch immer an Auras seine Augen denken.

Verena Conzett
Der eigene Schlitten

Eines Tages holte mich meine jüngste Schwester ab und rief schon von weitem: »Denke dir, Vreneli, ich habe einen Schlitten! Ich habe ihn eingetauscht gegen ein altes Buch!« Ich freute mich über den Schlitten, legte meine Hand in die Schlinge und half ziehen. Einen Schlitten hatten wir noch nie besessen, und doch hätte ich gerne geschlittelt. Wie oft war ich als kleines Mädchen ganze Nachmittage oben am Rennweg gestanden und hatte gewartet, bis mich ein Kind auf seinem Schlitten mitnahm. Wie herrlich, so hinunterzusausen! Was kümmerte es mich, daß mir beim Warten fast die Füße abfroren? Jetzt hatten wir einen eigenen Schlitten.

Den wollte ich am Sonntag probieren; meine Schwester konnte ja an den schulfreien Nachmittagen schlitteln. Wichtig zog ich den Schlitten die alte Beckenhofstraße hinauf. Es war eine alte Schlittenform, ein sogenannter Keßler; aber es fehlte ihm die Eisenstange mit den Ringen, die so lustig klirren beim Fahren. Auch hatte er keine Eisenschienen; darum kam der Schlitten nie recht in Lauf, nicht einmal den Berg hinunter. Bald wurden die anderen Kinder darauf aufmerksam und spotteten: »Jetzt chunnt's Knechtli wieder mit siner Speuzdrucke!« (Spuckkästchen). Das kränkte mich, denn ich hatte große Freude gehabt, auf einem eigenen Schlitten zu fahren, wenn er auch nicht so davonsauste wie die andern. Da riefen die Buben meiner Klasse: »Komm, setze dich zu uns auf einen Schlitten; wir binden eine ganze Anzahl zusammen und hauen es den Berg hinab!« Ich gab den Schlitten meiner Schwester und setzte mich zu den Buben. Mit Jubeln und Jauchzen ging die Fahrt vor sich, und wir langten unten an, bevor wir recht aufgesessen wa-

Winterfreuden (Th. B.)

ren. War das schön! Und der Aufstieg nicht weniger lustig! Ich blieb, bis die einbrechende Dunkelheit zur Heimkehr mahnte.

Paul Deussen
Mieken

Mein älterer Bruder Johannes unternahm es, mir das Lesen und zunächst die Buchstaben beizubringen. Infolge seiner nervösen und hastigen Art verfuhr er, selbst erst acht Jahre alt, allerdings sehr unpädagogisch dabei. Er zeigte und erklärte mir eine Anzahl von Buchstaben zusammen, und wenn ich sie dann nicht wieder nennen konnte oder verwechselte, so kniff er mich mit seinen scharfen und nicht immer sauberen Nägeln in den Hals. Er nannte dies »Mieken«. Eines Tages betrachteten mich die Eltern, und Mama rief: »Je noch, das Kind hat ja einen ganz wunden Hals! Was hast du gemacht?« – »Ei, das ist doch vom Mieken«, antwortete ich. – »Was ist Mieken?« – »Nun, ich lerne doch jetzt lesen, und dabei wird man gemiekt.« Die Eltern hatten Mühe, den mir so natürlich scheinenden Zusammenhang zwischen Lesenlernen und Mieken zu verstehen und suspendierten das kaum begonnene Studium.

Gerhart Hauptmann
Meine Gefolgschaft

Es lag durchaus nicht an meiner Mutter, wenn ich mit grauen, schlechten, fleckigen Kleiderfetzen und durchweichten Stiefeln vagabundierte. Sie sann sich die hübschesten Kittel aus, die ich jedoch, außer am Sonntag, mit Entrüstung ablehnte. Aber selbst sonntags, weil ich sie schonen mußte und weil sie mich von meinen Kameraden, den Gassenjungen, unterschieden und von ihnen glossiert wurden, litt ich sie nur mit gemischten Gefühlen kurze Zeit.

Es wird gesagt, daß die meisten Jugendspiele den Kampf nachahmen. Von einem gewissen Alter an vielleicht. Das Kapitel Kinderspiele verlangt ein Buch, das trotz einzelner Anläufe noch nicht geschrieben ist. In gewissen Jahren strebt das Kind, etwas anderes als es selbst zu sein. Es ist Hund, Pferd oder Dampfmaschine. Es kommt das einfache Fangespiel, worin sich Jäger und Wild nachahmen. Mit dem Versteckspiel mag es das gleiche sein. Wochenlang, besonders im Herbst, spielte die proletarische Unterwelt »Räuber und Gendarm«. Und nicht nur hierbei, sondern im ganzen hatte ich mich unter den Banditen der Straße, so zart ich war, zu einem Räuberhauptmann aufgeschwungen. Sie folgten mir, ich führte sie an. Das war beinahe mehr als ein Spiel, weil man eigentlich war, was man vorstellen wollte. Mit wie mancher Schwiele, Beule und Kratzwunde bin ich in meinen Bürgerbereich zurückgekehrt. Von meinem siebenten Jahre aufwärts gewannen diese Spiele an Ernsthaftigkeit, und sie lehrten mich Menschen kennen.

Eine Gefolgschaft von zwanzig bis dreißig Jungens brachte ich wohl mitunter zusammen. Im allgemeinen standen sie bei größeren Unternehmungen hinter mir. Hie und da aber wurden sie aufsässig, konspirierten zum Teil oder in ihrer

Gesamtheit gegen mich. Gelegentlich ging das so weit, daß man die Acht über mich verhängte. Wenn ich dann eine Zeitlang gemieden worden war und keiner der Anführer mit mir gesprochen hatte, bahnten sich meist Verhandlungen an. Dann wurden von mir Offiziere ernannt, ich gebrauchte meine Überredungskunst und brachte, wo das nichts half, Widerspenstige durch Geschenke auf meine Seite.

In Fällen von dauernder Widersetzlichkeit griff ich zur Exekution. Ich ging zum persönlichen Angriff über; dann kam es darauf an, daß ich obsiegte. War das der Fall, so entfernte sich meist der Unterlegene schimpfend, heulend, unter Drohungen. Trotzdem ich mein Bürgertum nie hervorkehrte, spürte ich doch bei diesem und jenem den Klassenhaß. Ich wurde mit Schimpfnamen traktiert. Ich erinnere mich, wie bei einer solchen Gelegenheit sich ein Kampf zwischen mir und meinem Verlästerer entspann, der wohl eine Viertelstunde dauerte. Er ging beinah auf Leben und Tod. Erwachsene rissen uns auseinander.

Die Jungen von Hinterhartau bei Salzbrunn waren damals berüchtigt. Sie belästigten Kinder und Erwachsene. Da organisierte ich eines Tages eine Strafexpedition. Es entstand eine Steinschlacht, die lange hin und her tobte. Die Hinterhartauer waren im Vorteil, denn wir mußten zu ihnen den Berg hinanstürmen. Aber wir taten es, ich voran, umsaust von einem gefährlichen Steinhagel. Die Hartauer räumten das Feld und verflüchtigten sich.

Ich selbst trug eine schwarzblaue, blutunterlaufene Zehe davon, und zwar trotz des Schuhleders, das die Wucht des Steinwurfes nicht wesentlich abschwächte. Wenn dies an der großen Zehe geschah, dachte ich mir, so kannst du von Glück sagen, daß deine Nase, dein Auge, deine Stirn heil geblieben sind.

Johannes Thiessen
Das Marmelspiel

Wie es noch heute ist und wahrscheinlich bis in alle Ewigkeit sein wird, so war es damals schon: ein Kinderspiel fing plötzlich wie auf Kommando an, dauerte eine gewisse Zeit und wurde ebenso plötzlich von einem anderen Spiele abgelöst. Wenn heute das Drachensteigen an der Reihe war, kam morgen das Bogenschießen, übermorgen das Marmelspiel, darauf das Stockspiel, das Tauspringen, Hüpfen, »Trilleband« und so fort. Zwischen heute und morgen und morgen und übermorgen lagen aber oft viele Wochen.

Wer die Marmel zuerst in der Tasche hatte, während noch mit dem Flitzbogen geschossen wurde, war nicht zu sagen; meist waren es viele. Es war wie eine geheime Abmachung; und doch hatten sich alle gewiß nicht miteinander verständigt, daß heute gerade das Marmeln beginnen sollte. Es fiel auch keinem Kinde ein, beim alten Spiel zu bleiben und das neue etwa nicht mitzumachen. Einige Nachzügler waren ja immer dabei, die entweder die geheime Stimme, die zu den Marmeln rief, nicht verstanden hatten oder nicht in der Lage gewesen waren, sich die Marmel zu kaufen.

Das waren überhaupt nicht die richtigen Kinder, die sich erst alles »kaufen« mußten. Ehe so ein langweiliger Junge oder so ein dösiges Mädchen sich den Groschen zusammengebettelt hatte, war das Spiel oft schon vorbei, und wenn sie endlich mit ihren nagelneuen Marmeln auf dem Spielplatze erschienen, war die Ware längst im Kurse bis zum Nullpunkte gesunken, da die Spieler jetzt nur für das Neueste Sinn hatten.

Wer mitten im kindlichen Leben stand, hatte Vorrat an allem, was zum Leben gehörte. Der Flitzbogen hing auf dem Boden, neben ihm der Köcher mit den Pfeilen, der Drache

Murmelspiel (Unbekannter Berliner Künstler)

stand in der Ecke, in dem braunen Kasten mit dem Schiebedeckel, wo früher einmal Farbe drin gewesen war, lagen die Marmel. Und was waren das für Dinger! Nichts von diesem neumodischen bunten Kram, der in blau und rot, gelb und grün so protzig aussah und – von Lehm war; nicht die kleinen, weißen Picker, die kein Mensch zwischen den Fingern halten kann, – sondern große, graue Marmelsteine, ungefärbt, unverfälscht, schwer und »schmissig«.
Wenn ich meinen Kasten hernahm und mich zum Spiel ausrüstete, suchte ich mir zum Werfen die ältesten und schwersten aus, die sich schon rauh anfühlten von vielem Gebrauch und zum Teil schon meinem Bruder Ferdinand, der doch neun Jahre älter war als ich, gehört hatten. Von ihm stammte auch der Kasten, den ich seinerzeit mit vollem Inhalt geerbt hatte. Das Erbe war treu gewahrt und, wenn ich hinzurechnen wollte, was ich den Schwestern geschenkt und guten Freunden geliehen, aber nie wiederbekommen hatte, beträchtlich vermehrt worden. Es gab Zeiten, wo ich drei-

hundert Stück besaß. Das Marmelspiel hielt, wenn ich mich recht entsinne, am längsten von allen Spielen an. Knaben und Mädchen beteiligten sich daran gleich stark und gleich leidenschaftlich. Oft wurde es später Abend, wo vor der Dornhecke, die unsern Garten von der Landstraße trennte, immer noch Spieler ihre Läufer nach der Kuhle warfen und sich um jeden Marmel stritten, der nicht ganz in die Kuhle gerollt war und nur »klebte«.

Hans Fallada

Die Kristallkugel mit dem Eisbären

Denn nun war der Frühling gekommen, und ich widme mich mit Schwestern, Freunden, Bekannten und auch Unbekannten auf dem Karlsplatz dem erregenden Murmelspiel. Muß ich es noch extra sagen, daß ich ein schlechter Murmelspieler war, vielleicht der schlechteste von ganz Greifswald –?! In diesem Frühjahr war ich von Haus aus recht gut mit Murmeln ausgestattet, ich besaß ihrer viele in allen Arten und Größen, von der einfachen Tonkugel an über »echte Marmeln« bis zu blanken Eisenkugeln, ja, bis zu der großen Kristallkugel, die in ihrer Mitte einen schneeweißen Eisbären trägt. Diese Kristallkugel liebe ich über alles.

Aber auch die vollste Kiste hat einen Boden, und wenn man immer nur aus ihr nimmt, erreicht man schließlich diesen Boden. Mein Murmelbeutel wird leerer und leerer. Ich sehe sie alle dahinschwinden, eine nach der andern, die Tonkugeln, die echten Marmeln, die silberglänzenden Eisenkugeln, die Glaskugeln mit den bunten gedrehten Stäben in der Mitte. Mit der Durchsicht meiner Bestände abends im Bett werde ich immer schneller fertig, und mit Neid sehe ich auf die Beutel meiner Schwestern, die durch das Spiel nicht leerer, sondern voller werden.

Schließlich kommt die Stunde, da ich die Kristallkugel mit dem Eisbären wagen muß, will ich überhaupt noch mitspielen. Erregende lange Verhandlungen gehen voraus. Auch von der Gegenpartei wird diese Kugel hoch bewertet, wenn auch nicht ganz so hoch wie von mir. Schließlich kommt eine Einigung zustande: jetzt habe ich die Gelegenheit, durch einen Wurf mit dem Eisbären fast alles Verlorene wiederzugewinnen.

Viele Kinder umstehen uns, es ist ein wichtiger Moment.

Murmelwettkampf (Heinrich Zille 1858–1929)

Ich weiß, was auf dem Spiele steht, und wie selten im Leben reiße ich alle meine Kräfte zusammen. Diesmal muß es mir gelingen, dieses Mal werde ich Glück haben ...
Eine atemlose Stille herrscht unter den Zuschauern, selten wechseln solche Vermögen durch einen Wurf ihren Besitzer. Mein Gegner, wohl zwei oder drei Jahre älter als ich, tritt aufgeregt von einem Fuß auf den andern, beobachtet mich dabei aber scharf. Ich ziele genau nach der kleinen Erdhöhlung, in die meine Kugel fallen muß, ich strecke den Arm, ich werfe schon –
Da ruft mein Gegner: »Kuckt mal, der Storch mit dem Frosch!« Mein Kopf fährt zum Himmel, und weit vom Ziel rollt meine Kugel ...
»Das gilt nicht!« schreie ich zornig.
Und: »Verloren!« schreit er.
»Das war Betrug!« rufe ich, denn es gab natürlich gar keinen Storch mit einem Frosch. »Es gilt nicht!«
Und ich stürze mich auf die Kugel und nehme sie fest in die Hand.
Mein Gegner überfällt mich und sucht mir die Hand aufzubrechen. Die Ansichten der Zuschauer sind geteilt, aber

doch überwiegen die, welche der Meinung sind, im Spiel (noch nicht in der Liebe) sei jede List erlaubt. Doch halten sie sich der nun beginnenden kriegerischen Auseinandersetzung fern.
Mein Gegner braucht auch keine Hilftstruppen, mein Kampf ist aussichtslos. Er ist soviel stärker und kampferprobter als ich bleiches Krankengemüse. Mit einem Arm wehrt er gelassen meine Schläge ab und konzentriert sich nur darauf, mit den Nägeln der andern meine Hand aufzuzwicken. Ich sehe ein, daß die Kristallkugel mit dem Eisbären für mich verloren ist. Aber wenn ich sie nicht habe, er soll sie auch nicht bekommen, dieser Betrüger, der! Ich sehe nahe bei mir die gähnende Abflußöffnung des Rinnsteins. Mit letzter Kraft reiße ich meine Hand frei und schleudere die Kugel mit Wucht in die . . .
Denkste! sagt heute der Berliner. Denn so nahe mir auch die Öffnung ist, ich habe vorbeigetroffen. Die Kugel prallt stark gegen das Pflaster, zerspringt, und die eine scharfkantige Hälfte fliegt mir direkt ins Gesicht, grade unter das Auge, wo sie einen tiefen Schnitt hinterläßt.
Wieder einmal werde ich blutend nach Haus geführt, wieder einmal werde ich genäht, wieder einmal sehe ich noch dramatischer aus. »Unser geschundener Raubritter«, sagte mein Vater seufzend, wenn sein Blick auf mir ruhte, und dieser Titel ist mir in meiner ganzen Jugend treu geblieben.

Maria Wimmer
Zigeuner spielen

In der Nachbarschaft wohnte nur ein Mädchen in meinem Alter. Sie war vor kurzem mit ihren Eltern aus der Stadt in unser Dorf gezogen, und sie wollten wieder wegziehen, sobald sie eine andere Wohnung gefunden hätten. Sie hatte keine Geschwister. Sie kam öfter zu mir, aber ich spielte nicht gern mit ihr. Wenn wir stritten, ging sie zu meiner Mutter und sagte: »Frau Z., die Maria ist schon wieder nicht vernünftig.« Wenn meine Mutter mir ein Schmalzbrot schmierte und sie fragte, ob sie auch eines wolle, sagte sie: »Ja bitte, wenn ich eines haben kann.« Lieber spielte ich mit Klaus, der uns schräg gegenüber wohnte. Im Garten hinter dem Hühnerstall lagen ausgedroschene Korngarben, und wir breiteten einiges Stroh aus, um Zigeuner zu spielen. Das war unser Lager. Klaus fand eine alte Blechbüchse, das war das Klo. Wir spielten »aufs Klo müssen« und gaben uns Mühe, den Strahl zurückzuhalten, um weiter spielen zu können. Wir versuchten, genau in die Büchse hinein zu pinkeln. Meine Mutter kam in den Garten, um Schnittlauch oder Petersilie zu holen, als Klaus seinen Strahl zielte. Sie stürzte auf ihn zu und verdrosch ihn. Er hielt die Arme abwehrend über seinem Kopf zusammen. Dann gab sie ihm einen Stoß und schrie: »So, und jetzt gehst du heim und sagst es deiner Mutter.« Zu mir sagte sie: »Und du kommst rein, heut geht's nicht mehr raus.« Sie schubste mich vor sich her bis in die Küche und sprach kein Wort mehr mit mir. Ich wußte nicht, was geschehen war, und ahnte nur, daß wir etwas Verkehrtes gespielt hatten.

Am übernächsten Tag kam Klaus wieder. Meine Mutter fragte ihn: »Hast's deiner Mutter gesagt?« Er schüttelte den Kopf und verneinte, dabei hatte er ängstliche Augen.

Freunde

AUF EHRENWORT!

Geheime Bünde und Freundschaftsrituale

Ratzeburg ersetzte mir in geläuterter Form meinen Edmund Steffan, und obendrein doppelt; denn da erwarteten mich Vetter Richard und Hans Hudemann und führten mich nicht in stinkende Höfe und Hinterwinkel der Häuser, sondern in den Wald zu einem braven Waldläufer- und Indianerleben. Am Waldrand längs der Einhäuser Chaussee hatten wir unseren Wohnbaum, nach vernünftiger Ordnung ich auf einem unteren, jeder auf seinem Ast für sich, bloß eine bequeme Gabelung für gelegentliche Bedürfnisse war gemeinsam. Von hier herab brachten wir mit räuberischen Tönen den Wanderer fast um, beschlichen voll arger Absicht die unschuldigen Eingeborenen und übten eine gemütliche Indianerphantasie gegen jede vorkommende Harmlosigkeit. *Ernst Barlach*

Karl von Holtei

Der Orden

Bei »Ordenszeichen« fällt mir ein, woran ich schon früher hätte denken sollen: unsere kindische Sucht, heimliche Verbindungen untereinander einzugehen, die wir »Orden« nannten. Der Zweck dieser Verbindungen war, wenn ich mich nicht täusche, eigentlich durchaus kein anderer, als die Verbindung selbst, das Geheimnis. Ein von buntem Papier zusammengeklebtes, mit Goldstreifen geziertes Kreuz war die Hauptsache und wurde unter dem Westchen getragen. Die Zusammenkünfte konnten, da ein großer Teil der Ordensritter aus Mitschülern des Magdalenäums bestand, welche nicht Mitpensionäre unserer Anstalt waren und auch in derselben uns nicht besuchen durften, nur im Fluge stattfinden, um die Zeit, wo wir aus dem Gymnasium in die Pension heimkehrten, auf Treppen, in Hausfluren oder Kellereingängen u. dergl. Das erhöhte den Reiz. Die Pensionsanstalt befand sich in einem der ältesten und breslauischesten (man verzeihe mir diesen Superlativ) aller alten und breslauischen Häuser, in dem sogenannten *»alten Rathause«*, dem schönen ehrwürdigen wirklichen Rathause gegenüber. Um durch die Hinterhäuser, welche ihrerseits wieder gegen das Magdalenengymnasium Front machen, zu gelangen, mußten wir durch einen langen, gewölbten und dunklen Gang gehen, in welchem auf der rechten Seite kleine Kammern und vergitterte Hofräume lagen, wo die den Markt beziehenden Gemüsehändler ihr Wesen trieben, auf der linken sich die Kellereingänge befanden, deren Türen nicht selten offen waren. Zwischen zweien dieser Türen blickten aus einer Nische die lebensgroßen, in groben Stein gehauenen Konterfeis eines Paares, von dem die Sage geht, daß die dazu gehörigen Originale an Ort und Stelle wegen irgend eines klösterlichen Verbrechens lebendig begraben oder eingemauert worden seien. Auf diese kalten Gesichter mußte, wer in unsern Orden aufgenommen wurde, schwörend die Hand legen. Wenn ich aber heute nur die entfernteste Ahnung habe, *was* der arme Junge so feierlich beschwören mußte, so will ich selbst lebendig vermauert werden. Merkwürdig bleibt es mir doch, daß bei dem unter uns leider von oben eingeführten und beförderten Klatschsystem niemals einer gewagt hat, diese Ordensschwüre zu brechen. Deshalb sind die Verbindungen auch nie aufgehoben worden, sondern jedesmal aus Altersschwäche in sich selbst zerfallen.

Robert Bosse
Tertianerverbindung Germania

Wir Tertianer wußten aber recht gut, daß die Primaner und die Sekundaner in gewissen Winkelkneipen stark verkehrten, daß sie sogar eine Verbindung »Hercynia« hatten, in dieser grün-weiß-schwarze Bänder trugen und auf ihren Kneipabenden unter Innehaltung des studentischen Komments ganz gehörig oder vielmehr ungehörig zechten. Die Lehrer des Gymnasiums schienen davon nicht die leiseste Ahnung zu haben. Wenigstens ist zu meiner Zeit niemals ein Schüler wegen solcher Ungehörigkeiten abgefaßt oder bestraft worden. Es ist mir ein völliges Rätsel, daß das durchweg aus tüchtigen, treuen und gescheiten Männern bestehende Lehrerkollegium von diesem höchst verderblichen Treiben nichts gemerkt hat oder hat merken wollen. Dieses Treiben war ein heimlich wuchernder Krebsschaden, der das sittliche Leben der die höhern Klassen des Gymnasiums besuchenden Schüler schwer gefährdete, ja vergiftete. Dieser Unfug hätte unsern sonst so treuen Lehrern nicht verborgen bleiben dürfen. Die Schule hätte vielmehr allen Anlaß gehabt, mit aller Strenge und aller Weisheit dagegen einzuschreiten.

Es ist gar nicht zu verwundern, daß sich unter den Tertianern die Lust regte, das studentische Treiben der Primaner und Sekundaner nachzuahmen. Ein Tertianer – er ist später durch eine Erbschaft ein sehr reicher Mann geworden – hatte Bekanntschaften auf der Latina in Halle. Er versammelte eines Tages acht oder zehn von uns um sich und machte uns – unter ehrenwörtlicher und eidesstattlicher Verpflichtung zu unverbrüchlicher Geheimhaltung – den Vorschlag, eine geheime Verbindung zu stiften, uns blau-weiß-rote studentische Bänder und lange Tabakpfeifen mit Quasten in denselben Farben anzuschaffen, zwei Rapiere zu kaufen und jeden Mittwoch und Sonnabend nachmittags von 5 bis 7 Uhr Kneipabend zu halten. Wir andern ahnten nicht, was das alles bedeutete. Aber der geheimnisvolle Anstrich des Plans und besonders die Lust, es den Primanern und Sekundanern gleichzutun, auch wohl die Furcht, als Spielverderber und Philister zu erscheinen, überwog alle Bedenken. In kleinen Raten brachten wir von unserm Taschengelde jeder einen bis zwei Taler auf, erhielten jeder einen Kneipnamen – der Stifter hieß in der Verbindung Harry, ich Busso –, und so wurde wirklich die Tertianerverbindung Germania gegründet. Harry verschrieb die Bänder, Pfeifenquasten und Rapiere, beschaffte für jedes Mitglied ein die Verbindungsfarben tragendes Kommersbuch und schaffte den ganzen Apparat in eine hinter dem Klerse liegende, wenig besuchte Tabagie, in deren oberm Stockwerk ein Tanzsaal und hinter diesem ein kleineres Zimmer war. Dieses Zimmer war die Kneipe der Germania. In der Mitte stand ein langer Tisch, an dem wir, die blau-weiß-roten Bänder auf der Brust, saßen. Harry war »Erster« und präsidierte, schlug mit dem vor ihm liegenden Rapier auf den Tisch, ließ ein Lied aus dem Kommersbuch singen und rief uns dann »Smollis« zu, worauf wir mit »Fiducit« antworten und trinken mußten. Wir tranken jeder zwei Seidel Bier, rauchten – nicht ohne körperliche Nöte – unsre neuen Pfeifenköpfe an und gingen um 7 Uhr mit dem Bewußtsein, uns sehr »forsch« benommen zu haben, nach Hause. Dieses Treiben wiederholte sich den Winter über mittwochs und sonnabends, wenn auch nicht regelmäßig, so doch ziemlich häufig. Dann hörte es allmählich von selbst auf. Die Verbindung hielt auch ein Blatt, den damals bei Ernst Keil in Leipzig erscheinenden radikalen, wenn nicht geradezu revolutionären »Leuchtturm«. Schon dies zeigt den ganzen kindischen Unverstand, mit dem die Sache betrieben wurde. Denn keiner unter uns dachte auch nur von ferne an revolutionäre Tendenzen. Wir waren, wie

Der Klassenbund

unsre Lehrer, gute und königstreue Preußen. Im übrigen kümmerten wir uns nicht um Politik und hatten nicht das mindeste Interesse oder Verständnis dafür. Aber dieser ganze unverständige Verbindungsunfug der dummen Jungen hatte doch die allerbedenklichsten Seiten. Schon die ängstliche Verheimlichung vor den Eltern, das Bewußtsein, etwas Verbotnes und von uns selbst als ungehörig Empfundnes fortgesetzt zu treiben, die Zeit- und Geldvergeudung, das vorzeitige Tabakrauchen und Biertrinken, die inhalt- und sinnlose Nachäffung unverstandner studentischer Formen, das alles stand im Widerspruch mit unsrer bis dahin unschuldigen Naivität. Es wurde dadurch ein gutes Teil des bis dahin unbewußt uns verbliebnen Dufts kindlicher Harmlosigkeit abgestreift. Uns ist das damals freilich nicht klar zum Bewußtsein gekommen; aber innerlich geschädigt worden sind wir durch jenen kindischen Unsinn ohne allen Zweifel. Merkwürdig genug, daß unser sonstiges Verhalten der Schule gegenüber so wenig davon beeinflußt wurde.

Franziska Tiburtius
Die Rangordnung

Im ganzen vertrugen wir Kinder uns recht gut untereinander. Der älteste, zugleich bedingungsloser Anführer, war mein Bruder; ich war als jüngste immer nur Anhängsel, allgemeiner Botengänger und Packträger, – hatte keine Stimme im Rat, war aber auch sehr zufrieden damit. Dafür übernahmen die Jungen auch ritterlich meine Verteidigung gegen meine Feinde. Der gefährlichste Feind war der große Truthahn, der – sowie er mich auf dem Hof erblickte, die rote Fahne aufsteckte und wütend kollernd hinter mir herlief; einmal flog er mir sogar ins Gesicht und pickte wütend mit dem Schnabel in meinen Haaren herum; da aber ereilte ihn die Rache, die Jungen nahmen ihn an den Flügeln und verurteilten ihn zu einem kalten Bade in der Tränke am Bach, aus dem er sehr gedemütigt hervorging!

Gerhart Hauptmann
Parole »Blaues Tuch«

In der weiteren Ferienzeit beglückte mich die einstige Lebensfreude und Sorglosigkeit. Mein städtischer Anzug verhinderte den Rückfall in den ehemaligen kindlichen Spielgeist keineswegs, nur waren es jetzt gutgekleidete Knaben, die ich für meine Spiele heranholte. Aber nicht allein hierdurch erhielten diese festlichen Sommerwochen ihr Kennzeichen, sondern durch eine geheime Liebe, die mir eine Kurgästin, Liddy Dukart, eingeflößt hatte.

Die junge Dame war neunzehn Jahre. Sie wohnte mit ihrem Vater – ich glaube, einem Bremer wiederum wie Drucker, der Weltreisende – in unserm Haus. Sie hatte immer ein gütiges Lächeln für mich und immer ein himmelblaues Tuch um die Schultern. Georg als Mulus war noch im Haus. Er schien sich wie ich in Liddy verliebt zu haben. Als er mich eines Tages als Postillon d'amour benützen wollte, zerschlug sich der hübsche Plan sowohl an meiner Schüchternheit wie an meiner geheimen Leidenschaft. Ich sollte gleichsam als Papagei vor sie hintreten und Worte sagen, die ich mir in der Tat von ihm einprägen ließ: »Mon frère vous salue.«

Nein, ich habe die Sendung nicht ausgeführt, nicht diese Worte zu ihr gesprochen. Ich würde übrigens weder diese noch andre haben aussprechen können, ohne unter ihren strahlend blauen Augen zur kläglichen Figur geworden zu sein.

Ich sprach nie zu ihr und sie nie zu mir. Aber ich bewegte mich mit meiner Liebe meist ungesehen um sie auf den Promenaden und den sonstigen Anlagen. Ich kreiste von morgens bis abends im Freien um ihre Erscheinung, sogleich beseligt, wo das himmelblaue Tuch unter den Kurgästen auftauchte, unbefriedigt, verwirrt und verzweifelt, wenn ich es aus den Augen verlor.

Meine Spielkameraden wurden von mir, ohne daß sie wußten weshalb, mit der Parole »Blaues Tuch!« als Kundschafter angestellt. Sie meldeten mir, wenn und wo sie irgendein Blau an einer Dame bemerkt hatten. Wir verfolgten die Spur, pirschten von Baum zu Baum, und ich teilte Belohnungen aus in Gestalt von Titeln, wahrhaft erlöst, wenn wirklich das rechte Tuch und damit seine Trägerin gefunden war.

Zauber, elektrische Schläge, Erschütterungen mit schwerem Herzklopfen sind damals von diesem schlichten Schultertuch ausgegangen, das zum Glück für mich die Besitzerin immer trug. Wie stark muß damals die Faszination gewesen sein, da ich noch heut, sechzig und mehr Jahre später, von jedem blauen Tuch, das mir irgendwo von fern in die Augen fällt, seltsam erregt und flüchtig beglückt werde.

Das blaue Tuch

Viktor Mann
Der Huberkatsche

Einer meiner treuesten Freunde war der Huberkatsche, ein stämmiger, schon recht strizzihafter Arbeitersohn, der in einer der nahen Mietskasernen hauste und mich meist zum Schulgang abholte. Er war der älteste Bub der Klasse, weil er schon in den ersten Schuljahren ein- oder zweimal sitzengeblieben war, und bekam vom Lehrer die meisten Prügel, teils wegen Faulheit und ebensooft für wilde Streiche. Der Stoizismus, mit dem er stets die öffentliche Exekution seiner Strafe ertrug, machte ihn für uns andere zum Märtyrer und Helden, dem nachzueifern war. Ich habe seither meine eigene Meinung über die Prügelstrafe.
Der Huberkatsche konnte schon auf vier Fingern pfeifen, was mir nie gelang. Er war Meister im »Schussern« und »Pikkeln«, einem Spiel, bei dem kurze, spitze Stöcke in weichen Boden geschleudert werden mußten. Auch verdiente er ein kleines Vermögen an Pfennigstücken beim »Anwandeln«, dem indirekten, an einer Wand abprellenden Wurf des eigenen Kupfergeldes nach dem des Gegners. Trotz seiner Überlegenheit wurde er eine Art von Adjutant von mir, als ich ihn vermittels größerer Gewandtheit einmal im Ringen besiegt hatte. Auch imponierte dem Langsameren die Form, in der ich jedes Reifenrennen – Start Wilhelmstraße, Ziel Jägerhaus – gewann und die er noch weit über die elegante Meisterschaft des Köglfranzl im Kreiseltreiben stellte. Als der Katsche zum erstenmal vor einem Dutzend Epheben der Herzogstraße laut bekannte, ich sei »a zeama Hund a zeama«, errötete ich vor Stolz. Da der Ausdruck nur unzulänglich übersetzt werden könnte, muß man sich mit meiner Versicherung begnügen, daß er in meiner anderen Welt, besonders aus dem Mund eines solchen Recken, die höchste Anerkennung männlicher Tugenden bedeutete.

Straßenfreundschaft (Eduard Thöny 1866–1950)

August Winnig
Der Spartanerbund

Obgleich die Klasse zu Ostern frisch aufgefüllt worden war, fand ich sie doch schon in drei Banden aufgeteilt. Da stand ich nun zwischen ihnen, wartend, ob eine der Banden mich zu sich ziehen würde. Bei uns wäre das alsbald geschehen. Wir hätten so einen fremden Jungen bei der Hand ergriffen und in unser Spiel eingereiht. Hier tat das niemand. Einige Tage betrachtete ich die Banden und überlegte, was sie wohl zusammengeführt habe, ob die Wohngegend oder der Stand der Eltern oder was sonst. Diese Frage fand eine sehr einfache Erklärung: die Jungen hatten sich nach ihren Schuljahren zusammengerottet und kannten sich schon aus der 4. oder 5. Klasse. Ich hatte noch vier Schuljahre vor mir und stand damit allein. Es fanden sich aber bald drei oder vier Jungen, die sich mir von selber zugesellten. Als wir unser acht waren, gaben wir uns den Namen Spartanerbund, dessen drakonische Satzungen wir feierlich beschworen. Obwohl nicht nur die jüngste Bande, sondern auch die Bande der Jüngsten, waren wir keineswegs das fünfte Rad am Wagen und erzwangen uns den Platz, den wir brauchten ... Da war ein kleiner schmutziger Kerl, den ich eigentlich verachtete, weil er immer so groß tat, dabei aber ein Feigling war. Er hatte in unsern Spartanerbund aufgenommen werden wollen, ich hatte ihn aber zurückgewiesen, weil er jedesmal wie ein Zähnebrecher schrie, wenn der Lehrer ihn verwamste. Denn schweigende Entgegennahme auch der stärksten Prügel war das erste Gebot unserer Gemeinschaft. So sah sich der kleine schmutzige Bursche von uns nur im Notfalle geduldet.

Der verwamste Knabe (J.B. Schmelzer *1833)

Georg Gottfried Gervinus
Die Tugendhaften

So erscheint denn auch unser Schülerbund als ein natürliches Abbild oder Zerrbild der Zeit in dem kleinen Hohlspiegel des Jugendlebens, obgleich der eigentliche Beweggrund nicht äußerliche Nachahmerei irgend einer Verbindung war, sondern der dunklere, instinktive Trieb der Strebsamkeit in einer Anzahl scharf gezeichneter Naturen, die gern etwas mehr als die anderen bedeuten, vor der großen Masse als etwas Besseres heraustreten wollten.

Einer der Letztaufgenommenen bezeichnete als den Zweck der Gesellschaft: »die Seele vom Schlafe zu wecken, damit sie dem gemeinen Dahinleben entsage und ihrer würdigeren Bestimmung lebe«; »von dem politischen Bunde der Schwarzen, der seine Liebe nicht weiter als über das Vaterland auszudehnen scheine«, sollte sie sich nach der Auffassung dieses Genossen grade durch ihren weltbürgerlichen und sittlichen Charakter unterscheiden. In mir persönlich wirkte dazu in erster Linie der allgemeine, lebhafte Freundschaftstrieb mit, der Drang, mit den trautesten Genossen ein vertrauteres Leben im engst geschlossenen Kreise ganz auszuleben. Der Bund wurde am 8. Febr. 1819 gestiftet.

An jedem zweiten Sonntage tagten wir unter dem Vorsitze des auf drei Monate gewählten Oberhauptes; im Sommer in einer Höhle, oder vielmehr in einer offenen Vertiefung im dichten Gebüsch des Herrgottsberges. Auf dieser Stätte und dieser ganzen Höhe lag seitdem für mich eine heilige Weihe; an keiner Lebenserinnerung hing ich lange hinaus mit wärmerer Rücksehnsucht als an den dort verbrachten Stunden.

Spielkumpane

gierig; obwohl mir doch immer wieder bei diesem Rücksturz aus »Europens übertünchter Höflichkeit« in die faustrechtliche Niederung unseres Ursprungs ehrlich grauste.

Beide Spielkumpane waren groß in der Kannibalisierung ihrer Stimmen, wenn sie die Worte sprachen: »Ich rieche, rieche Menschenfleisch!« Das Menschenfleisch war ich, und ohne ganz ungemimtes Zähneklappern ist es dabei nicht abgegangen, so echt gespielt war in meinen Augen die Pervertierung dieser Knaben aus dem homo sapiens in den homo troglodytus.

Ganz in der Nähe des östlichen Römerturms im »hinteren Garten« war ein dichtes Haselnußgebüsch, über das ein kurzstämmiger Apfelbaum seine Äste streckte. Das war an den langen Herbstabenden das Versteck für uns drei, wo wir Nüsse und Äpfel zugleich mit dem schier unerschöpflichen Vorrat des Felix an Gespenstergeschichten verschlangen. Durchweg war es Schundliteratur, die der Felix aus seinen Johannisberger Penaten in unsere von den Eltern so vorsichtig gewählte Kinderbibliothek heimlich eingeschwärzt hatte. Die beiden im Vorlesen sich Abwechselnden warteten die Dunkelheit ab, um dann mitten im Haselnußdickicht bei einem chinesischen Lampion mit schauspielerisch rauhen Tönen das unsäglich Grauenvolle zum Vortrag zu bringen. Dabei zerkrachte ich mit meinen Milchzähnen die Haselnüsse und lieferte die süßen Kerne als Tribut ab, weil Felix mich gewürdigt hatte, die Schauermären an meinen empfindlichen Kindernerven auszuprobieren.

Nach Beendigung des literarischen Teils im Haselgebüsch häuften wir in der Römerruine den Scheiterhaufen – nicht etwa für die Groschenhefte, sondern für die im Gemüsegarten gestohlenen Kartoffeln; und, alle Gefahrenmomente gut berechnend, zündete Felix das Feuer an. Dem folgte als Abschluß die Vertilgung der gebratenen Erdäpfel in Hottentotten-Anton-Manier (»Dau werscht gess!«), wobei natürlich mir die halb verkohlten verabfolgt wurden, da ich ja in diesem Trifolium bewußt die Rolle des Mißbrauchten zu spielen übernommen hatte.

Alice Herdan-Zuckmayer
Die Kuhwarmen

Das war nämlich so. Am Ostermontag, als ich mit meinen Eltern behaglich beim Nachmittagskaffee saß, kam unversehens Tante Emmeline dazu und sagte zu meiner Mutter: »Das Kind muß kuhwarme Milch trinken. Es ist lächerlich mager, und da gibt es nichts Besseres als kuhwarme Milch; ich habe es selbst in der ›Gartenlaube‹ gelesen.« Mit Unlust hörten meine Ohren dieses Diktum. Erstens begegnete ich allen Äußerungen meiner Tante von früh an mit Mißtrauen, und zweitens ging mir das Wort »kuhwarm« auf die Nerven.
Noch mehr aber die Sache selbst. Meine Mutter – jeder neuen Anregung im Interesse ihrer Kinder zugänglich – hatte nämlich bald einen Bauernhof ausfindig gemacht, nur zwanzig Minuten von unserem Wohnhaus entfernt, wo man geneigt war, mir dieses köstliche Naß allmorgendlich direkt von der Kuh zu kredenzen.
Nun begannen schlimme Tage. Es hieß, eine ganze Stunde früher aufstehen, bei jedem Wetter den schlechten Weg gehen, um dann am Ziele das unangenehme Getränk mit zugehaltener Nase einzugießen. Der Stall roch abscheulich. Das Kälbchen, dem man seine angestammte Nahrung wegsoff, tat einem leid. Die unerhörte Intimität, in der man gezwungen war, mit einem andern Lebewesen zu stehen, erweckte Abscheu. Das Ganze war eine Zumutung.
Aber nicht lange. Ein lebensfähiges Kind weiß jede Sache so zu drehen, daß zuletzt ein Rosenschimmer davon ausgeht. Ich begann Genossen anzuwerben. Mit dem Fanatismus aller Bekehrten pries ich meinen Schulkameradinnen das Glück des Genusses kuhwarmer Milch an. In kurzem war es in meiner Klasse die große Mode, kuhwarme Milch

Innig verbunden (P.S. Skovgaerd 1817–1875)

zu trinken. Bald schritt ich fröhlich an der Spitze einer kleinen, aber tapferen Schar von Kolleginnen zu der heilbringenden kuhwarmen Quelle. Was allein eine Pein und beinahe eine Schande gewesen war, mit Gleichgesinnten war es eine Ehre, jedenfalls ein Vergnügen …
So sind Kinder. Gemeinsamer Lebertran ist ihnen lieber

als einsamer Nektar. Bald bildeten »die Kuhwarmen«, so nannten wir uns, eine eigene Gruppe mit feststehenden Riten, einer Geheimsprache und kleinen Überheblichkeiten gegen die Umwelt, von der wir uns durch ein am Kleide angestecktes, grünes Blatt unterschieden ...
Am 29. September, am »Michaelstag«, ich weiß das Datum deshalb, weil wir »Kuhwarmen« vorhatten, zur Feier des Tages im Freien Kartoffeln zu braten, stürzte Tante Emmeline in unser Speisezimmer. In der Hand schwang sie ein Heft von »Über Land und Meer«.
»Denkt euch«, rief sie aufgeregt, »darin steht, daß kuhwarme Milch Tuberkelbazillen enthält und für zarte Kinder Gift ist.« »Sag mal«, fragte sie mich mit jenem Vorwurf, der ihrer Stimme angeboren war, »du trinkst doch nicht etwa kuhwarme Milch?« »Doch«, antwortete ich mutig. »Um Himmels willen, dann mußt du sofort damit aufhören«, sagte sie in jenem Ton, der in unserer Familie als inappellabel galt. Der nächste Tag war schwarz verhangen für mich. Ich mußte in der Klasse bekennen, daß das mit der kuhwarmen Milch ein Irrtum der »Gartenlaube« gewesen sei. An diesem Tage sanken meine Aktien ins Bodenlose und erholten sich erst nach vierzehn Tagen ...

An beiden Ohren

WER TRAUT SICH?

Mut- und Kraftproben

Im Spiel selbst lernt das Kind die ersten Formen gesellschaftlicher Tätigkeit und zwischenmenschlicher Beziehungen (außerhalb des Elternhauses und später der Schule) kennen: es muß sich der Spielgruppe einordnen, es muß sich den von der Gruppe gesetzten Spielregeln fügen, es muß im Wettbewerb mit den Spielkameraden seine Geschicklichkeit, Kraft, Schnelligkeit, seinen Mut und seine Ausdauer beweisen.

Reinhard Peesch

Friedrich Hebbel
Kriegserklärungen

Jetzt ward ich in's tätige Leben hineingetrieben; es galt, sich seiner Haut zu wehren, und wenn ich mich auf die erste Rauferei auch nur nach langem Zögern und vielen, keineswegs kühnen Rettungsversuchen einließ, so fiel sie doch so aus, daß ich die zweite nicht mehr scheute und an der dritten oder vierten schon Geschmack fand. Unsere Kriegserklärungen waren noch lakonischer wie die der Römer oder der Spartiaten. Der Herausforderer sah seinen Gegner während der Schulstunde, wenn der Lehrer für eine Minute den Rücken wandte, ernsthaft an, ballte die rechte Hand zur Faust und legte sie sich auf den Mund oder vielmehr auf's Maul. Der Gegner wiederholte das symbolische Zeichen in der nächsten sicheren Minute, ohne auch nur mit einem Blick auf ein ausführlicheres Manifest zu dringen, und Mittags wurde der Handel auf dem Kirchhof in der Nähe eines alten Grabkellers, vor dem sich ein grün bewachsener Fleck befand, mit den Naturwaffen durch Ringen und Hauen, im äußersten Fall auch durch Beißen und Kratzen bündig vor der ganzen Schule ausgemacht. Ich erhob mich zwar nie zum Rang eines eigentlichen Triariers, der seine Ehre darein setzte, das ganze Jahr mit blauem Auge oder verschwollener Nase herumzugehen, aber ich verscherzte doch sehr bald das mütterliche Lob, ein frommes Kind zu sein, das mir bis dahin so wohl getan hatte, und stieg dafür im Ansehen bei meinem Vater, der es mit seinen Söhnen verhielt, wie Friedrich der Große mit seinen Offizieren, indem er sie bestrafte, wenn sie sich prügelten, und sie verhöhnte, wenn sie sich etwas bieten ließen. Einst biß mich mein Gegner, als ich auf ihm lag und ihn gemächlich durchwalkte, bis

Balgende Buben (Wilhelm Trübner 1851-1917)

auf den Knochen in den Finger, so daß ich die Hand wochenlang nicht mehr zum Schreiben brauchen konnte, das war aber auch die gefährlichste Wunde, deren ich mich erinnere, und sie führte, wie dies wohl auch noch später im Leben zu geschehen pflegt, zu einer innigen Freundschaft.

Friedrich Paulsen
Von Scholle zu Scholle

Einen unwiderstehlichen Reiz übte auf die Schulknaben auch ein eben auftauender Graben; nachdem das Eis von den Rändern abgeschmolzen war, wurde es mit dem Beil durch Querschnitte in halbmeterlange Schollen geteilt; nun galt es, über sie so rasch hinzulaufen, daß, während der hintere Fuß die letzte Scholle unter Wasser drückte, der vordere schon auf der nächsten sich stützte, so daß man eben trockenen Fußes davonkam; natürlich, bis das Verhängnis einen doch ereilte, indem eine Scholle zerbrach oder man daneben trat. Das gab dann wieder eine häusliche Krise; die letzten Schläge, die ich von meinem Vater erhalten habe, folgten einem solchen Unfall, dann wurde ich ins Bett gesteckt; beides übrigens in jeder Hinsicht, der pädagogischen wie der medizinischen, die zweckmäßigste Form der Behandlung des Falles.

Adolf Damaschke
In der Badeanstalt und andere Torheiten

Im Sommer badeten wir, wenn irgend möglich, täglich in der Spree. In den Volksbadeanstalten kostete ein Bad fünf Pfennig oder wie wir, die wir noch den alten Groschen zu zwölf Pfennig kannten, natürlich sagten: einen »Sechser«. Aber das war zu teuer. Und so bewarb man sich, meist mit Erfolg, um eine städtische Freikarte. Unsere Sechser-Badeanstalt lag in der Burgstraße und hatte durch die Nähe des Mühlendammes verhältnismäßig guten Wellenschlag und reines Wasser. Ich weiß nicht, in welchem Jahre ich mit dem Baden in der Spree begann. Es war gewiß sehr früh. Ich weiß auch nicht, wie ich schwimmen lernte. Man hielt sich eben an den Gitterstäben fest, zog die Beine möglichst hoch, stieß sich ab und versuchte dann, sich möglichst lange gegen das Untergehen mit Händen und Füßen zu wehren. Jedenfalls, als ich acht Jahre alt war, war ich durchaus sicher im Wasser und konnte jede Art des Schwimmens. Es mußte eben sein; denn in diesen Badeanstalten, die von Berliner Jungens überfüllt waren, herrschte ein herzlicher, aber rauher Ton, und eher als das Dichterwort selbst lernt man seine Wahrheit kennen, nach dem sich ein Charakter nur im Strom der Welt bildet. Man mußte sich eben wehren: auf den Treppen, auf dem Sprungbrett, im Wasser – Schonung oder mildernde Umstände hatte niemand zu erwarten. Und das ist gut so.
Man setzte seinen Stolz darein, möglichst lange im Wasser zu bleiben, gewöhnlich bis die Fingerspitzen blau wurden. Und war man dann gerade mit dem Anziehen fertig und es kam ein guter Kamerad, dann zog man sich wohl wieder aus – »damit der andere nicht so allein wäre«.
Zu welchen Torheiten der leichte Sinn der Jugend ver-

führt, ist unglaublich. So trieben wir draußen eine Zeitlang leidenschaftlich »Speerwerfen«. Man warf einen ziemlich langen, schweren Holzstab mit scharfer eiserner Spitze auf den Gegner. Dieser durfte dem Speer nicht ausweichen, sondern ihn lediglich mit einem kurzen Holzschwert unmittelbar vor dem Gesicht zur Seite schlagen. Wir hatten darin eine große Gewandtheit. Wäre aber einmal das Abschlagen mißlungen, so konnte der Speer das Gesicht verunstalten oder das Auge gefährden.
Zu den gefährlichsten Torheiten verleitete mich die Eisenbahnbrücke in der Prenzlauer Allee, kurz vor dem Chausseehaus. Die Allee führte über ein ziemlich hohes Eisenbahngleis. Ein schmales Holzgeländer schützte gegen den Absturz. Der an sich wahrhaftig nicht kurze Weg wurde dadurch nicht kürzer, aber es bereitete mir ein eigenes Vergnügen, mit Mühe auf dieses Geländer zu klettern und dann auf dem schmalen Rücken des Geländers die Brücke zu überschreiten. Jeder Fehltritt mußte den Absturz auf die Eisenbahnschienen bedeuten. Es war unverantwortlich, weil man das erste Gebot aller Lebensweisheit übertrat, daß die Höhe des Einsatzes der Möglichkeit des Gewinnes entsprechen müsse! Ich setzte Gesundheit, vielleicht das Leben ein – zu gewinnen war gar nichts, nicht einmal das billige Staunen von Kameraden; sie waren ja in der Regel nicht dabei.

Berliner Badefreuden (Heinrich Zille 1858–1929)

Anna Schieber

Blindlaufen

Da war eines Tages eine Frau von auswärts her zu Gast bei meinen Eltern gewesen. Sie aß mit uns zu Mittag, ich erinnere mich weiter nicht mehr an sie. Aber dann wurde ich geheißen, sie auf den Friedhof zu begleiten und ihr dort ein bestimmtes Grab zu zeigen, das neben einem Grab aus unsrer Familie gelegen war. Ich kannte mich dort draußen gut aus, denn der Friedhof lag ja neben dem Garten der Großmutter, der Lorberg hieß, und wie viele Male war ich mit ihr drüben im Gräbergarten gewesen. Ob ich denn nachher allein gehen könne? fragte die fremde Frau, und die Mutter sagte: »O ja, wenn man schon in die richtige Schule geht, da soll man wohl allein den Weg finden.« Denn ich mußte vom Friedhof aus gleich in die Nachmittagsschule gehen; es war vorher reichlich Zeit für den Weg. Ich lieferte die Frau an ihrem Grabe ab und hatte nun das reiche Leben vor mir. Denn unterwegs, da ließ sich immer allerlei finden, was man nicht gesucht hatte. Zum Beispiel jetzt gleich war da ein unbebautes Gräberstück, auf dem in reicher Fülle die Ackerwinde blühte mit ihren langen Ranken voller rosafarbiger Kelche. Wenn man jetzt etwa Hochzeit hätte spielen können, das hätte Kränze für ein ganzes Heer von Brautjungfern gegeben, und inzwischen nahm ich für mich selber die schönste Ranke und setzte sie mir aufs Haar, das ich offen und nur auf dem Scheitel von einer kleinen Spange zusammengehalten trug. Da kam ich mir wohl sehr schön geschmückt vor; aber ich vergaß es bald, denn es fiel mir ein Spiel ein, das wir zu dieser Zeit oft und mit Hingabe spielten, das hieß »Blindlaufen«. Man machte das so, daß immer einer den andern führte, der durfte »auf Ehre« kein Auge aufmachen, auch nicht blin-

Blindlaufen

zeln, bis der Führer sagte: »Jetzt«, und dann mußte man zuerst erraten, wo man sei, ehe man sich umsah. Da gab es allerlei Überraschungen. Man konnte auf verschiedene Arten spielen, und neuerdings hatten wir auch angefangen, allein blind zu gehen, ohne Führer, so, daß man sich ein Stück vornahm, etwa bis an die nächste Ecke oder an den Brunnen, und vorher durfte man – »auf Ehre vor sich selber« – nicht den kleinsten Lichtstrahl sehen. Wie das denn so ist: man trieb die Sache höher und zum Rekord, und jetzt auf meinem Weg zur Schule, der ein gutes Stück weit außerhalb der Stadt hinführte, konnte ich mir schon etwas zumuten.

Als ich aber durchs Wolfstor in die Küfergasse eingetreten war, da wäre es an der Zeit gewesen, mit offnen Augen zu gehen, denn es war eine lebhafte Straße mit vielen Menschen, denen es auffallen konnte, daß man da so mit der

Hand vor sich hin tastete. Das aber mußte sein, sonst könnte man anstoßen und sich beschädigen oder auf einen Menschen anrennen. Aber die Sache war so, daß ich mit mir abgemacht hatte, ich wolle nicht nur bis ans Schulhaus, sondern auch bis in die Schulstube selber blind gehen, und das konnte nicht zurückgenommen werden. Ich teilte die Aufgabe in zwei Teile: der erste bis zum Adlerbrunnen war leicht zu erledigen, das war ein gerades Stück. Aber nun: vom Adlerbrunnen an ging es um die Ecke, dann am Schulhaus entlang bis zur zweiten Haustür, darauf die Staffel und durch den untern Hausflur, dann die Treppe hinauf, da war dann die dritte Türe rechts die meinige.

Das war allerhand, aber ich hielt mich stramm und fand auch den Weg, nur war es sonderbar, daß alles so totenstill war. Konnte es denn sein, daß ich so überaus früh daran war und noch kein Mensch um den Weg? Aber als ich die Tür zur Schulstube öffnete und mich mit ausgestreckten Händen und meinem Kranz auf dem Kopf in den Raum schob - denn das war der Schluß des Weges -, da erscholl ein vielstimmiges Gelächter. Erschrocken sprangen die Augen auf ohne Geheiß, aus eigenem Antrieb. Da stand der Lehrer vor mir und sagte: »Guten Morgen. Guten Morgen«; denn ich war wie schlafend hereingekommen, und die Schule hatte schon lange begonnen.

Adelheid Popp
Das Wasserwehr

Die Schilderung von den Reizen verschlossener Schloßgärten vermag auf die Phantasie stark zu wirken. Auch ich kannte solche Gärten. Mein Weg zur Schule führte mich täglich an ihnen vorüber. Beim verwitterten steinernen Standbild des Johannes von Nepomuk meines Heimatortes, dort, wo man von der Landstraße in das Dorf einbiegt, mußten auch wir Schulkinder einbiegen, um das Gebäude zu erreichen, wo uns die ersten Kenntnisse beigebracht wurden. Im Winter lagerte alles im tiefen Schnee. Da lockten die rechts und links von der Straße liegenden Schloßgärten nicht, da lud uns der zugefrorene Mühlteich verlokkender zum Schleifen ein. Wenn aber der Schnee schmolz und es grün zu werden begann, da erwachte unsere Sehnsucht.

Wir wußten eigentlich nicht, wer die Besitzer der im Frühlingsschmuck wundervoll prangenden Gärten waren. *Nie war jemand darin zu sehen.* Wir aber durften nicht hinein, nur durch die Lücken des Zaunes durften wir die Köpfe pressen, um etwas von der Herrlichkeit zu erhaschen. Einmal war es uns gelungen, an dem Gartenzaun einige lose Bretter zu entdecken. Bald glückte es uns, sie so weit zu lockern, daß wir durchschlüpfen konnten. In der Mitte des Parkes gab es einen Hügel, der wie geschaffen war für unsere Lust. Eine mußte abwechselnd aufpassen, ob niemand in Sicht sei, und die anderen stellten sich auf die Höhe des Hügels, um von dort herunterzutollen. Was war das für eine Herrlichkeit! Mehr als dieser Park lockte uns aber der andere, gegenüberliegende. Durch diesen gab es einen Durchgang. Bei der Kirche, die dem Pfarrhaus schräg gegenüberlag, war der Eingang geöffnet. Weiter unten war dann

das große Tor. Durch den Park floß der Mühlbach. Im März, wenn die Veilchen blühten, da zog es uns mit unwiderstehlicher Gewalt zu diesen Herrlichkeiten.
Einmal hatten wir wieder den Durchgang benützt. Alle hatten schon die Hände mit Veilchen voll, soviel wir fassen konnten, und wir gingen daran, sie zu binden. Auf einmal tönte der Schreckensruf: »Der Wächter kommt!« Ja, da kam er, drohend den Stock schwingend. Wir sprangen alle angsterfüllt auf, um zu fliehen, dem Johannes zu. Die mühselig gepflückten Veilchen fielen zur Erde, die Schultasche in der Hand flohen wir dahin. Der Wächter uns nach, er kam näher und näher. Ich allen voran. Da plötzlich tauchte vor mir das Wasserwehr auf. Zischend schoß das gestaute Wasser darüber hinweg. Ein Blick nach dem näher kommenden Wächter, dann ein Wurf, und die Schultasche flog weit hinüber über den Bach und den hohen Bretterzaun, der hier den Park abschloß. Dann folgten meine Holzpantoffel im mächtigen Bogen nach, und ich kletterte über das Wehr, mich mit den Händen fest an der schmalen Holzstange haltend, die hinüberging. Zwischen Wehr und Zaun war eine schmale Lücke, durch die ich mich zwängte, um in Sicherheit zu gelangen.
Was habe ich damals für Schläge bekommen, als meine Mutter von meinem gefährlichen Tun vernahm. Es hätte ja nur ein geringes bedurft, und ich wäre im Mühlbach gelegen. Meine Gefährtinnen waren durch meine tolle Tat vor dem Stocke des Wächters gerettet worden, denn dieser war starr vor Entsetzen stehengeblieben. Ich habe dann keine Veilchen mehr im Schloßpark gepflückt und war keine »verbotenen« Wege mehr gegangen. Warum aber hatte man uns zu verbotenem Tun gereizt? Warum hatte man uns die unschuldige Freude nicht gegönnt, da doch niemand Schaden davon gehabt hätte?

Oskar Kokoschka
Der Herkules

Nach dem mysteriösen Verschwinden des Fräuleins im Brunnen haben meine Eltern es ermöglicht, daß wir dreimal in der Woche in einem abgetrennten Teil eines Parkes spielen durften, der einem polnischen Prinzen gehörte. Der Park war eigentlich ein Hügel, der von einem Mausoleum gekrönt war. Eine Herkulesgruppe aus Marmor stand davor. Der Hügel hieß Galitzinberg nach dem polnischen Fürstengeschlecht, das seit der Teilung Polens unter dem Zaren Alexander I. in Wien residierte. Meine Erinnerung an den Park ist gefälscht durch eine Abbildung des ehemaligen Zarenschlosses in *Zarskoje Selo*, die ich später einmal aus einer illustrierten Zeitung ausgeschnitten hatte. Jedoch war in dieser Reproduktion meines Kindererlebnisses die ganze Herrlichkeit des Urbildes nicht mehr erreicht. Alles auf die Einbildungskraft Wirkende, die Genien und Dämonen der gemalten und in Stein gehauenen Allegorien, die auf gleichem Fuße mit den Schloßherren lebten, selbst die Marmorgruppe mit dem Höllenhund, und die Perspektive, wie sie ein Kind übertreibt, habe ich bloß im Theater wiedererlebt. Ja, diese Perspektive, in der man alles durch die Menschen sieht, machte vielleicht für mich den ganzen Reiz des Theaters aus ...
In Wirklichkeit war das Schloß vielleicht nur ein gewöhnlicher Pavillon des Parkwächters gewesen, der zugleich Trafikant war. Das Licht der antiken Sage dürfte dessen Vollbart zu Marmor gebleicht haben, was ihn, in meinen Augen, zum Herkules verwandelte. Der Erretter, der den vielköpfigen Cerberus an die Kette gelegt! Das Fahrrad des Trafikanten lehnte an der Hundehütte. Meine Schwester hatte kein rechtes Zutrauen zu den antiken Sagen, weil ihr

vorkam, daß ich mich mit einem Bekanntenkreise aufspielte, zu dem sie keinen Zutritt hatte. Ich mußte es ihr einmal beweisen, daß ich kein Aufschneider sei! Stetige Vorsicht war ihr zur zweiten Natur geworden. Schlauheit und List hatte sie erworben, um sich meiner Aufsicht, d. h. meinen ewigen Quälereien, zu entziehen. Als der Ältere hatte ich auf sie achtzugeben. Sie sollte sich viel in frischer Luft bewegen, weil sie schnell in die Höhe schoß und ein wenig blutarm war. So spielten wir kutschieren. Ich lenkte sie an den Zöpfen und haute sie mit einer Gerte, damit sie munter lief. Wie ein Kutscher schnalzte ich mit der Zunge und war selbstzufrieden. »Aber mach doch kein Randal! Jeder Kutscher schlägt sein Pferd mit der Peitsche, das ist doch abgemacht. Wer deshalb heult, ist bloß ein ganz gewöhnlicher Spielverderber.« Meine Schwester weinte fort.

Hü-hott!

So drückte ich ein Auge pfiffig zu, und mit dem ausgestreckten Finger auf den Trafikanten weisend, flüsterte ich die immer wirksame Zauberformel: »Ich sehe, ich sehe, was du nicht siehst!« Mit dem schnellen Zutrauen einer verlorenen Seele, die familiäre Töne vernimmt, horchte sie auf. Wir sahen ihn, den Herkules, beide jetzt. Ich selber hätte noch einen Augenblick vorher nicht ernsthaft gedacht, daß der Eigentümer des Fahrrads Herkules, der sagenhafte Held, sei. Schon sah ich den Spott wieder in ihren Augen blitzen, dem beweglichen Geist des Kindes kann selbst die Panik nichts anhaben, die den Eindringling in einen verbotenen Bezirk lähmt. Es spottet des Zaunes. – »Ich kenne dich besser, ich glaube dir nicht, ehe du nicht an der Fahrradklingel läutest!« – Ich hätte vorgezogen, diese Feuerprobe nicht bestehen zu müssen, doch dann erzählte sie zu Hause, daß ich sie mißhandelt hätte. Stellte sie ihre Bedingungen, dann wollte ich auf jeden Fall aus dem Handel, in welchem all mein Mut die erforderte Einlage war, einen Vorteil für mich herausschlagen. Sie kannte meine schwache Seite und wußte recht gut, daß ich bloß so tat, als ob ich ihren Spott überhörte. Spott trifft dort, wo man nackt ist unter allem, was man anhat. Unterwarf ich mich freiwillig hingegen ihrem Willen, dann hatte sie sich damit verrechnet, meinen Willen brechen zu können, bloß biegen konnte sie ihn.

Den Herkules hatte ich fast vergessen. War ich nicht selber nahe genug dem Heldentum, bereit, Gefährliches selbst zu wagen, auf daß sie mich nie mehr auslachen soll! Nie wieder! Wir spähten durch die Zweige, die uns dem Blicke des Wächters entzogen. »Rede nicht bloß davon, daß du keine Furcht kennst«, so drängte sie. Brauchst bloß die Hand nach der Klingel ausstrecken und läuten. So wurde mit Händedruck ausgemacht, daß sie mich zum letztenmal verlacht hatte. Noch einmal sah ich mich um, der Kunde war im Begriffe, den Laden des Trafikanten zu verlassen, so sprang ich aus dem Busch und läutete. Schneller war der Kettenhund aus seinem Häuschen. Meine Schwester fiel steif wie ein Holzblock um. Wie gewöhnlich! Sie hatte mit dieser Erfindung oft in der Kirche Erfolg gehabt, wenn die Kleine sich nicht anders aus dem Gedränge der Erwachsenen helfen konnte. Wie schlau die war! Alle Welt lief herbei, um ihr zu helfen, während mich der Kettenhund in seinen Zähnen hatte. »Hanswurst, kannst du nicht auf der Tafel lesen, daß hier ein bissiger Hund ist? Da geht mir der Herr Baron wieder durch, ohne die Zigarre zu bezahlen!« So schimpfte der Wächter. Wieder hörte ich meine Schwester lachen ... ich lag im Gras mit einem seltsamen Gefühl, als ob man mit mir Ball spielte; es ging eine wohltuende Sicherheit von dem rauschenden Wind aus, der durch den hohen Baum fuhr. Ich fühlte, als ob die Luft der sicherste Platz wäre, wo eine weiße Taube hin und her flog. Zuerst hat mich der Gärtner mit Schnaps aus seinen eingelegten Kirschen gelabt für den ausgestandenen Schreck. Nachher hat er mich gar auf sein Fahrrad gesetzt. Er hatte seinen Spaß an Kindern.

Wilhelm Hausenstein
Schlittenfahren

Die abfallende Seitenstraße neben dem großelterlichen Hause war das Rechte zum Rodeln oder, wie man dort drüben einfältiger sagte: zum Schlittenfahren. Sie kam, aus einer Gabelung zusammengewachsen, im Bogen von der oberen Altstadt und andrerseits von der großen Scheune des Großvaters herunter – der Scheune mit dem Familienomnibus, mit den mancherlei Wagen für Menschen, Feldarbeit und Fracht, mit dem Heuboden und den Ställen, wo die vielen Milchkühe und in den guten Zeiten an die zwei Dutzend Gäule standen. Von dort oben also, wo schon das Reich der Geheimnisse und Abenteuer anfing, lief die Straße, mäßig breit, zwischen dem Garten des reichen Nachbarn, des Fabrikanten, und dem Seitengärtchen der Villa hin, die unser Großvater zwischen Altstadt und Vorstadt für sich und die Schar der Seinigen erbaut hatte – Patriarch mit weißem Bart, klugen, hellen, ein wenig hitzigen Augen, roten Bäckchen, blankem Schädeldach, mit guten Humoren und jener meisterlichen Strenge, die durch seine wohllebende Vorliebe für Gabelfrühstücke gemildert blieb. Uns Kindern war es eine hohe Lust, weit droben, am äußeren Zuweg zu der fallenden Straße, im fast schon Unbekannten hinter der Scheune, mit den niedrigen Schlitten anzusetzen und dann, im Triumph aus unwahrscheinlichen Fernen niederbrausend, am Seitengärtchen vorbeizufliegen – nicht ohne daß uns die schrägen Abzugsgräben, die über die Straßen liefen, in die Höhe schleuderten wie Sprungbretter: aber dies steigerte die Pracht unserer Heldentat für den Blick des zuschauenden Altvaters, der in Pelz und Wasserstiefeln, das Quastenkäppchen auf dem munteren Greisenhaupt, durch den

Rodeln (Franz von Stuck 1863–1928)

verschneiten Garten stapfte. Flogen wir endlich auf die querliegende Hauptstraße vor, die im Tal drunten den Vorstoß unserer Rodelbahn empfing, so kannten wir keine Rücksicht – weder auf uns selbst noch auf die Leute. Wir fuhren auf gut Glück, prellten an, blieben heil und bekamen drunten den Geruch von der Arbeit der großen Säge in die Nase: den köstlichen Duft frischgeschnittener Bretter, die unter der Sonne, als weißglänzende Goldbarren, rutschend aus der Werkstatt sanken. Hatten wir angehalten und standen wir auf, um die Schlitten wieder bergan zu ziehen, so geschah es uns wohl auch, daß wir zu den Höhen der Tannenberge aufblickten, die in den Gründen so dunkel, obenauf so licht waren wie das Märchen selbst (...).

Immer nach dem Mittagessen, das mit dem Zwölfuhrläuten begann und eine breite Dauer hatte – sogleich nach dem Mittagessen waren wir alle Male mit den Schlitten draußen auf unserer Bahn, und nun ging es bis an den Rand der Dämmerung. Nur daß man um drei Uhr neuen Hunger hatte. Dann lagen Bratäpfel im Kachelofen bereit, und wenn es deren keine gab, so wallte der Kinderkaffee in einer Messingkasserolle auf dem weitläufigen Küchenherd, und auf dem gescheuerten Küchentisch standen die Ohrentassen, lagen die frischen, röschen Wasserwecken. Es waren langgestreckte vierteilige Weißbrote. Ich habe sie niemals wieder so gut gegessen, in aller Welt nicht wieder. (...)

Monika Mann
Mitternachtrendezvous

Außer dem »Tischrücken« im Freundeskreis gab es noch das Mitternachtrendezvous im Speicher zwischen mir und meinem um ein Jahr älteren Bruder. Das Klingeln der Weckeruhr, das uns fünf Minuten vor zwölf aus dem Schlaf gerissen, erstickten wir unter dem Federbett, und wir stahlen uns mit fliegendem Herzen hinauf ins Gebälk. Mein Bruder, barfuß, im kurzen Flanellhemd wie ich, hielt eine brennende Kerze und wies mir den Weg. Ich folgte ihm. Der Speicher war selbst bei Tage wenig geheuer, ein Ort ausrangierten Lebens. Zwischen allerlei Vergangenheitsgerümpel mochten Mäuse huschen, Ahnenbilder lächelten mild aus Spinnwebendämmer, und entweder herrschte dort dumpfe Hitze oder triste Kälte. Es hingen heute nacht dort weiße Laken über Seilen, die im Flackern des Kerzenlichts leise wehten. Es geschah, daß mein Bruder hinter einem solchen Laken verschwand, und ich, mich alleine sehend, einen kleinen Schrei von mir gab. Aus Schreck darüber löschte mein Bruder die Kerze aus, und ein so vollendetes Grauen erfüllte mich, gegen das ich mich mit heroischen Kräften zu wappnen hatte. Tatsächlich stählte die Furcht mich nun so, daß ich Verachtung fühlte, als ich ein feines Stöhnen aus einer Ecke wahrzunehmen glaubte. Es war mir nicht genug: jetzt dürstete mich's nach wahren Spukorgien, die dank meines fiebrigen Heroismus und gläubigen Draufgängertums mir nicht versagt bleiben sollten. Was vermag die Furcht des Kindes nicht alles auszurichten, seine Einbildungskraft grenzt ans Schöpferische – und ich mag gut und gern von unserer »Geisterkreation« reden, als zwischen den mondbeschienenen Laken erst ein schäumender Pferdekopf sichtbar wurde, ein Stulpenstiefelbein im Bügel, ein wehender weißer Waffenrock und endlich das große milchige Antlitz des Welttyrannen Napoleon unserem gebannten Blick sich darbot. Er hatte den Mantelkragen hochgeschlagen, das Haar klebte ihm in der bleichen Stirn und, die Rechte auf dem Herzen, schaute er mit seinen düster-mokanten Augen, über denen eine tiefe Falte eingegraben war, in die Ferne. Mein Bruder stellte ihm stotternd und lispelnd die Frage, bei der er sogar halb französische Brocken einstreute, ob die Zeit bald gekommen sei, da er (mein Bruder) Weltbeherrscher sein würde, worauf der scharf geschwungene Mund des Herrlichen bebte und ein hohl schallendes »oui« herunterwarf. Dann löste sich das Bild in nichts auf. In unsere Betten heimgekehrt, dauerte es ziemlich lang, bis unsere Gemüter sich entspannt hatten und der tiefe Kinderschlaf uns wieder aufnahm. Am nächsten Morgen wußten wir nicht, ob wir dies alles träumend oder wachend erlebt hatten, aber die offene Speichertür und ein am Boden liegendes Laken bedeuteten uns, daß Napoleon uns wirklich erschienen war.

Napoleon (Franz Pocci 1807–1876)

Verstecken (Oskar Pletsch 1830–1888)

ANSCHLAG FÜR MICH!

Verstecken und Finden

Als wir klein waren und »Kriegen« spielten, Tom, da gab es immer ein »Mal«, ein abgegrenztes Fleckchen, wohin man laufen konnte, wenn man in Not und Bedrängnis war, und wo man nicht abgeschlagen werden durfte, sondern in Frieden ausruhen konnte. Mutters Haus, dies Haus hier war mein »Mal« im Leben, Tom ... Und nun, und nun – ... verkaufen ... Thomas Mann

chen wurde ein regelrechter Handel getrieben. Von Zeit zu Zeit erschienen von unbekannter Hand Kreideinschriften an den auf die Staulinie führenden Gartentüren: Mittwoch, den soundsovielten, nachmittags 3 Uhr, Kaninchenmarkt auf dem grünen Flecken. So hieß die begraste Stelle, an der das Land breiter in den Stadtgraben, die »Graft«, vorsprang. Der Markt war meistens nur von den Jungens beschickt; ihre Böcke und Seken unter dem Arm oder in Lattenkäfigen, handelten und tauschten sie dort wie die Alten.

Aus dem Stall führte die Tür auf den schönsten Spielplatz, den Garten. Heute sind die Häuser hineingedrungen, und ich vermeide sorgfältig, wenn ich einmal wieder in der alten Vaterstadt bin, die Staulinie zu passieren, um meine Erinnerungen nicht durch die Steinhaufen blockieren zu lassen. Klein war er, der Garten, aber was für eine Welt trug man hinein! In dem alten Gravensteiner ließ es sich prachtvoll lesen; das Gartenhaus war bei »Mutter und Kind« die vornehmste Wohnstätte. Hier spielte man auch Schule; wie immer bei diesem Spiel trat der Lehrer mit einer drakonischen Strenge auf, die man am eigenen Leibe nie erfahren hatte. Hier wurden auch dramatische Aufführungen und lebende Bilder veranstaltet ...

Nebenbei trat auch wohl das in sein Recht, was eigentlich den Garten ausmacht. Man hatte sein eigenes kleines Beet – ich pflegte dort eine »Baumschule« anzulegen, die kam am längsten ohne Pflege aus und hatte so einen Zug ins Große, wenn auch die Bäume nie groß wurden –, aber die Hauptsache war eben nicht der Garten, sondern die gesteigerte Möglichkeit, die er in seinen gesicherten Planken und Mauern bot: des Träumens, Phantasierens, geistigen Schaffens.

Wenn man allein war, natürlich. Aber man war häufig allein, denn den Jungen war der Garten als Tummelplatz zu eng. Die stürmten durch das Tor auf die Staulinie, die damals noch von vier Reihen stattlicher Ulmen bestanden war, oder sie machten gelegentliche Besuche in den Nach-

Im Garten (Peter Hansen 1868–1928)

bargärten. Die Nebengrundstücke waren nach dem gleichen Plan angelegt wie unseres; sie gingen bis zur Staulinie durch und schlossen da, wo heute lauter Häuser sich erheben, mit Garten und Gartenhäuschen ab. Alle gehörten zu unserem Spielbereich. Die nächsten Nachbargrundstücke zwar von Ratsherr Wiencken und dem vom Lande hereingezogenen Rentner Wöbcken waren nur mir zugänglich, da dort nur Mädchen waren. Der Garten von Tischler Glauert wurde wegen seiner großen Knabenschar von den Jungen bevorzugt. Besondere Anziehungskraft hatte dort auch die Tischlerwerkstatt, besonders wenn ein Sarg verfertigt wurde; dann ging, wie wir uns flüsternd mitteilten, nachts die Säge von selbst.

Den allerschönsten Spielplatz aber bot jenseits der Graft »Egloffsteins Garten«. Ich war ein paarmal darin gewesen, als er noch im Besitz des alten Generals war, von dessen Hause am Stau er sich bis fast jenseits des grünen Fleckens erstreckte. Else von Egloffstein – trotz meiner entschieden demokratischen Weltanschauung hatte es die Romantik des Namens mir angetan – hatte mich in die Labyrinthe von Johannis-, Stachel- und Himbeerbüschen geführt, in denen auch unsere kräftigsten Verheerungen kaum sichtbar waren. Später wurde der größte Teil des Gartens verkauft; unsere Nachbarn waren beim Ankauf beteiligt, und so wurde er nun vor der langsam erfolgenden Parzellierung und Bebauung ein wunderbarer Spielplatz. Daß man erst in Glauerts Boot über die Graft setzen mußte, erhöhte den Reiz und die Sicherheit vor dem Abgerufenwerden. Ich pflegte mit meinem Hunde Jeck und einem Kaninchen hinüberzuziehen und mich dort mit einem Buch in die Wildnis zu vergraben, während der Hund das Kaninchen hüten mußte. Ich sehe noch die gespitzten, vor Leidenschaft bebenden Ohren, wenn er mit aufmerksamen Augen das seinem Instinkt entschieden zuwiderlaufende Hüteramt vollzog.

Karl Litzmann
Die Bruderinsel

Der große, sehr tiefe, von steilaufsteigenden, bewaldeten Uferhöhen umgebene Stechlin mit seinem kristallklaren Wasser, im Sturm meterhohe Wellen schlagend und wie ein Heldengedicht wirkend, und unser friedlicher, schilfumkränzter Dagowsee, im Vollmondschein an ein rührendes Liebeslied gemahnend.

Mitten im Dagowsee hatten mein Bruder und ich eine flache Stelle gefunden; wir beschlossen, sie zum Bau einer Insel zu benutzen. Jahrelang fuhren wir, im Sommer mit dem Kahn, im Winter mit dem Schlitten, Steine und Erde von unserm Felde hinüber, um sie an der flachen Stelle zu versenken. Wir erreichten wirklich, daß sich ein Inselchen aus dem Wasser erhob. Von stolzer Freude erfüllt, bestiegen wir das neugewonnene Land und schworen uns, es niemals aus der Hand zu geben und selbst dem sonst so hoch verehrten König von Preußen nicht auszuliefern. Unsere Insel, die allmählich die ansehnliche Größe von zehn Quadratmetern erhielt und mit ein paar Erlen bepflanzt wurde, sollte uns allein angehören. Und trotz unsers stark monarchischen Empfindens machten wir sie zum Freistaat; mein Bruder wählte mich »einstimmig« zum Staatspräsidenten, und ich ernannte ihn zu meinem Minister. Das Eiland wird noch heute die »Bruderinsel« genannt.

Adolf Damaschke
Berliner Spiele

Eins unserer liebsten Spiele war das Reifenspiel, und es war Ziel löblichen Ehrgeizes, einmal seinen Reifen von unserem Hause bis zur nächsten Querstraße, der Sophienstraße, hin und zurück zu treiben, ohne daß er von einem der vielen Fußgänger umgestoßen wurde. Am schönsten konnte man diesen Sport in den Hallen der Nationalgalerie treiben. Unverständig erschienen uns nur die Erbauer, die offenbar den Standpunkt des Reifenspieles in seiner Bedeutung noch nicht genügend erfaßt hatten, da sie rücksichtslos genug gewesen waren, die schönen Asphaltbahnen durch störende Stufen zu unterbrechen, die aus den Säulengängen zu den Fahrwegen hinabführten. Dagegen war es eine angenehme Unterbrechung des Reifenspieles, unter der großen Granitschale umherzukriechen, die vor dem alten Museum aufgestellt ist, oder dem Panther Fell oder Schwanz zu streicheln, mit dem die Amazone auf der Treppe des Museums zu kämpfen hat.

So verhältnismäßig nahe auch Nationalgalerie, Altes Museum und Lustgarten waren, so selten kamen wir doch dorthin. Kinder haben für die Größe der Gebäude sowie für die Länge der Straßen einen anderen Maßstab als Erwachsene. Die Länge des Körpers gibt hier wohl die Grundlage aller Längenmaße. So spielt sich Kinderleben in der Regel nur in der unmittelbarsten Nachbarschaft der Wohnung ab – eine Tatsache, die jeden, der gesunde Kinder für unser Volk erstrebt, zwingen müßte, für Heimstätten einzutreten, bei denen *unmittelbar* aus der Wohnung ein Garten erreichbar ist.

Unser langgestrecktes, finsteres Gebäude lud namentlich in den Dämmerstunden zum Versteckspielen ein. Einst fragte mich eine meiner Töchter: »Hast du auch als Junge gerufen ›Anschlag für mir?‹« Sie hatte das mit Verwunderung auf der Straße gehört. Ich mußte lachen. Natürlich! Ein Berliner Junge kannte auf der Straße grundsätzlich nie den vierten Fall. Er brauchte immer den dritten – allerdings auch dann, wenn er richtig war. Beim Versteckspiel helfen sich die Berliner Jungens und Mädels, indem sie nicht rufen »für mir«, sondern »vor mir«. Wer gewagt hätte zu rufen »Anschlag für mich«, wäre einfach unmöglich gewesen; man hätte ihn für krank oder für geziert gehalten; oder aber, was ja zutreffend gewesen wäre, für jemand, der nicht einmal »berlinisch« reden könne. Ein besonders beliebter Ort war der Heuboden, weniger natürlich zur Freude des Kutschers Friedrich, der mit seinem langen, roten Bart immer dann auftauchte, wenn wir es uns dort am behaglichsten eingerichtet hatten. Von diesem Heuboden konnte man durch ein kleines Fenster mit einigen Schwierigkeiten auf das Dach der Kegelbahn in Kellers Garten klettern; kroch man dann dieses Dach entlang, so kam man zu dem Ast eines Baumes, mit dessen Hilfe man endlich in den Garten gelangen konnte – ein etwas umständlicher Weg, der aber dadurch, daß sowohl die Eltern als auch Herr Keller vor ihm warnten, natürlich seinen besonderen Reiz auf uns ausübte.

Berliner Straßenspiele

Johannes Thiessen
Abklappune

Abklappen« heißt das ganze Spiel, das viel Spaß macht. Das Los bestimmt das erste Mal den Suchenden, für den wir eine eigenartige Bezeichnung haben. Anstatt zu sagen: Peter ist der Suchende – oder: Peter sucht, sagen wir: Peter »ist es«, und anstatt zu fragen: wer sucht? – fragen wir: wer »ist es«?
Also Peter »ist es«. Er stellt sich an die Ecke des Speichers, wo die weißgekalkte Wand ganz abgegriffen und schmierig ist von dem ewigen Abklappen, wendet das Gesicht der Mauer zu und wartet, bis einer der Mitspielenden »nun!« ruft. Das heißt: nun darfst du kommen und uns suchen! Peter verläßt nicht gleich seinen Platz, sondern horcht erst nach allen Seiten, nach denen er die Mitspieler sich hat entfernen hören. Denn die Spielregel erlaubt, daß jeder sobald wie möglich sein Versteck verläßt und die Abklappstelle zu erreichen sucht. Kann er sich dort abklappen, bevor Peter ihn gesehen und seinerseits abgeklappt hat, ist er für diesmal gerettet, wie wir sagen: frei. Er darf dann während der Dauer des Spiels treiben, was er will, nur nicht die Verstecke der übrigen verraten. Peter hat, wie gesagt, nichts weiter nötig als einen der Versteckten aufzuspüren und geschwind an die Abklappstelle zu laufen, wo er den Gefundenen etwa mit den Worten abklappt: ich klappe Christian ab! Während er das laut ruft, so daß man ihn allgemein hören kann, schlägt er mit der flachen Hand an die Wand des Speichers. Der, den er zuerst abklappt, »ist es« beim nächsten Spiel.

Oft ergibt sich ein Wettlauf zwischen dem, der es ist, und dem, den er aufgestöbert hat. Oft gibt es auch einen Wettlauf von entgegengesetzten Seiten, wenn nämlich Peter seinen Platz verlassen hat und Christian, der ihn von seinem abseits gelegenen Versteck beobachten konnte, die Gelegenheit benutzt, sich frei zu machen; Peter hört die Schritte hinter seinem Rücken, wendet eilig um und strebt gleichzeitig mit Christian an die Abklappstelle.

Der Zweck des Spieles ist erreicht, wenn nur einer abgeklappt worden ist. Wer darum in seinem Versteck allzu lange verharrt und sich nicht finden lassen will, scheidet zur Strafe aus: er spielt eben nicht mehr mit. Halten sich alle gar zu gut versteckt, so müssen sie auf Verlangen ein Zeichen geben.

Wir redeten in unserem Kauderwelsch übrigens nicht von »abklappen«, sondern von »abklappune«.

Wer dies schrecklich-schöne Wort erfunden oder entdeckt hat, weiß ich nicht. Es hat sich wohl Geschlechter hindurch in unserem Dorfe behauptet. »Abklappune Maren!« – »abklappune Lauritz!« – »wer spielt mit abklappune?« – das waren damals verständliche und beliebte Ausrufe und Fragen.

Walter Benjamin
Verstecke

Ich kannte in der Wohnung schon alle Verstecke und kam in sie wie in ein Haus zurück, in dem man sicher ist, alles beim alten zu finden. Mir schlug das Herz, ich hielt den Atem an. Hier war ich in die Stoffwelt eingeschlossen. Sie ward mir ungeheuer deutlich, kam mir sprachlos nah. So wird erst einer, den man aufhängt, inne, was Strick und Holz sind. Das Kind, das hinter der Portière steht, wird selbst zu etwas Wehendem und Weißem, zum Gespenst. Der Eßtisch, unter den es sich gekauert hat, läßt es zum hölzernen Idol des Tempels werden, wo die geschnitzten Beine die vier Säulen sind. Und hinter einer Türe ist es selber Tür, ist mit ihr angetan als schwerer Maske und wird als Zauberpriester alle behexen, die ahnungslos eintreten. Um keinen Preis darf es gefunden werden. Wenn es Gesichter schneidet, sagt man ihm, braucht nur die Uhr zu schlagen und es muß so bleiben. Was Wahres daran ist, erfuhr ich im Versteck. Wer mich entdeckte, konnte mich als Götzen unterm Tisch erstarren machen, für immer als Gespenst in die Gardine mich verweben, auf Lebenszeit mich in die schwere Tür bannen. Ich ließ darum mit einem lauten Schrei den Dämon, der mich so verwandelte, ausfahren, wenn der Suchende mich griff – ja, wartete den Augenblick nicht ab und kam mit einem Schrei der Selbstbefreiung ihm zuvor. Darum wurde ich den Kampf mit dem Dämon nicht müde. Die Wohnung war dabei das Arsenal der Masken. Doch einmal jährlich lagen an geheimnisvollen Stellen, in ihren leeren Augenhöhlen, ihrem starren Mund, Geschenke, die magische Erfahrung wurde Wissenschaft. Die düstere Wohnung entzauberte ich als ihr Ingenieur und suchte Ostereier.

Das Kind und seine Welt (Josef Danhauser 1805–1845)

Carl Oskar Jatho

Versteckspiel im Kölner Dom

Durch meine älteren Brüder und den Felix, die in das Gymnasium der pädagogischen Sonderlinge mußten und den Beginn des Schulwegs häufig mit mir teilten, wurde ich auch mit dem Innern des Doms vertrauter. Ihr Lieblingszeitvertreib nämlich auf dem Schulweg war das Versteckspiel in dem labyrinthischen Geräume der damaligen Altstadt. Und da der Dom den ganzen Tag lang offen stand, und da kein frommer Schauder diese protestantischen Knaben in Raison hielt, wurde auch er einbezogen in dies von uns allen unermüdlich betriebene Spiel. Wir verschwanden zumeist durch das Südportal und kamen unter der Petruspforte wieder ans Tageslicht. Was der Schweizer zu diesem Unfug gesagt oder gedacht oder getan haben mag, weiß ich nicht mehr; es ist mir entfallen.

Bei solchem Versteckspiel lernte ich den überlebensgroßen heiligen Christophorus nahe der Vierung aus nächster Nähe kennen und manche Glasfenster, wenn freilich auch die besten nicht, nicht die tief glutenden, wie aus Edelsteinen gefügten im Chor; war der doch nur für zahlende Gäste betretbar.

Immerhin fiel bei diesen Versteckspielen auch vom Altardienst einiger Gewinn für mich ab, man könnte sagen: der Gewinn des Unverstandenen, für mich, den evangelischen »Köttel«. Und die große Prozession des Fronleichnamsfestes, die sich damals noch an Hunderten von Haustür- und Fensteraltären und an Tausenden von Kerzen vorbeibewegte, war für mich, neben dem Rosenmontagszug und der vom Dröhnen der Kaiserglocke grundierten bengalischen Beleuchtung der Domtürme zu Kaisersgeburtstag, das nicht wegzudenkende Kölner Ereignis.

Karla Höcker
Das Gartenhäuschen

Vor einiger Zeit sah ich im Wirtschaftsteil einer großen Tageszeitung das Bild eines Industriemanagers, dessen Verdienste gewürdigt wurden. Ich las mit halber Aufmerksamkeit und wollte gerade umblättern, als mich der Gedanke durchfuhr: Nicolas als Manager. Nicolas – wieso Nicolas! Ich betrachtete das Bild genauer, las die Unterschrift nochmals, und nun erschien hinter den Zügen des reifen Mannes ein Kindergesicht. Das Gesicht eines kleinen weißblonden Jungen mit sehr hellen Augen und mädchenhaft zarter Haut, eines Jungen, der akzentfreies Französisch sprach und als Zehnjähriger eine Chopin-Mazurka spielen konnte. Und nach und nach kamen noch andere Einzelheiten zurück.

Zuerst das Gartenhäuschen. Der Garten war groß und nach altmodischen Gesichtspunkten angelegt, mit geschwungenen Wegen und Rasenflächen, vielen alten Bäumen und Büschen, auch Johannis- und Stachelbeersträuchern. Für Kinder hatte er etwas Geheimnisvolles, man konnte wunderbar darin spielen. Im Mittelpunkt stand ein kleines hölzernes Gartenhäuschen, in dem Geräte, Gießkannen, ein altes, nicht mehr ganz vollständiges Krokettspiel und ähnliche Dinge aufbewahrt wurden. Vor allem eignete es sich zum »Anschlag« beim Versteckspielen. Gewöhnlich dämmerte es dann schon, manchmal war der Rasen kurz zuvor gemäht worden, es roch nach frischem Heu.

Vorsichtig geduckt laufen die Spielenden zwischen Büschen und Beeten umher, verstecken sich geschickt, warten angespannt, bewegungslos auf den Beginn der Jagd. Der zum Suchen Bestimmte lehnt mit geschlossenen Augen an der Anschlagwand, er zählt: eins, zwei, drei, vier . . . hundert, komme! Nun darf er die Augen öffnen, späht erregt in das schnell hereinbrechende Dunkel und erkennt schon einige der Heranschleichenden: Anschlag für Brigitte! Anschlag für Jan! Noch bewegen sich lautlose Schritte zwischen den Pflanzen. Manchmal läuft einem der Kinder, die an das Gartenhäuschen heranrobben, ein Schauer über den Rücken: es ist, als wäre es selber das Unheimliche, vor dem es gleichzeitig zurückschreckt, und doch möchte jedes bis zuletzt dabei- und unentdeckt bleiben, ein Sieger. Es gelingt immer nur wenigen.

Noch faszinierender war der hintere Teil des Gartens, in dem, etwas erhöht, offenbar vor langer Zeit eine künstliche Ruine errichtet war, efeubewachsen und verdeckt von Büschen und Bäumen. Wo gab es damals eine Ruine? Es war ein idealer Platz, um wilde Kämpfe auszutragen, die oberste Plattform zu belagern oder wütend zu verteidigen, vor allem aber mit wildem Geschrei gegeneinander vorzugehen. In der Erinnerung mischt sich auch der Ton eines Kinderinstrumentes hinein; es war ein Kuhhorn aus der Schweiz, und es klang wie Rolands Horn im Tal von Ronceval. Und einmal – es muß an einem besonders milden Sommerabend gewesen sein – wurde auf dem obersten Absatz der Ruine Quartett gespielt.

Die Mutter war eine merkwürdig blasse Frau in malerischen Kleidern; sie hatte Verständnis für kindliche Unternehmungslust und wurde, auch wenn es stürmisch zuging, nie ärgerlich. Einmal half sie Nicolas, einen Segelwagen zu bauen. Er besaß einen sogenannten »Holländer«, ein niedriges Fahrgerät, ähnlich dem heutigen Kettcar. Da er im Sommer oft an der See gewesen war, verstand er sich etwas auf Boote und Segel. Und so wurde eines auf den »Holländer« montiert, ein richtiges großes Segel, aus einem Bettuch genäht. Es war an einem Mast mit drehbarem Querbalken befestigt, fast wie bei einem seetüchtigen Boot! Wenn der Wind günstig stand, konnten die Kinder stolz die breite Platanenallee entlangtreiben; sie wurden von Altersgenossen dabei sehr bewundert, sicher beneidet. Damals war diese Straße ein idealer Kinderspielplatz; außer »Bolle« und dem Gemüsewagen kam hier kaum ein Fahrzeug vorbei. Wenn sich bei feuchtem Wetter die malerischen Bäume und das Segel des »Holländers« im nassen Asphalt widerspiegelten, konnte man sich einbilden, auf einem niederländischen Kanal dahinzutreiben. So etwas kam der Phantasie sehr entgegen.

An einem warmen Frühlingstag, bald nach Ostern, als die Kinder zu träge für lebhaftere Spiele waren, sonnten sie sich nach Tisch im Garten. Nicht in dem mit der Ruine, sondern im neu angelegten der »Eltern« in der Lindenallee. Der Rasen, auf dem sie lagerten, fühlte sich warm, wie etwas Lebendiges, an. Sie hatten ein Spiel erfunden, das hieß: Träume erzählen. Dazu mußte jedes die Augen schließen und sie lange, lange geschlossen halten, wie im richtigen Schlaf. Bis dann der eine zu blinzeln anfing und vorsichtig fragte: Hast du was geträumt? Dann mußten die Träume erzählt werden. Beide schwindelten dabei gehörig, und beide wußten natürlich auch, daß sie schwindelten. Das tat dem Vergnügen keinen Abbruch. Kinderspiele sind ja oft an der Grenze zum Märchenhaften, Unwirklichen, Vorgetäuschten angesiedelt. Selbst sehr kleine Kinder wissen im Grunde ganz genau, daß ihre Spieltiere aus Stoff oder Holz bestehen, und doch werden sie geliebt und gestraft, als seien es lebendige Wesen. Die beiden Kinder erzählten sich also phantastische Traumgeschichten und verzehrten dabei die letzten Ostereier.

Christa Reinig
Feuergefährlich

Meine leibliche Laufbahn begann . . . im Keller. Das Fenster stand über mir als bleiche Sonne. Wenn meine Mutter das Wasser, das sie vom Hof geholt hatte, wieder weggoß, stieg sie auf eine kleine Leiter, hob den Eimer über ihren Kopf und kippte ihn in eine Rinne dicht unter der Kellerdecke. Es wäre verständlich gewesen, wenn ich zwei Kringel gemacht hätte und gesagt: das sind die Sohlen meiner Mutter, wenn sie das Wasser ausschüttet. Aber ich tat es nicht. Dann verdienten wir Geld und zogen in die Ackerstraße, in eine Kochstube mit zwei Fenstern hoch hinaus, unterm Dach. Tief unten lag der erste der Höfe, der Vorderhof, und nun bestanden die Leute nur noch aus Kopf und Beinen. Nun aber zeichnete ich sie so: zwei Elefantenfüße, zwei riesenlange Beine, einen kurzen Leib und einen winzigen Kopf mit zwei Nasenlöchern. Ich zeichnete die Menschen aus der Stiefelperspektive und mochte nicht hinunter in den Hof gehen.

Im Hof spielten die Kinder. Es waren zuviel Kinder auf einmal. In der Johannisstraße hatte es nur Edgar gegeben. Ich hatte ihn sehr geliebt. Manchmal kreischte ein Dienstmädchen: Edgar! und er verschwand. Er war einfach weg. Ich wußte nicht genau, wo er wohnte. Einmal kam er aus seiner üblichen Unsichtbarkeit zum Vorschein, und wir jagten uns durch die Johannisstraße. Er kurvte um eine Ecke und war nicht mehr zu sehen. Ich wars gewohnt. Doch im selben Augenblick erschien er wieder, starr und steif. Hinter ihm her ging seine kleine Schwester starr und steif, den Beschluß machten zwei blicklos starre Eltern. Edgar sah mich nicht an. Doch als er an mir vorüberging, hob er den Finger gegen mich und schrie: Hi Hi Hi! Dann kam seine kleine Schwester, hob den winzigen Finger und schrie: Hi Hi Hi! Dann

kamen die Eltern. Sie machten nicht Hi!, sie waren zu hoch über der Sache.
Da stand ich. Na gut, dann war ich eben Hi. Aber der Edgar, der Judenjunge, der sollte mir nochmal kommen. Nun stand ich in der Ackerstraße. Mein Edgar war weit, und Heinz, der Häuptling, trat aus der Masse der Kinder auf mich zu, hob den Finger gegen mich und fragte: Du, wie heißt du? Da liefen mir die Tränen los. Der Haufe johlte vor Wonne. Dorchen, die Häuptlingsschwester, trieb mich mit wilden Schreien über den Hof: Wieheißtu! Wieheißtu! Ich weinte. In späteren Jahren saßen wir dann auf Feuergefährlich und sonnten uns. Dorchen zog mich wieder einmal mit Wieheißtu auf, und Heinz kneistete durch eine selbstgebaute Papiersonnenbrille: auf Ehre, Christa, du warst ein dofes Kind.
Feuergefährlich war das Kinderpentagon der Ackerstraße 156. Es befand sich auf dem zweiten Hof und bestand aus zwei eingemauerten Eisenklappen mit zwei Ringen und der eisernen Inschrift: »Feuergefährlich!« Wenn Heinz und Horst die Ringe faßten und die Klappen hochzogen, sahen wir: darunter war nichts. Einmal fragte ich: warum feuergefährlich? Einer sagte: in der Garage, wo der Wons sein Fahrrad unterstellt, standen mal Autos, und hier floß das Benzin aus. Es war eine Tankstelle. Sie haben sie zugemauert. Aber warum gab es hier keine Autos mehr, eine Tankstelle auf unserm Hof, das wäre doch famos. – Die Köppen wird es wohl verboten haben. Die verbietet doch alles. Die ist schuld. Einigen wir uns. Wir einigten uns darauf, Alli Köppen, dem Sohn der Hausbesitzerin, aufzulauern. Außerdem war er katholisch und wohnte im Vorderhaus. Drei Gründe in einem, Alli zu verdreschen. Aber Alli entkam uns und erreichte die Treppe zum Vorderhaus. Dahinauf verfolgten wir ihn nicht weiter.
Auf Feuergefährlich hockten wir, wenn wir den letzten Pingpongball mit Tennisschlägern aus Schuhkarton zer-

trümmert hatten, wenn wir unsere Murmeln zählten und uns um die Bucker schlugen. Feuergefährlich war heiß von der Sonne oder naß vom Regen und verbrannte uns den Po oder kühlte ihn. Auf Feuergefährlich puckten wir die Räuber und Schutzmänner aus. Zum Pucken brauchte man ein Orakel. Einer nahm es in den Schwitzkasten, ein zweiter packte es am Kopf und hielt ihm die Augen zu. Ein dritter puckte mit zwei Fingern auf seinen Rücken und zeigte zugleich: Puck puck puck, wer soll *das* sein! Das Orakel keuchte mit vermummter Stimme: Räuber! oder Schutzmann! Zum Schluß erschien das Orakel wieder in kindlicher Gestalt, außer Atem, stolz und mit rotem Kopf, und dann liefen die Schutzmänner hinter den Räubern her.

Auf Feuergefährlich las ich meinen ersten Billy Jenkins und erfand die Texas-Geheimschrift, die konnte niemand lesen außer mir. Auf Feuergefährlich probte der Gesangverein fürs Kinderfest den »Negeraufstand von Kuba«:

In den Tei-chen liegen Lei-chen
und die Bäu-che aufgeschlitzt
In den Lei-bern stecken Mes-ser
daß das Bluuuuut gen Himmel spritzt
umba umbawasser umba umbawasser.

Auf Feuergefährlich spielten wir Schule. Es war ein Mädchenspiel. Jungen spielten nicht noch Schule, wenn sie draußen waren. Dorchen »trat ein«, spitzte den Mund zum Hochdeutsch hin und sagte: Heil Hitlehr, liebe Kindehr! Dann schrie die Klasse: Heil Atze, Heil Käse, Heil Tomate! Ich brüllte: Heil Moskau! Dorchen hörte auf zu lachen: Über Heil Moskau spottet man nicht, Christa, merke dir das, und außerdem brüllt man es nicht so laut, daß es die Nachbarn hören. Ich maulte: Ich bin Nazi und kann Heil Moskau brüllen, so laut ich will. Zur Strafe stellte sie mich in die Ecke.

Auf Feuergefährlich tagte das Gericht der Alten Kinder über den kleinen Georg aus dem 2. Quergebäude. Er war

Die Alten Kinder

von der Pottjehschen erwischt worden, wie er auf dem Hausklo mit der Edith aus dem Vorderhaus Spiele trieb. Die Pottjehsche lieferte ihn an uns aus. Wir Alten waren puritanische Richter: Schämst du dich nicht, ohne Hosen und mit einer aus dem Vorderhaus! Georg schämte sich. Es war ein schwieriger Fall. Georg war einer von uns, obwohl er nur im

2. Quergebäude wohnte, wo die Mieter dauernd ein- und auszogen und die Kinder kamen und gingen, ohne daß wir sie groß kennenlernten. Aber Georg kannten wir schon fast ein halbes Jahr. Schließlich wälzten wir die Verantwortung von uns ab und spektakelten die Erwachsenen heran. Die Erwachsenen spektakelten die Polizei heran. Die Polizei kam und forschte nach Georgs Eltern. Niemand wußte etwas von ihnen. Georgs große Schwester war eine von den Richtern. Sie trug einen Schlüssel um den Hals und ließ den Polizisten ein.
Ich wußte, wie es da aussah. Ich hatte oft geholfen, alle tragbaren Möbel und Geräte auf den Kopf zu stellen und Sachen gegen die Decke zu werfen, bis sie kaputt gingen. Mir hing auch ein Schlüssel am Halse. Aber ich gebrauchte ihn kaum. In meiner Wohnung durfte ja doch nichts auf den Kopf gestellt werden oder gar kaputt gehen. Ich schloß meine Wohnung nur auf, um Pfennige aus Mutters Sparbüchse zu schütteln und um Punkt Fünf das Essen aufzusetzen. Georg und seine Schwester wurden fortgebracht in ein Heim. Plötzlich gab es sie nicht mehr. Das Wort Heim roch nach Erbsensuppe und Schulflur.

Schlüsselkind

Puck-puck-puck

PUCK – PUCK – PUCK,
WER SOLL DAS SEIN?

Rollenspiele

Manchmal faßte ich kühne Entschlüsse. Wenn die Menschen nicht sind, wenn ich sie mir nur einbilde, will ich sie mir so einbilden, wie sie sein müßten, um mir bequem und angenehm zu sein. Ich will mir einen Papa einbilden, den ich nicht fürchte, und eine Gouvernante, die mich nicht quält. Und einem in dieser Weise umgestalteten Papa, einer Mademoiselle Henriette, die eitel Liebe und Güte war, begegnete ich dann mit einer unbefangenen Vertraulichkeit, die äußerst mißfälliges Staunen erregte und mir manche Strafe zuzog. Das war gleichsam der stimmende Akkord zu der Erfahrung, die ich im späteren Leben so oft machen sollte. Über keines der Wesen, die ihre Existenz wirklich nur unserer Einbildungskraft verdanken, haben wir unumschränkte Macht. Wir können sie ins Leben rufen, sie aber nicht handeln lassen nach unserm bloßen Gefallen. Sind es Menschen, die den Namen verdienen, dann haben sie ihre eigenen Gesetze, müssen tun nach ihrer eigenen Natur und sich aus diesem Tun ihr Schicksal bereiten.

Zu jener Zeit, in der die irdische Welt mir zu einer Sinnestäuschung herabgesunken war, hatte ich mir eine andere, eine so schöne hergestellt, wie eine Kinderphantasie sie nur jemals erschuf. Sie befand sich weit drüben jenseits der Berge und eines großen Meeres. An heißen Sommertagen, wenn die Sonne im Scheitel stand und die Sonnenstäubchen glitzerten wie Diamanten – wenn ich da recht lang zum Himmel hinaufblickte, da glaubte ich in der leuchtenden Bläue mein Land sich spiegeln zu sehen. Seine Wälder blieben immer dicht, immer blühten seine Blumen und reiften seine Früchte. Die Männer waren hohe Göttergestalten, die Frauen alle wie Feenköniginnen. Die Hauptsache aber waren die unzähligen Kinder, von denen mein Land wimmelte. Sehr verschiedene Kinder und durchaus nicht alle gut und schön, aber alle so vollkommen frei wie junge Füllen auf unabsehbaren Weiden. Ich malte mir ihr buntes Treiben, ihre Spiele und ihre Kämpfe aus, ich dachte mich in sie hinein, ich war sie. Einmal die, einmal der, einmal das mit allen Tugenden geschmückte opferdurstige kleine Mädchen, einmal ein übermütiger, wilder Junge. Nicht immer konnte ich dann die Gestalt, in der ich eben einhergewandelt war, sofort ablegen. Es blieben Überreste von ihr an mir haften. Und wieder überraschte ich meine Umgebung durch ein Gebaren von ganz besonderer Art. Gewöhnlich holte meine Schwester mich herab von einem Gipfel der Vollkommenheit oder strafte mein keckes und bubenhaftes Benehmen, indem sie ein sehr trauriges Gesicht machte, mich mit schmerzlicher Mißbilligung ansah und sagte: »Du bist aber heute wieder so kurios!«

Marie von Ebner-Eschenbach

Karl Friedrich von Klöden
Atschaspielen

Ein tolles Spiel war eine Zeitlang unter uns Schülern Mode geworden; wir nannten es das »Atschaspielen«, und es wurde gewöhnlich nach dem Schlusse der Lektionen in der Schulstube exerziert. Einer war der Teufel und wurde von einem andern Huckepack getragen. Indem dieser nun lief, mußte der Teufel versuchen, einen andern zu greifen, worauf er von ihm abgelöst wurde. Der Teufel schrie dabei beständig »Atscha«. Es ging wild über Tische und Bänke fort, und der Teufel auf dem Rücken seines Trägers mußte gut balancieren. Noch begreife ich kaum, wie dies tolle Spiel stets ohne Unglück abgegangen ist. Die Mädchen waren dabei ebenso wild wie die Knaben. Bei besserem Wetter wurde im Freien zwischen Schule und Kirche »Räuber« gespielt, wobei die Lokalität mit allem, was sie enthielt, sorgfältig benutzt wurde.

Wilhelm von Kügelgen
Ritter Delorges und Kunigunde

Die Tage in Halle verflossen angenehm und schnell. Mit Arbeit pflegte mein Lehrer mich nicht zu übernehmen, zu meiner und wohl auch seiner Schonung. Ich schrieb des Morgens mit halbzölligen Buchstaben an meinem Tagebuche, welches von Zeit zu Zeit unter Senffs witziger Aufschrift: »Meister Wilhelms Wanderjahre« an meine Eltern abging. Das war alles; und übrigens tat ich, was ich wollte, wenn ich's nicht vorzog zu tun, was Lorchen wollte, die sich gern mit mir befaßte und deren sanftem Kommando ich willig unterlag.

Unter diesen Umständen geschah es, daß ich eines schönen Nachmittags beim Kaffee, den ich nicht trinken durfte, und gelangweilt vom Gespräch der Großen, das ich nicht verstand, mit der Hand in meine Tasche fuhr und darin ein Stück Bindfaden fand. Das gab sogleich Ideen. Ich verlief mich in den Garten, zäumte eine zerbrochene Bohnenstange als Reitpferd auf und wandelte ein Nelkenstäbchen mittels angehefteter Parierstange zum Schwert um. Für die Koppel wollte der Faden nicht mehr reichen. Ich steckte daher die Waffe bloß durchs Knopfloch, und so ausgerüstet sprengte ich meiner Freundin ritterlich entgegen.

Lorchen besah mein Schwert, lobte es und schenkte mir ein schönes himmelblaues Band, das sie mir als Wehrgehenke um die Achsel schlang. Dann brach sie einen Lilienstengel voll duftend weißer Glocken und gab ihn mir mit dem Bemerken, daß Ritter Lilien in der Hand haben müßten. Übrigens – sagte sie – wohne sie dort im Gartenhäuschen, und wenn ich mich müde geritten, sollt' ich sie besuchen.

Ich warf mein Pferd herum, tummelte es durch alle Wege, ließ es über die Rabatten springen und war noch gar nicht müde, als ich schon zum Gartenhäuschen einschwenkte. Lorchen saß mit einem Buche auf der Schwelle. Ihre frischen Farben und ihr dunkles Haar, in das sie mittlerweile ein weißes Röschen eingeflochten, harmonierten lieblich mit ihrem himmelblauen Kleide, und ich sah zum erstenmal, daß meine Freundin schön war.

Sie habe da eine herrliche Geschichte, rief sie mir entgegen, die wolle sie mir vorlesen, wenn ich's möchte. Wohl mochte ich das und ließ mich gern an ihrer Seite nieder, während sie mit heller Stimme den Handschuh von *Schiller* vortrug und mich damit die erste Bekanntschaft des großen Dichters machen ließ. O wie umhüpften die wohlklingenden Verse mein Ohr so leicht und lieblich und umgaukelten die Phantasie mit buntem Wechsel der lieblichsten Bilder. Etwas Schöneres glaubte ich nie gehört zu haben und täuschte mich auch schwerlich.

Lorchen fragte, wie mir's gefallen? »Hübsch«, sagte ich, schwang mich auf die Bohnenstange und jagte wieder durch den Garten. Ich war natürlich der Ritter *Delorges*, Lorchen die *Kunigunde*; aber ich dachte: verlassen werde ich sie deswegen doch nicht. Als ich zurückkam, sollte das Lesen zur Abwechselung an mir sein. Ich nahm das Buch und las standhaft wie ein Kantor, während Lorchen gefaßt gen Himmel blickte und den Lilienstengel, den sie mir abgenommen, auf und nieder wiegte. So ging es Tour um Tour, und ich fand Wohlgefallen an so gelehrter Unterhaltung.

Ähnliche Spiele wiederholten sich fortan fast täglich. Ich raste durch den Garten mit einer Hast, als hätte ich meilenweite Strecken zurückzulegen, um zu dem Pavillon zu kommen, wo Lorchen mich empfing, mich mit Erdbeeren, Stachelbeeren, Pflaumen stärkte und wir dann miteinander in den Zauberhain der Dichtung traten.

Felix Dahn
Die neue Weltgeschichte

Das »Ritterspielen« von uns sechs – aber wenn ich auch nur einen Gegner hatte, konnte es losgehen! – bestand nun darin, daß wir, was wir gemeinsam in der Klasse an Geschichte (selten genug an Sage) kennengelernt, oder was einer von uns an solchen Stoffen zu Hause gelesen und was für uns brauchbar schien, darstellten, richtiger gesagt, in Worten und Werken darlebten: – nach einer kurzen Angabe des Stoffes und des Ganges der Handlung für die nicht schon damit Vertrauten: dramatisches Reden, Verhandlungen und als deren unvermeidliches Ergebnis: Kämpfe! – Dabei kam aber freilich zuweilen das höchst Drollige vor, daß der Ausgang der Schlacht im Garten ganz anders geriet, als er nach Beckers Weltgeschichte sich hätte gestalten sollen.
Die Leidenschaften der Kämpfer verschuldeten das: zumal der Zenger-Gustel, der ungefüge Held, war oft durch alle Berufung auf die geschichtliche Überlieferung nicht dahin zu bringen, eine Schlacht zu verlieren und den Rücken zu wenden, war er durch ein paar derber sitzende Hiebe in seinen Asen-Zorn gebracht wie Asa-Thor. So geschah es, daß in meinem Garten die Schlacht bei Hittin vom 4. Juli 1487 (wir hatten sie am 4. Juli 1847), welche die Kreuzfahrer und Templer hätten verlieren sollen, glänzend von diesen gewonnen wurde, da sich Gustel, der sich als König Guido von Jerusalem hätte von Saladin (– dem Monten-Gustel –) gefangennehmen lassen sollen, beharrlich dessen weigerte, wie toll um sich hieb, Saladin das Krummschwert zerschlug und umgekehrt den Sultan gefangennahm, so daß mir, als Guido's Bruder und Großmeister der Templer, nichts übrigblieb als den mir gegenüber stehenden Sohn Saladins, Almelik Alafdal, – nämlich Julius Greiß – in die Flucht zu

schlagen, ihn, da er auf derselben in dem Kohlrabifeld stolperte und fiel, ebenfalls gefangenzunehmen und in die Burg von Jerusalem – die Kegelbahn – zu führen! Nun kann man sich das Erstaunen von Saladins Schwester, Anna von Schlichtegroll, vorstellen, welche vor der Schlacht von dem bösen Templer Rainald von Châtillon (Clemens Piloty) auf einem Zug durch den Palmenwald von Bohnen geraubt und nicht ohne Verlust einiger Haare in die Kegelbahn war geschleppt worden, als sie nun, statt durch ihren heldenhaften Bruder und Neffen befreit zu werden – wie wir ihr (nach Becker V. S. 77) versprochen hatten –, jetzt beide ebenfalls gefangen eingebracht sehen und den Siegeskaffee anstatt in Freiheit auf der Bergburg für jene, für uns, mit dauernden Ketten belastet, kochen mußte. Aber auch mich kann ich von einer Verbesserung der Weltgeschichte nicht freisprechen: die Schlacht bei Idistaviso, welche ich als Armin gegen Germanicus hätte verlieren sollen, gewann ich glänzend, da dieser Römerheld – Franz Schneider – durch einen Speerstoß von mir rücklings über das hohe Mistbeet hinabgestoßen und gefangen ward; auch der Adler der Legion ward damals dem Centurio Greiß entrissen und in meine Halle an der Weser (das »Salettel« am Springbrunnen) gebracht.

Bevor das Spiel begann, wurden nämlich die oben erwähnten Burgen durch das Los verteilt, manchmal alle drei, falls neutrale Mächte in Frage kamen.

Nach solchen Erfahrungen mit Umstülpung der Weltgeschichte vermieden wir dann später Schlachten mit feststehendem Ausgang völlig; es hieß nun bloß: Achäer und Troer, Hellenen und Perser, Römer und Germanen, Goten und Byzantiner, Kreuzfahrer und Sarazenen – Waffenruhe, Verhandlung, Kampf. Das ward bald vorherrschend und damit zugleich die so wünschenswerte Wildheit der Gefechte.

Das ewig Weibliche konnte nicht ganz entbehrt werden:

Klassische Helden (Nach Moritz von Schwind 1804–1871)

Helena, des Darrios Harem, Tarpeja, Thusnelda, Weleda, Eleonore von England, Saladins Schwester, die Jungfrau von Orléans waren doch unentbehrliche Gestalten. Allein nicht gar oft schwebte dieser Reiz um unsre Fahnen!
Einerseits hatten wir – gröblich zu sagen! – kein lebhaftes Bedürfnis darnach; es war ganz das Alter, da sich vom Mädchen stolz der Knabe reißt. Andrerseits drängten sich aber auch die »verfügbaren« Schwestern durchaus nicht nach der Ehre, geraubt – und, was dabei ganz unerläßlich, an Haar und Schleier geschleift zu werden, – hin und wieder ein Puff oder ein verflogener Pfeil war auch nicht ganz zu vermeiden! – um dann den Siegern die Butterbrote schmieren oder, ging es hoch her, die Schokolade kochen zu dürfen; mit Flickung rechtwinkliger Risse in den Hosen (– der Jacke und der Weste entledigten sich die Helden, bevor sie in die Brünne schlüpften –) oder des rechten Hemdärmels (den linken deckte der Schild), deren Anblick dem Mutterauge schonend erspart bleiben sollte, hatten die armen Mädels, zumal Mathilde Zenger, ohnehin so viel zu tun, daß sie an der ganzen »Ritterei« wenig Freude verspürten.
Eine rühmliche Ausnahme bildete die wackere, kreuzbrave,

kernfrische Anna von Schlichtegroll, stark und wild wie ein Bub, unbekümmert um Unversehrtheit von Rock, Zopf und Wangen. Sie hatte Lust an unserem Treiben, besaß lebhafte Einbildungskraft, sprang über die breitesten Beete, daß die Röcklein nur so flogen, und drosch als Jungfrau von Orléans auf ihren Lionel - nämlich mich -, der sich vorschriftsmäßig von ihr hatte das Schwert aus der Hand schlagen lassen, statt ihm dann zur Flucht zu winken, mit ihrem heiligen Schwert so grausam - auf den Liegenden! - los, daß mir der grimme Talbot, der vor Zorn darüber wieder lebendig ward - natürlich war es der Zenger-Gustel -, schleunig zu Hilfe sprang und die Prophetin mit dem Schildbuckel kopfüber in die Spargel warf.

Bertha von Suttner
Puff - Paff

Gespielinnen waren wir ... Aber wer sich dabei vorstellt, daß wir zusammen mit Puppen spielten oder durch Reifen sprangen, wie es unserem Alter geziemt hätte, der würde sich irren. Wir spielten ›Puff‹. Das war ein von uns erfundenes, von uns selber so benanntes Spiel, an dem wir stundenlang uns zu vergnügen pflegten.

Es bestand darin: Wir führten eine Komödie auf. Elvira übernahm die Rolle des Helden, ich der Heldin. Der Held wechselte immer ab; bald war's ein französischer Marquis, bald ein spanischer Student, oder ein reicher Lord, oder ein junger Marineoffizier, oder ein schon etwas gesetzter Staatsmann, manchmal ein inkognito auftretender König; ich aber stellte immer mich selber vor, die Heldin war immer Bertha Kinsky, zumeist sechzehn- oder siebzehnjährig, bei manchen Kombinationen schon etwas ältlich: sagen wir zwei- bis dreiundzwanzig. Die Komödie endete gewöhnlich mit einer Heirat, doch kam es auch vor, daß der Held starb – dann war's eben ein Trauerspiel.

Ehe das Spiel begann, wurde Zeit und Ort der Handlung bestimmt, der Name und die Personbeschreibung des Helden mußten festgesetzt und dazu die Situation gegeben werden. Zum Beispiel: im Jahre 1860 würde Bertha als Gast der russischen Gesandtin auf einem Schloß bei Moskau weilen. Der Bruder der Hausfrau, Fürst Alexander Alexandrowitsch Rassumow, ein sehr finsterer und melancholischer Menschenfeind, groß, elegant, schwarz gekleidet, mit unheimlich glühenden Augen, befindet sich unter den Hausgenossen, zeigt sich aber nur selten. Er soll ein großes Unglück durchgemacht (eine dunkle Geschichte von einer falschen Frau, von einem erschossenen Duellgegner – Genaues weiß man nicht) und sich von der Welt zurückgezogen haben. Den Schauplatz stellt der Garten vor, am Rande eines Teiches, auf dem ein paar Schwäne segeln. Ich sitze mit einem Buche in der Hand auf einer Bank unter einer Trauerweide, und aus einer Seitenallee kommt, in tiefes Sinnen versunken – Alexander Alexandrowitsch daher. Jetzt, nachdem das festgesetzt war, konnte das Spiel beginnen, und wir sagten ›Puff‹. Mit diesem Zauberwort waren wir in die dramatis personae verwandelt – ich in die siebzehnjährige Bertha, Elvira in den unheimlichen Russen. Und der Dialog hob an. Wollten wir das Spiel auf einen Augenblick unterbrechen, so sagten wir ›Paff‹, und flugs waren wir wieder die zwei kleinen Kusinen, die sich etwas mitteilten: eine szenische Bemerkung wie: dieser Bleistift bedeutet eine Pistole, oder auch etwas Privates, das mit dem Spiel in keiner Beziehung stand. Und erst als wieder ›Puff‹ gesprochen war, wurde der Dialog von neuem aufgenommen. Um zu markieren, daß der eine oder die andere Farbe wechselte, hatten wir besondere Zeichen: das leichte rasche Aufblasen der Wangen bedeutete leises Erröten; das starke und ein paarmal wiederholte Aufblasen stellte vor: mit Purpurröte übergossen; ein schnelles, blitzartiges Herunterziehen des Mundwinkels, das war Erblassen; das Umkehren der ganzen Unterlippe – das war schon geisterhaftes Erbleichen. Der Verlauf dieses Stückes wurde nicht vorher skizziert, der war der selbsttätigen Entwicklung der Gespräche und Gefühle überlassen, denn wir fühlten wirklich dabei: erwachendes Interesse aneinander, keimende Neigung und gewöhnlich zum Schluß erglühende Liebe, die bis zum Lebensbunde führte. So ein dialogisierter Roman dauerte manchmal tagelang; wir konnten ja auch nicht ununterbrochen weiterspielen, da andere Beschäftigungen: Lektionen, Spaziergänge, Mahlzeiten usw. uns riefen. Die Anwesenheit unserer Mütter störte uns nicht immer; wir setzten uns in eine andere Ecke des Zimmers außer Hörweite – sagten ›Puff‹, und der finstere

»Wasatem!« (Leopold von Kalckreuth 1855–1928)

Alexander, oder wie sonst der jeweilige Held hieß, war wieder da. Lieber war uns das Spiel freilich, wenn wir allein waren, denn da konnte der Dialog mit ausdrucksvollen Gesten begleitet, der Affekt durch erhöhte Stimmen ausgedrückt werden. War eine solche Komödie ausgespielt, so mußte wieder ein neuer Held und eine neue Situation ersonnen werden. Nicht immer fiel uns etwas ein; da saßen oder spazierten wir im nüchternen Paffzustande nebeneinander oder plauderten, bis plötzlich die eine oder die andere rief: »Wasatem« (Abkürzung für: Ich weiß ein Thema.) Schien das vorgeschlagene Thema gut und interessant, dann hieß es ›Puff‹, und die Verwandlung war geschehen.
Ich erinnere mich, daß einmal, als wir in unserer Zimmerecke spielten, die am anderen Ende mit einer Stickerei beschäftigte Tante Lotti ausrief: »Dein Hüsteln gefällt mir aber gar nicht, Elvira! So trocken und so hartnäckig – da muß der Doktor befragt werden . . .« Elvira aber hatte damals gar keinen Husten, sondern wir waren seit mehreren Tagen in einem außerordentlich rührenden Puffspiel begriffen, bei welchem der Geliebte ein todgeweihter Brustkranker war.

Gabriele Reuter
Die Fürstin auf der Flucht

Große, durch Wochen uns beschäftigende Spiele erfüllten uns mit einem tiefen, frohen Glück. Planen und Ausspinnen mit allen Vorbereitungen bildeten nicht den geringsten Teil. Die Geduld und Großmut der Mama gestattete uns, eine Fülle der verschiedensten Gegenstände aus der ganzen Wohnung zusammenzuschleppen. Der Schauplatz war das Schlafzimmer der Jungens – bei mir störte die Anwesenheit von Fräulein Clara – oder das flache Dach. O – diese ausgiebigen Sonntage – wie wir uns auf sie freuten! Es war entsetzlich störend, daß man zum Mittagessen mußte, und wir konnten kaum den Augenblick erwarten, wenn wir, den Nachtisch als letzte Rettung in Hungersnot und Gefangenschaft mit ausführend, in unsere Welt zurückkehren konnten.
Mein Lieblingsbuch war der Robinson in der Bearbeitung von Campe, ich konnte ganze Kapitel davon aus dem Gedächtnis hersagen. Außerdem hatte eine abenteuerreiche Erzählung von Gerstäcker mir unauslöschlichen Eindruck gemacht. Es ist daher nicht zum Verwundern, daß wüste Inseln eine große Rolle spielten, wenn ich als edle, verfolgte Fürstin mich stets auf großen Reisen befand. Das von Moskitogardinen umgebene Doppelbett der Brüder wurde zur geräumigen Kalesche, denn vor den Feinden, die mein Schloß verbrannt hatten, mußte ich ja bis zum Nordpol fliehen. Dort sollte es ein warmes Land geben, dessen Krone mir versprochen war. Ob wir es je erreichten, weiß ich nicht mehr. Aber während die Frühlingszeit schon recht hohe Temperaturen aufwies, saßen wir in alle Decken und Plaids gewickelt, die aufzutreiben waren, schweißtriefend im sonnedurchglühten Zimmer und träumten uns in Eis und Schnee. Die Jungen hatten genug zu tun, die Stuhlpferde zu

bändigen, die vor Donner und Blitz beständig im Durchgehen begriffen waren. Sie mußten als Bären brummen, als Löwen heulen, als Wilde mit gräßlichem Geschrei angetobt kommen, so daß sie sich schließlich vor sich selber zu fürchten begannen. Ich war mit Feuereifer beschäftigt, den geretteten Kronschatz zu verteidigen, die zum Übermaß des Jammers an Scharlach und Fieber erkrankten Kinder zu pflegen und alles draußen Vorgehende zu dirigieren. Dann gab es auch zärtliche Wiedererkennungsszenen mit dem treuen Kutscher, der sich endlich als der König und Gemahl zu erkennen gab.

Spielten wir auf dem Dache, so boten die Wäschefässer, die dort aufbewahrt wurden, Gelegenheit zur Durchschiffung gewaltiger Ströme, und ein Schiffbruch war nicht zu umgehen. Der Seewind wehte lustig durch unsere Haare, die leuchtende ägyptische Sonne bräunte unsere Wangen, und weit hinter den weißen Häusern, über die der Blick von unserer Höhe schweifte, glitzerte ein blauer Streifen des Meeres.

Gerhart Hauptmann
Chingachgook

Lesen habe ich nicht in der Schule gelernt, sondern am Robinson Defoes und Coopers Lederstrumpf. Gott, dem ich dafür dankbar bin, hat sich einer Frau Metzig bedient, um mir beide Bücher als Geschenke ins Haus zu tragen.
Durch Robinson und Lederstrumpf haben meine Träume und meine Spiele richtunggebende Nahrung erhalten. Erzählungen bedeuten Träume, mündlich oder schriftlich in Worte gefaßt. Von da ab, als ich am Robinson lesen lernte, wurde ein wesentlicher Teil meiner Träumereien durch Bücher genährt. Wie kommt es, daß ich, der ein mir völlig gemäßes Leben führte, Robinson und Lederstrumpf mit Gier entzifferte und die Lebensform bald des einen, bald des andern Helden leidenschaftlich herbeiwünschte, und weshalb verfallen diesen Gestalten alle gesunden Knaben so wie ich? Auch hier ist Kampf, aber nicht mit Buchstaben, Bibelsprüchen und Rechenexempeln, sondern mit der Natur und in der Natur. Und nach der Vervollkommnung, nach der Vollendung dieses natürlichen Zustands sehnte ich mich trotz allem, was mich an meine Umgebung fesselte.
Und jeder gesunde Knabe sehnt sich danach.
So weit, daß ich wirklich geflohen, eine Seestadt zu erreichen gesucht und mich auf ein Schiff geschlichen hätte, trieb ich es nicht. Aber ich habe es oft erwogen. Dabei bestand zwischen mir, meinen Eltern und meinem Elternhause die allerinnigste Verbundenheit.
Und nicht nur das, sondern ich konnte mir manchmal gar nicht denken, daß es etwas andres als Salzbrunn mit seiner Säulenhalle, seiner Heilquelle, seinen paradiesischen Kuranlagen und dem Gasthof zur Krone mitten darin in der Welt überhaupt noch geben könne.

Tapferer Indianer (Max Slevogt 1868-1932)

Das Verlockende an Robinson war sein völlig verlassenes, völlig einsames Leben in der Natur, ohne Menschen oder Ansprache, wo niemand ihn belehren, zurechtweisen, seinen Willen und seine Schritte irgendwie gängeln konnte. Lag darin die höchste Erfüllung einer Wesensneigung in mir, so sah ich ein anderes Vorbild in der Gestalt des Lederstrumpfs: seine milde Menschlichkeit, verbunden mit ruhiger Furchtlosigkeit, seine nie fehlende lange Büchse dazu, sein passiver Mut während der indianischen Folterung. Zähigkeit im Erdulden von Strapazen und überall, auch im Essen und Trinken, Anspruchslosigkeit: ich liebte ihn bis zur Begeisterung.

Trotzdem versetzte ich mich bei unseren Knabenspielen, und auch wenn ich allein war, seltener in seine Person hinein als in die seines Freundes, des edlen Häuptlings der Delawaren, Chingachgook. Immer wieder durch Jahre identifizierte ich mich mit dieser Gestalt. Auf Federschmuck und auf äußerliche Fixfaxereien habe ich dabei keinen Wert gelegt, aber ich schwang einen hölzernen Tomahawk.

Mein ältester Bruder Georg nannte mich, wenn er von Breslau in die Ferien kam, nie anders als Chingachgook, wobei allerdings auch doppelte Ironien und Humore, nämlich bei ihm und bei mir, zutage kamen.

Anna Schieber
Die kranken Kinder im Kinderheim

Aber so wirklich auch solcherlei Erleben sein mochte, größeren und tieferen Raum nahm im Leben des Kindes ein andres Spiel ein, ebenso wirklich, und schöpferischer: man brauchte nur kleine Holzscheite dazu oder Wäscheklammern und dachte sich alles andre selber hinzu. Denn die Puppen hatten doch im Grunde immer dasselbe Gesicht und Wesen: beseelt durch die Liebe der kleinen Mutter, aber hier diese Holzscheite und Wäscheklammern hatten gar nichts und empfingen alles.

Alles konnten sie sein, und eines Tages waren sie Kinder eines Kinderheims, und zudem herrschte dort eine ansteckende Krankheit. Sie wurden alle in Lappen gewickelt, kalt und naß gegen das Fieber, aber manche waren unruhig und deckten sich beständig auf, da wurde es schlimmer mit ihnen. Schließlich mußte die Pflegerin, die ohnehin kaum noch wußte, wo ihr der Kopf stand, sich auch noch in den Doktor verwandeln und jedes einzelne untersuchen, ordentlich behorchen. Das Hörrohr war ebenfalls ein Holzscheit, aber das verhinderte nicht, daß es aus rotpoliertem Holz und Elfenbein bestand. Die Kinder schrien jämmerlich, denn sie fürchteten sich vor dem Doktor; er mußte ihnen gut zureden: er wollte sie ja nur gesund machen. »Hier, diese sechs müssen gebadet werden«, sagte er zur Pflegerin, die in dem Augenblick eintrat, in dem er wieder wegging. Und da lagen sie nun alle sechs im Wasser, aber eins ums andre glitt aus und kam mit dem Kopf unters Wasser und mußte ausspucken, was es geschluckt hatte: es war fast zu viel für eine einzige Pflegemutter.

In diesem Augenblick wurde zum Essen gerufen. Das Kinderheim samt der Badeeinrichtung befand sich im Gärtchen

Krankenpflege (Nach O. Piltz 1846–1910)

hinter dem Hause, aber die Kinderheimsmutter konnte unmöglich abkommen, es ging einfach nicht. Und sie war in Not, denn man mußte unweigerlich kommen, wenn gerufen wurde. Da trat die Mutter unter die Tür und sagte: »Komm, komm, der Vater ist schon da; hast du nicht gehört, daß gerufen ist?«

Aber da war nun auch zu rechter Zeit die Hilfe da. Denn der Mutter konnte man sagen, daß alle Kinder im Bad seien und Fieber hätten, und daß man sie unmöglich liegen lassen könne.

»Ja, aber dann tu sie jetzt nur heraus«, sagte die Mutter gelassen, »so lange darf ein solches Bad nicht dauern. Und dann komm gleich herein, man muß essen, es ist Zeit.«

Ernst Haun

Guten Tag, Herr Zigarrenmann!

Das Verkaufenspielen war nicht minder amüsant als das Pflanzen. Da ergriff jeder von uns eine bestimmte Branche: Lisbeth war gewöhnlich die Blumenfrau, ich der Zigarrenmann und Mariannchen die Gemüsefrau.

Man ging Einkaufen. Ich sammelte trockene Zweige verschiedenster Herkunft. Sie wurden in kurze Stückchen geknickt und waren damit – Zigarren geworden. Die Kalikanduszigarren waren die teuersten, die Kutscherzigarren aber die billigsten. Diese wohlfeile Ware wurde aus den grünen Reben des wilden Weins geschnitten. Nahm man sie in den Mund, dann bekam man ein unerträgliches Brennen in der Kehle: die Kutscherzigarren waren also vollkommen echt.

Hatte ich nun eingekauft, dann lief ich rasch, Geld zu suchen, das sich auf den Wegen des Gartens reichlich fand. Unser Garten war ein goldiges Land! Steine bedeuteten Geld. Eilig sprang ich auf die Terrassentreppe, in meinen Laden also, und eröffnete das Geschäft mit lautem: »Klinglingling! Mein Laden ist offen!« Doch die Schwestern protestierten, es gälte nicht: denn sie wären noch nicht fertig. Erst müßten alle fertig sein. Ich sah das wohl ein und lief daher, Lisbeth beim Einkaufen zu helfen.

Lisbeth war inzwischen damit beschäftigt, Blumentöpfe herzustellen.

Ich: »Ich will dir gleich ein bißchen helfen, Lisbeth, daß du fixer fertig wirst!«

Sie: »Das kannst du ja noch gar nicht. Du bist noch zu klein!«

Ich: »Na, dann helf ich dir spucken!«

Rüstig griff ich in das große Stiefmütterchenbeet vor der Veranda und krallte eine Handvoll Erde heraus. Geschäftig spuckte ich auf diese Handvoll Erde und knetete sie dann

ausgiebigst. Immer wieder wurde gespuckt, immer wieder wurde geknetet, bis die Erde die notwendige Klebrigkeit und Dicklichkeit erlangt hatte. Ordentlich schwarzglänzend sah sie nun aus. Diesen edlen Stoff übergab ich nun Lisbeth, und sie formte daraus wundervolle Blumentöpfe. Das waren kleine Pyramiden, Zuckerhüte, in deren Spitze eine Blüte steckte. Sie wurden dann zum Trocknen auf dem Springbrunnenrand aufgestellt und machten sich recht farbenprächtig da.
Mariannchen hatte inzwischen allerlei Blätter gesammelt und fertigte Gemüse daraus. Das geschah durch Zerreißen und Zerschneiden der Blätter. Ihre Spezialität war es, das Blattfleisch so abzutrennen, daß nur noch die Blattrippen übrigblieben, und auf diese Weise in kürzester Zeit aus Blättern Blumenkohl zu machen. Sie stapelte ihre Waren in ihrem Laden, auf der Treppe der Veranda, in sauberen Häufchen auf, und das Grünwarengeschäft war gar lecker anzusehen.
Hatten die Schwestern ihre Vorbereitungen fast beendet, dann lief ich, ihnen zuvorzukommen, rasch zu meinem Laden, stellte mich auf die höchste Stufe und krähte, wie der Hahn auf der Hühnerleiter, mein: »Klinglingling! Mein Laden ist offen!«
Doch wieder erhoben die Schwestern Einspruch. Ich sei der Kleine, und erst kämen die Großen. Ich murrte wohl ein wenig, aber ich gab nach. Ich war ja die Bevormundung der Schwestern gewöhnt. Rasch lief ich also zum Springbrunnen, zu Lisbeths Laden, und der Handel begann.
»Ach, schön guten Tag, liebe Frau Blumenfrau! Ich wollte gleich mal schnell ein bißchen was kaufen!«
»Ach, schön guten Tag, lieber Herr Zigarrenmann! Das ist aber schön, daß Sie mir auch gleich mal ein bißchen abkaufen wollen. Was wollen Sie denn gleich mal ein bißchen kaufen?«
»Ach Gott, liebe Frau Blumenfrau! Meine selige Frau ist

nämlich gleich mal ein bißchen gestorben. Da wollte ich gleich mal ein bißchen schnell kaufen!«
Lisbeth: »Du mußt gleich mal eine Tulpe kaufen wollen.«
»Ach ja, liebe Frau Blumenfrau. Ich wollte gleich mal schnell eine Tulpe kaufen. Ich finde!«
Lisbeth (süßlich geziert, vornehm): »Ach Gott, lieber Herr Zigarrenmann! Das ist aber sehr schön! Da habe ich gerade so eine hübsche Tulpe, ach Gott! Die würde so sehr schön für Ihnen passen! Die habe ich nämlich expree aus Leipzig kommen gelassen.«
»Ach Gott, liebe Frau Blumenfrau! Was kostet denn die schöne Tulpe?«
»Die kostet bloß zehn Pfennige, lieber Herr Zigarrenmann. Weil Ihre liebe Frau gestorben ist. Die würde sich wirklich so sehr über die expree Tulpe freuen, Herr Zigarrenmann.«
»Aber ich finde, liebe Frau Blumenfrau, das ist doch ein bißchen recht ausverschämt teuer!«
»Aber, ach Gott, ach Gott! Sie wissen doch, daß es jetzt immer so sehr schlecht geregnet hat. Da ist alles teuer! Ich finde, lieber Herr Zigarrenmann!«
»Ja, aber, das ist – ich finde aber –«
Lisbeth hilft mir ein wenig. Ich kann meine Rolle nicht weiter.
»Du mußt sagen, daß du sie dann kaufen mußt, weil es immer so schlecht geregnet hat!« belehrt sie mich.
Ich darauf: »Ach Gott, liebe Frau Blumenfrau! Wenn es immer so schlecht geregnet hat, und wenn die Tulpe expree aus Leipzig schicken gelassen ist, dann muß ich die Tulpe gleich mal ein bißchen schnell kaufen. Meine selige Frau wird sich sehr darüber freuen.«
»Dummer! Deine Frau muß doch gestorben sein!«
»Ach Gott, ja. Die ist ganz gestorben. Ach Gott, ach Gott!«
»Denn will ich Ihnen die schöne Tulpe einschlagen. Ach Gott, die schlechten Zeiten heutzutage!«
Ich reichte Lisbeth mein Geld, und sie zählte ab. Ich nahm

die expree Tulpe, und wir schieden, nachdem wir uns wundervolle Komplimente gemacht hatten, mit der Versicherung, es sei eine so sehr schwere Zeit.
»Ach Gott, ach Gott!«
Eiligst trug ich meinen Einkauf in meinen Laden und pumpte schon Luft in die Lungen, mein »Klinglingling!« zu trompeten; aber Mariannchen kam mir zuvor. Sie hatte schon in ihrem Laden gewartet wie die Spinne im Netze auf die Fliege.
»Klinglingling!« singsangte sie, ehe ich ausholen konnte. Ich hatte den Anschluß versäumt.
Lisbeth ging nun zu Mariannchen und handelte mit ihr. Ich saß in meinem Laden und lauschte, um möglichst viel von den Geschäftsgepflogenheiten der Schwestern zu erhaschen. Ungeduldig wartete ich auf den Moment, wo auch ich meine geschäftlichen Talente zeigen könnte.
Endlich ist Lisbeth drüben fertig. Rasch springe ich daher auf die höchste Stufe meines Ladens, wie der Hahn auf die höchste Sprosse der Hühnerleiter, und krähe los:
»Klinglingling! Nun ist mein Laden aber auch endlich offen!«
Lisbeth kommt zu mir. Zierliche Knickse und Diener auf allen Seiten.
»Guten Tag, lieber Herr Zigarrenmann. Ich komme gleich mal so ein bißchen vorüber. Da will ich doch gleich ein paar Zigarren kaufen. Was kosten sie denn jetzt eigentlich?«
»Ach Gott, liebe Frau Nachbarin! Jetzt sind die schlechten Zeiten so toll. Und mein Kleiner hat lauter krumme Beine. Und ich habe auch noch zehn Stück kranke Kinderchen bei uns zu Hause. Ach Gott, ach Gott!«
Lisbeth wird ungeduldig: »Erst mußt du doch sagen, was sie kosten!« »Ja, da habe ich so eine ganz expree Zigarre, die ist aus Leipzig expree; die kostet bloß zehn Pfennige! Ach Gott, ach Gott!«
Lisbeth (von oben herab): »Aber hören Sie mal, guter

Sehr preiswert! (Otto Kubel *1868)

Mann! Das ist denn doch ein bißchen recht sehr ausverschämt teuer, finden Sie! Das kann ich denn doch nicht bezahlen. Finden Sie!«

»Es hat doch immer jetzt so schlecht geregnet, finden Sie!«

»Dummer! Die Zigarren wachsen doch nicht! Das gilt nicht!«

Da wurde ich erregt: »Aber meine wachsen eben doch!«

Lisbeth gibt nach: »Na ja, das gilt aber nicht! Du mußt sagen, daß jetzt lauter schlechte Zeiten sind, und daß deine selige Frau gestorben ist, und so.«

Ich wische gerührt eine Träne aus den Augen: »Ach Gott, liebe Frau Nachbarin! Meine selige Frau ist so mächtig krank geworden. Und mein Kleiner hat lauter krumme Beine gekriegt. Ach Gott! Und jetzt sind lauter schlechte Zeiten Mode! Ach Gott, ach Gott!«

Lisbeth wird ganz gönnerhaft: »Sie armer Mann! Wenn Ihre selige Frau jetzt so krank geworden ist, und wenn Ihr Kleiner lauter krumme Beine gekriegt hat, dann muß ich gleich mal die Zigarren kaufen. Und ich will Ihnen gleich mein

ganzes Geld geben. Sie sind ein armer Mann. Ach Gott! Ach Gott!«
Und so ging es jedesmal die Reihe herum. Und einer suchte den andern immer noch zu übertreffen an Großmut und Weinerlichkeit. Ein übermütiges Lachen stand jedoch immer unter den schweren Tränen. Brach es einmal aus Versehen durch, dann wurde das von den andern gerügt. Denn das galt nicht. Dieser Spiele wurden wir nie müde. Wir spielten sie noch, als wir schon 12, 14 Jahre alt waren.

Carl Dantz
Sioux

Indianer spielen wollt ihr? hat Hein Heitmöller gefragt. Was für Indianer denn? Es gibt Schwarzfußindianer und Apachen und Sioux.
Sioux, Hein!
Sioux ist aber das Schwerste, sagt Hein. Weil Sioux die Tapfersten sind, und sie picken nie aus. Und wenn man sie an den Marterpfahl stellt und zieht ihnen den Skalp runter, dann sagen sie keinen Ton.
Skalp, was ist das, Hein? hat Paul Kaminski gefragt.
Da hat Hein einen Stock genommen und Paul drei scharfe Striche über den Kopf gerissen.
Drei Schnitte mit dem Jagdmesser in die Kopfhaut, und dann bei den Haaren angefaßt und abgepellt, dann hat man den Skalp in der Hand.
Ja, Hein, wir spielen Sioux!
Auspicken tu ich nie, hab ich gedacht, und Bange hab ich auch keine.
Aber das mit dem Skalp ...
Ob das alles ist, hat Schorse Knoop gefragt.
Nee, sagt Hein, es ist auch noch Blutsbrüderschaft dabei. Und man muß sie trinken. Wir sollen aber erst Waffen holen und Federschmuck machen, und dann wollen wir uns bei der Lohmühle treffen. Weil es eine Ruine ist. Und die ist so gut wie ein Blockhaus. Und der Schuttplatz ist die Prärie.
Was ihr könnt, das kann ich schon lange, hab ich gedacht. Und hab mir aus Biesemanns Hühnerstall Federn gesucht und mir einen Pappschild und eine Lanze gemacht.
Bei der Lohmühle ist schon ein richtiges Zelt gewesen; Fernand Schiwora hat das Sacktuch besorgt.
Mein V. .ater a. .arbeit auf so einer F. .abrik, sagt Fernand, und zu H. .Hause schlafen wir b. .bloß auf Säcken.

Fernand stottert, aber weil er den Rapper besorgt hat, hat Hein ihm einen feinen Namen gegeben. Er heißt das »Rauschende Wasser«.
Aus den Sackresten hat Hein sich Hosen mit Fransen gemacht. Es sind richtige Indianerleggins, die in den Büchern vorkommen, sagt Hein, und Bücher hat er wohl über hundert Stück auf dem Boden, weil er sein Kaninchen für Indianergeschichten verkauft hat.
Wir andern haben im Zelt gesessen und uns Namen gegeben: Kaminski ist der »Tödliche Pfeil« und Schorse Knoop der »Schnelle Hirsch«. Klaus Zappe will Medizinmann sein und heißt das »Schleichende Gift«.
Ich bin »Falkenauge«.
Hein hat sich Backsteinpulver ins Gesicht geschmiert und ist mit seinen Sackhosen immer wie verrückt herumgesprungen.
Die »Rote Schlange« tanzt den Kriegstanz, sagt er.
Und hat eine Blechbüchse und ein rostiges Küchenmesser vom Schuttberg gesucht und hat das Messer eingegraben.
Und dann hat er den Tödlichen Pfeil und den Schnellen Hirsch herausgerufen, sie sollen mit ihm Blutsbrüderschaft trinken.
Kaminski und Knoop haben sich angekuckt, ob es wohl gefährlich ist, und sind zuletzt gegangen.
Wasser holen! hat Hein befohlen.
Und Kaminski hat braunes Wasser aus der Lohgrube geschöpft.
Ärmel aufkrempeln!
Und Hein hat mit seinem Taschenmesser bei Kaminski und Knoop und bei sich einen kleinen Ratsch auf den Arm gemacht, daß Blut gekommen ist.
Wir trinken jetzt unser Blut, hat Hein gesagt und sich eine Stimme wie ein Pastor gemacht. Und wir drei Männer sind bloß noch *ein* Mann. Und der große Geist hat es gesehen. Amen.

Indianer mit Squaws

Und sie haben das Blut von ihren Armen runtergeschmiert und in die Blechdose mit Wasser getan. Und haben es gesoffen.

Und haben Augen gemacht wie Hühner, wenn sie einen dicken Wurm verschluckt haben.

Es schmeckt! sagt Knoop.

Es ist gesund! sagt Kaminski.

Es macht stark! sagt Hein.

Und er hat wieder getanzt und geschrien:

Meine roten Brüder sollen einen großen Kreis bilden und sehen, was die Rote Schlange macht.

Und er hat mit seinem Tomahawk die Erde aufgekratzt und sein rostiges Küchenmesser wieder ausgebuddelt.

Das Kriegsbeil ist ausgegraben! Meine roten Brüder begeben sich jetzt mit mir auf den Kriegspfad. An die Gewehre!

Das Rauschende Wasser hat nicht mit wollen: Ich h. .hab keine Pi. .Pistole bei mir. Ich wi. .will lieber hierbleiben als La. .Lagerwache.

Wir andern haben uns auf den Kriegspfad begeben.
Der Kriegspfad ist die Spinnereistraße, sagt Hein. Und unsere Feinde sind die Schutzmänner. Los, Falkenauge, kundschafte mal die Blaßgesichter von Sipos aus! Wenn du einen siehst, dann machst du den Schrei des Schakals, und dann teilen wir uns in drei Haufen; einen führe ich, und meine Blutsbrüder nehmen die beiden andern.
Ich bin stolz gewesen, daß ich der Allervorderste war. Wenn das die ganze Siouxspielerei war ... Das mit dem Skalpabziehen war sicher bloß Schwindel. Ich wollte wohl jeden Tag Sioux spielen.
Da ist mir Teresa mit dem kleinen Jonny im Wagen entgegengekommen. Ich hab sie gleich erkannt an ihrer roten Schleife im schwarzen Haar, und sie hat mir gewinkt.
Onkel Beppo ist gekommen, aus Italien! hat sie mir erzählt. Er will Mutter beschnacken, daß wir mit ihm gehen. Vater darf es aber nicht wissen. Kein Mensch darf es wissen.
Mir hat sie es aber verraten, weil ich ja mit ihr soll. Dafür soll ich aber eben auf ihren Giovanni passen; sie will an der Tür lauschen, was ihre Mutter dazu sagt.
Und sie ist wie der Blitz ins Haus und hat mich bei dem Wagen stehenlassen.
Der kleine Jonny hat geschrien, wie er Falkenauge zu sehen gekriegt hat, und daß ich ihn auf und ab gefahren habe, hat gar nichts genützt, er hat bloß noch lauter gebrüllt.
Wenn Hein nun kommt und sieht mich ...
Und mir ist heiß geworden vor Angst, weil ich ganz genau weiß, was er dann sagt:
Du tust es bloß für die schwarze Katze Teresa. Und Teresa ist eine Schürze. Alle Deerns sind Schürzen. Und wer mit Schürzen geht, ist ein Schürzenjäger. Und darum kannst du kein Sioux mehr sein.
Ich hab mich aber getröstet, weil ich an Teresas braune Augen und weiße Zähne gedacht hab. Und wenn es wahr ist, daß sie abreist und sie nimmt mich mit nach Italien, und ich

soll die Fremden auf dem See rudern und sie auf Maultieren in die Berge führen ... das ist ja tausendmal feiner als die ganze Siouxspielerei.
Da sind Kaminski und Knoop um die Ecke gekommen und sind vorbeigelaufen.
Der Schutzmann ist hinter uns her! haben sie gerufen und sind die Straße entlang nach draußen, nach der Lohmühle gerannt.
Endlich ist Teresa zurückgekommen.
Wir reisen ab, Peter! Morgen oder übermorgen Nacht. Paß auf, wenn ich dich durchs Schlüsselloch rufe!
Ich bin gleich weggestürmt, auch nach der Lohmühle hin. Da ist großer Krakeel gewesen.
Halt, hab ich gedacht, erst mal Lage spannen, was los ist, vielleicht haben sie dich schon als Kindermädchen verpetzt. Sie sind ins Zelt gegangen, und ich hab durch die Ritze gekuckt.
Sie haben Beute gehabt, Keks, Bierflaschen, Taschenmesser und Zigaretten.
Die Beute gehört dem Stamm, hat die Rote Schlange gesagt und hat alles an sich genommen. Und es soll Kriegsrat gehalten werden, wie alles verteilt wird.
Klaubrüder! hab ich gerufen und bin mit einem Schritt mitten dazwischen gewesen.
Alle sind baff gewesen, aber Hein hat geschrien:
Es ist Kriegsrat, und jeder muß schweigen!
Und hat eine Pfeife hergekriegt und Zigaretten reingestopft und hat sie angesteckt und geraucht. Und hat überhaupt nicht gehustet dabei.
Dann hat das Rauschende Wasser die Pfeife gekriegt.
Ich ka. . .kann nicht rauchen, ich k. . .kotz mich gleich!
Waschlappen! hat die Rote Schlange gesagt und ihm die Pfeife in den Mund gesteckt. Dann sind wir an die Reihe gekommen.
Das Kriegsbeil ist begraben, hat der Häuptling gesagt. Weil

die Blaßgesichter von Sipos Feuerwaffen haben, und sie haben eine Masse Forts. Und es ist die Übermacht. Aber Beute gemacht haben wir doch.
Und er hat eine Bierbuddel aufgemacht und getrunken und hat dem Rauschenden Wasser auch ein paar Schluck in den Hals gegossen.
Es ist alles geklaut, hab ich gedacht. Aber ich hab ja nichts sagen dürfen. Und wir haben geraucht und getrunken.
Mitmal hat das Rauschende Wasser gerufen:
Ich m. . .muß a. . .ab!
Und hat gejammert und ist kreideweiß gewesen.
Aber die Rote Schlange hat ihn auf seinen Platz gedrückt: Ein Indianer, der ab muß, ist ein Schietkerl! Und das Rauschende Wasser soll nachher rauschen, wenn die Beratung vorbei ist. Erst muß ihn überhaupt der Medizinmann untersuchen!
Das Schleichende Gift hat sich aber die Nase zugehalten und gesagt:
Ich bin doch kein Kindermädchen!
Und ich mag auch kein Feuerwasser mehr! hab ich gerufen. Weil es gar keine Beute ist.
Da ist Kaminski hochgekommen:
Falkenauge ist das Kindermädchen; Knoop und ich haben ihn mit dem Kinderwagen getroffen!
Mit welchem Kinderwagen? hat die Rote Schlange gefragt.
Und die beiden Blutsbrüder haben gespottet:
Mit dem von der Katzo Italjano, von der Signora Jipsfijuria! Die ist dem Falkenauge seine Braut. Er schiebt ihr immer den Wagen.
Und alle haben gebrüllt vor Lachen.
Ich bin rot vor Zorn gewesen, aber die Fäuste sind mir so am Leibe runtergesackt.
Mit den Händen hätte ich sie verboxen mögen, aber mit den Augen hab ich mich geschämt.
Er kriegt 'nen Kopf wie'n Edamer Käse! hat Zappe gerufen.

Der Häuptling

Und die Rote Schlange hat sich wieder wichtig gemacht auf dem Häuptlingsplatz und Indianerschmus gefaselt:
Falkenauge ist ein Verräter und ein Schürzenjäger! Er ist stinkend geworden vor seinen roten Brüdern. Er soll das Zelt der Sioux verlassen und zu den Hunden von Blaßgesichtern gehen!
Ich bin hinausgegangen und hab nicht gewußt, ob ich heulen oder ihnen das Zelt vom Kopf reißen soll.
Meine Waffen hab ich ins Feld geschmissen.
Wenn ich Teresa einen Gefallen tu, das soll gemein sein?
Und Zigaretten und Bier und Keks klauen ist nicht gemein?
Ich danke für die Indianerspielerei!
Sioux ist das Schwerste, hat Hein gesagt. Aber er ist mit der ganzen roten Brüderschaft ausgepickt. Keiner hat sich vom Schutzmann skalpieren lassen.
Bloß mich haben sie an den Marterpfahl gestellt.
Aber Falkenauge hat geschwiegen, wie sie ihm den Skalp vom Kopf gezogen haben.
Falkenauge ist ein *richtiger* Sioux gewesen!

Moritz William Theodor Bromme
Räuber und Soldat

Darauf wurde ich nach Klasse 3 versetzt. Dort bekamen wir einen gemütlichen Klassenlehrer, den alten Organisten Rudolph. Wie mußte sich der alte Greis, der ziemlich wohlbeleibt war, über uns ärgern! Denn es waren in dieser Klasse eine Anzahl Konfirmanden, so Bauer, Kutschenreuter, Pohlers, Zschömisch.
Einmal kündigten sie an: nächsten Sonntag wird Soldaten und Räuber gespielt. Bauer ist Anführer der einen Partei – der schwarze Knolle führt die Räuber. Ich war bei den Soldaten. Wir mußten aber erst zehn Pfennige entrichten, da jeder Soldat einen Husarenhelm bekam, die von Bauer verfertigt wurden. Allein es war nur ein Pappreifen, der rot beklebt war, ein Deckel war oben nicht drauf. Doch schadete das nichts, es ging los nach dem Taupadelschen Wald. Wir mit Holzsäbeln, Bauer mit einem wirklichen Säbel und mit Revolver, Pulver war natürlich auch beschafft worden. Kaum waren wir im grünen Wald angelangt, als auch schon eine Räuberabteilung in Sicht kam. Sie stand unter dem Oberbefehl des »Vizehauptmanns« Meisel. Den Haupteffekt bildeten bei diesem Sonntagsvergnügen natürlich die Abbrennung der Lagerfeuer und die Pulverexplosion. Wäre der Flurschütz dazu gekommen, so hätten wir uns auf tüchtige Hiebe gefaßt machen können. So aber ging alles in schönster Harmonie ab, nachdem die Hauptleute die Parole ausgegeben, daß in der Schule nichts von dem Pulver gesagt werden dürfe.

Überfall! (Otto Kubel *1868)

Hans Fallada
Das Serail von Harun al Raschid

Zum Unheil für Tatie war auch unsere alte Minna in die Ferien gegangen, ... Das andere Mäd- Christa Bartel, war ganz neu bei uns, sie kam vom Lande und war erst siebzehn Jahre alt. Sie war nicht der geringste Beistand für Tatie. Im Gegenteil, wir überzeugten sie rasch davon, daß unsere Art zu leben sehr viel amüsanter sei als das Reinmachen von Zimmern, und so hatten wir in ihr bald einen Bundesgenossen. In ihrem einfachen, durch die Großstadt arg verwirrten Kopf stellte es sich so dar, daß wir als Kinder reicher Leute – denn sie hielt die Eltern natürlich für ungeheuer reich – sehr wohl das Recht hatten, uns so zu benehmen, wie wir uns nun eben benahmen, und daß die Tante ganz unberechtigt versuchte, uns in unserm Recht zu beeinträchtigen.
Es war ja wirklich sehr viel kurzweiliger, das olle Messing in der Küche nicht zu putzen, sondern einen Besorgungsweg der Tante dazu zu verwenden, aus dem geheiligten Plüschsalon mit Benutzung sämtlicher Betten und Teppiche des Hauses den Serail von Harun al Raschid herzustellen. Sie und die Schwestern waren verschleierte Haremsdamen – Tüllgardinen gaben ausgezeichnete Schleier ab! –, Ede war der Wesir und ich natürlich Harun. Mit meinen Frauen wußte ich freilich nur wenig anzufangen. Ich war stets geneigt, sie beim kleinsten Vergehen köpfen zu lassen, was die Mädchen, da dies Köpfen mit Vaters langem Papiermesser aus Bambus ausgeführt wurde, sich nicht recht willig gefallen ließen. Später gerieten wir dann aufs Säcken: ungehorsame Frauen wurden in einen Teppich gerollt, mit Bindfaden umschnürt und ins Meer versenkt, das heißt in die dunkle Besenkammer gerollt.
Einer der Meisterstreiche von Ede und mir war es, alle drei

Mädchen sehr dauerhaft einzurollen. Erst kam die kräftige Christa dran, bei der uns noch Itzenplitz und Fiete halfen, dann Itzenplitz mit Hilfe von Fiete, schließlich Fiete, die wir Jungens gut allein bewältigten. Als wir uns überzeugt hatten, daß die »Weiber« sicher in ihren Teppichen steckten, stimmten wir einen Hohngesang über ihren Häuptern an, schlugen, ihr Flehen und ihre Drohungen mißachtend, die Tür zur Besenkammer zu und begaben uns auf die Straße, nach neuen Abenteuern dürstend.
Unterdes kam die gute Tatie an die Tür der Wohnung. Wie immer hatte sie ihre Schlüssel vergessen. Sie klingelte, sie klingelte viele Male, mit löblicher Geduld, aber ihr Klingeln blieb vergeblich. Die Wohnung, in der sie fünf blühende Menschen hinterlassen hatte, war grabesstill. Tatie war ein ängstliches Gemüt, sie dachte sofort an Gas, Einbrecher, Mörder ... Sie flog am ganzen Leibe, als sie den Portier benachrichtigte. Der Portier hatte nur uns Jungens weggehen sehen, neues gemeinschaftliches Klingeln blieb ebenso erfolglos wie Taties Klingelsolo. So wurde ein Schlosser geholt und die Tür geöffnet. »Warraftig!« rief der Portier. »Hier haben Einbrecher gehaust!«
Und so sah die Wohnung auch wirklich aus. Verstreute Bettstücke, umgestürzte Stühle, heruntergerissene Gardinen, verschobene Tischdecken, umgestürzte Vasen waren unheilvolle Anzeichen. Die Tante lächelte wehmütig. Ähnliche Spuren hatte sie in letzter Zeit nicht selten gesehen, sie mußten nicht unbedingt auf Einbrecher weisen.
Aber die Stille in der Wohnung war beängstigend. Der Schlosser bewaffnete sich mit seinem Hammer, der Portier mit dem schönen Ebenholzstock des Vaters, die Tante aber hatte ein heruntergefallenes Aquarellbild aufgehoben – Motiv: Pfeiler der altrömischen Wasserleitung in der Campagna – und trug es unter dem Arm.
So durchwanderten sie die Wohnung, böser Ahnungen voll. Erst am äußersten Ende des langen Hinterflurs, bei der

Die Haremsdamen

Besenkammer, hörten sie erschöpftes Geschrei. Vorsichtig wurde die Tür geöffnet, und die gesackten Haremsdamen waren entdeckt.
Sie hatten in dem fensterlosen, glutheißen Raum, in dicke Teppiche verpackt, einige recht unangenehme Stunden verbracht. Die Retter glaubten zuerst, dies sei ein Werk der entmenschten Einbrecher. Die Empörung war allgemein, als sie erfuhren, zwei schlichte, wohlerzogene Knaben hatten dies vollbracht.

Ernst Toller
Jule und der Kaiser von Mariko

Die Großen sind unsere Feinde, nur Jule, unsere alte Köchin, versteht mich. Ihr sage ich meine ersten Verse, die ich im Frühling bei einer Spazierfahrt durch die blühende Kirschenallee dichte. Ich sitze neben dem Kutscher, im Wagen die anderen Kinder singen und sind fröhlich, ich singe nicht mit, ich bin nicht fröhlich, ich will nicht wie sonst die Zügel der Pferde führen, nicht die Sonne freut mich noch der Frühling, mich ergreift eine schmerzlich-süße Traurigkeit, und während der Himmel blau und strahlend uns überglockt, denke ich an Krähen, an Nebel, an den Tod.
Das Gedicht lese ich Jule vor.
Jule ist gerührt und weint.
- Willst Du einen Eierkuchen essen oder ein Kotelett?
- Ich werde ein Märchen schreiben, Jule, man wird es in Berlin spielen, und Du wirst in der Kaiserloge sitzen.
Jule erzählt niemandem, wie alt sie ist. Fragt man sie, gibt sie zur Antwort: »Über mein Alter ist noch keiner nicht gefallen« und bekreuzigt sich. Jule hat einen Bräutigam, von Beruf Schneidermeister in Margonin, ach, er lebt nur in ihrer Phantasie, Freunde meines Vaters haben ihn erdichtet. Aber das menschliche Herz ist größer als die Lüge. Jule liebt den Bräutigam, trotzdem sie ihn nur einmal gesehen hat. Der fremde Mann, ahnungslos für diese Rolle bestimmt, weiß nichts von der erwachten Liebe, aber Jule glaubt an sie. Die Großen vergessen den Scherz einer Stunde, ich gebe ihm Dauer und besessenes Leben, ich schreibe die schönsten Liebesbriefe, ich bringe sie Jule, ich lese sie ihr vor, ich preise mit ihr die Treue des Bräutigams, ich weine mit ihr über das Schicksal, das ihn fern hält, ich hasse mit ihr die Menschen, die neidisch sich ihrem Glücke sperren. Jule ist selig, und ich

bin es mit ihr, wir haben ein Geheimnis, wir hüten es mit großer Würde. Die Menschen lachen, ich lache längst nicht mehr, ich werde böse, wenn die Menschen Jule verspotten.
– Antworte gar nicht, wenn sie dich fragen, sage ich zu Jule, oder binde ihnen einen Bären auf, sag, dein Bräutigam ist fort, nach Amerika.
Ich bekomme noch mehr Eierkuchen als früher, doch nicht um der Eierkuchen willen bleibe ich der Liebesbote. Bald genügt es mir nicht, daß dieser Bräutigam als gewöhnlicher Schneider den Handwerkern und Kaufleuten Anzüge anmißt. Ich lasse den Schneidermeister ins Heer eintreten, binnen wenigen Wochen avanciert er zum Leutnant, zum Major, zum General. Jule, der kein Fleischermeister ein Bruststück für ein Lendenstück verkaufen kann, die mit Feldherrnblick die Hühnerscharen übersieht, jene im Stall läßt, die Eier legen werden, und die Faulen herausjagt, glaubt alles. Der General wird geadelt, der Baron ein Herzog, am Ende wählt ein fernes Land, das ich Mariko nenne, den Herzog zum Kaiser. Ich ernenne Jule zur Kaiserin von Mariko, mich zum Minister des exotischen Landes. Eine unterirdische Bahn, zu der mich eine unsichtbare und allen geheime Treppe führt, verbindet unser Haus mit der Hauptstadt von Mariko. Der Kaiser ist ein frommer Mann, er bekriegt die Heiden und tauft sie, der Krieg währt niemals lange, seine Dauer richtet sich nach meinem Appetit auf Sandtorten. Ich komme zu Jule in die Küche und verschließe die Tür. – Majestät, rufe ich, ein Telegramm ist da –.
Lies es vor, sagt Jule und wischt sich die nassen Hände an der Küchenschürze.
– Geliebte Juliana, lese ich, in blutiger Schlacht habe ich die Heiden geschlagen, müde vom heißen Kampf sehne ich mich nach einem Kuchen von Deiner Hand, back sofort eine gute Sandtorte und übergib sie meinem Minister Ernst.
Schweigend entnimmt Jule dem Speiseschrank Eier, Zucker und Mehl, schweigend rührt sie den Teig. Kein scheltender

Die gute Jule (Otto Kubel *1868)

Einspruch meiner Mutter kann sie hindern. Mit hinkendem Schritt geht sie an den Herd, das großflächige Gesicht mit der fleischigen Nase und den wasserblauen Augen rötet sich, die blonden Haare, die in dünnen Strähnen fest um den Kopf sich legen, glänzen von duftendem Öl. Ich nehme die Sandtorte in Empfang, ich verbeuge mich tief, in der Kinderstube warten meine Freunde, die Marikaner, wir verzehren den Kuchen an Kaisers Statt.

Eine Kaiserin muß Orden tragen. Ich stehle meiner Schwester papierne Kotillon-Orden, mit Nadeln hefte ich sie auf ein Sofakissen, um den Spazierstock meines Vaters winde ich ein Taschentuch und ernenne den geschmückten Stock zum Degen, ich führe Jule unter den Weihnachtsbaum, in feierlichen Worten begrüße ich sie, ich heiße sie niederknien, ich schlage sie mit dem Degen auf die Schulter, ich schlage sie zum Ritter und verleihe ihr die vom Papst und vom Kaiser gesandten Orden. Jule, vom Vater befragt, ob ich sie wirklich zum Ritter geschlagen habe, antwortet: »Und wie hat er mich geschlagen!«, und sie lehnt stolz und höhnisch die tausend Mark ab, die Herr Müller ihr zahlen will, wenn sie ihm einen Orden verkauft.

Max von der Grün
Jesse Owens

1936

Das war das Jahr der Olympischen Spiele. Die Sommerspiele wurden in Berlin ausgetragen die Winterspiele in Garmisch-Partenkirchen. Natürlich interessierte uns Kinder das sehr. Immerhin war ich schon zehn Jahre alt, und Sport war eines der Hauptfächer in der Schule. Wer gut in Sport war, der galt auch als guter Schüler.

Obwohl uns Kindern täglich eingetrichtert wurde, daß alles Nichtdeutsche nicht wertvoll war, wurde ein Schwarzer unser Idol: der vierfache Olympiasieger Jesse Owens aus den USA. Wir spielten auf dem Sportplatz Jesse Owens: wer am weitesten sprang, wer am schnellsten lief, wer am weitesten warf, der war einfach Jesse Owens.

Hörten es die Lehrer, verboten sie uns diese Spiele, aber sie blieben uns die Antwort schuldig, warum ein Neger, Angehöriger einer »niederen« Rasse, solche sportlichen Erfolge erringen konnte.

Walter Kempowski
Dicker Krahl

Dicker Krahl hatte ein großes Zimmer ganz für sich allein. Zu ihm ging ich fast jeden Tag.
Unter dem Fenster eine AEG-Mignon.
Die Buchstaben mußte man auf einer Tafel suchen und mit dem Typenkopf auf das Papier hauen.
In der Ecke ein Bett.
»Durch das Land der Skipetaren«.
In der Mitte des Zimmers ein ausgezogener Tisch, darauf eine Stadt aus Bauklötzen, mit Läden, Litfaßsäulen und einem Rathaus. Klein-Winzigerode.
Die blieb abends stehn.
Ich war Spediteur. Drei Märklin-Fernlaster mit weißer Rautenleiste an der Ladefläche und aufsetzbarer Leinenplane. Sie rückwärts in den Hof zu lotsen und auf den Millimeter genau nebeneinanderstellen. Reifenspuren hinterlassen ... Krubbe, Spediteur. – Ich hätte fünf von den Dingern haben mögen oder zehn. Den Kopf auf die Tischplatte legen, dran entlangkucken, Kühler an Kühler.
Dicker Krahl war der Bankier, er verwaltete die Konten. Das von Klaus Greif, der gute Geschäfte als Baustoffhändler machte, und das von Manfred, dem Tankstellenbesitzer. Von jeder verbuchten Summe berechnete Dicker Krahl 6%.
»Prozentrechnen, wie macht man das?«
»Durch 100 mal 6; kaprisco, kaprivi, Kapernaum?«
»Yes. It's clear.«
Manfred war schlecht dran. Niemand kaufte sein Benzin.
Die Autos schob man ja.
Eines Tages brachte er eine Pipette mit. Damit wollte er den Autos Wasser einspritzen. Solange sie die Feuchtigkeit hielten, dürften sie fahren, schlug er vor. Dies wurde abgelehnt.
Dicker Krahl war außerdem Bürgermeister, Richter und

Die Halmamenschen

»Pozelist«. Wenn man von ihm was wollte, holte er erstmal die Taschenuhr heraus, wie spät es überhaupt sei.
Er wohnte im Seitentrakt des Rathauses. In seiner Garage ein offener schwarzer Mercedes, ein 6-Sitzer, im Katalog als »Führermercedes« bezeichnet, den hatten wir von Struck geliehen.
Das Rathaus mit hohem Turm, oben drin ein Wecker, der zum Aufziehen herausgenommen wurde.
Alle Gebäude waren oben offen, damit man die Halma-Menschen auch führen konnte. Da saßen sie in komfortablen Knetgummisesseln, an Knetgummitischen, tranken aus Knetgummitassen und aßen Knetgummitorte, grün mit gelben Tupfen: »Knetzegummin«. Sie trugen Papierkleider, die es in einem Warenhaus zu kaufen gab.

Zum Kaffee kam Frau Krahl nach oben gekeucht, dick, in Familienkorpulenz. Sie stellte uns Schmalzbrote hin, und jeder kriegte eine Tasse Schokolade.
Das Schmalz war erstklassig, nicht zuviel Äpfel drin, die Grieben kroß und aromatisch. »Speelt ji hier ok schön?«
Herr Krahl, ebenfalls dick, cholerisch, ließ sich selten sehen. Er besaß ein kastenförmiges Auto mit Gardinen.
»Na, du Maihecht?« sagte er immer zu mir, und einmal, als ich ihn fragte, ob ich mit Fritz spielen könne: »Hüt nich; sünd all twee båben.«
Eine Zeitung wurde herausgegeben und ein Museum gebaut. Klaus Greif errichtete es aus Anker-Steinbaukästen, dauerhaft und repräsentativ: vor der Front eine Reihe hoher Säulen, einen Knetgummifries am Giebel: »Schlacht bei Sparta.«
Das Museum hatte verschiedene Abteilungen, in denen hingen Zigarettenbilder (»Die Malerei der Gotik«).
In einem Saal, zu dem man über einen Innenhof gelangte, waren WHW-Plaketten wie Epitaphe angebracht. DER SAAL DES 1. MAI. Im Innenhof zwei präsentierende Lineol-Soldaten als Skulpturen.
Zur Einweihung des Museums erschienen die Halma-Menschen vollzählig.
Alle Grünen ordneten wir zu Militär. Die Blauen waren Marine aus Kiel, die Roten freiwillige Feuerwehr.
Schwarz die SS.
Das alter ego von Bürgermeister Krahl fuhr im Führermercedes die geschmückte Hauptstraße entlang, gefolgt von einem Rennwagenkordon in Silber.
Gelbe Halmasteine als SA umsäumten die Fahrbahn.
»Heil!« riefen wir mit Flüsterstimme, das klang laut und entfernt zugleich.
Sollte man den Marktplatz nicht lieber neu gestalten? Rathaus, Museum und –, ja, Kirche oder Kino, das war die Frage.

Dicker Krahl besaß eine Laterna Magica. Das gab den Ausschlag: Kino.
Manfreds Tankstelle müsse dann allerdings verschwinden.
»Immer ich«, sagte er.
»Du bist dann eben ein Jude ...«
Manfred griff in die Kasse des Bankiers. Klaus Greif rief: »Halt!« Bis auf weiteres nahm er ihn in den Schwitzkasten. Der Bürgermeister warf Manfreds Halmastein-Double ins Gefängnis, eine mit Streichholzgittern versehene Knetgummi-Kiste.
Die Mauern der neuen Tankstelle wurden eingerissen, das Knetgummimobiliar der Wohnung auf dem Marktplatz versteigert. »Wir wissen ja gar nicht, wie lange du uns schon bestohlen hast!«
Was sollte man mit seinem Halmastein tun? Kopf abhakken? Aus dem Fenster schmeißen, verbrennen, eingraben? Das sollte Sache eines ordentlichen Gerichtsverfahrens werden.
Manfred rief, er müsse jetzt nach Hause gehn.
»Hähä! Wir lassen dich man nicht!«
Doch, wir müßten ihn lassen! Er habe seine Schularbeiten noch nicht gemacht, er müsse zum Zahnarzt! Sie kriegten Besuch!
Klaus Greif warf ihn auf das Bett.
»Jetzt sollst du mal sehen, was dir passiert!«
Davor bewahrte ihn jedoch Frau Krahl: »Walting, din Vadder hett allwedder anweckt, du sast na Hus kamen ...« sagte sie.
Was ich meinte, fragte Manfred auf dem Nachhauseweg, was Klaus Greif wohl mit ihm vorgehabt habe? Ihn fesseln? Auf den Oberarm schlagen?
Auf dem Oberarm gäbe es eine Stelle, wenn man die treffe, dann sei der Arm 'ne ganze Zeit lahm.
Oder was sonst? Vielleicht peitschen? was meinte ich?
Ob ich die Bastonade kenne? Da würden die Füße hochge-

bunden und mit dem Stock draufgeschlagen. Das stelle er sich eigentlich nicht so schmerzhaft vor. Auch strangulieren, das könne er aushalten. Aber den Arm in kochendes Wasser halten und dann »den Handschuh ausziehen« ... Das wär doch wahnsinnig! Ob dann die Adern auch mit abgingen, oder ob die so oberhalb des Fleisches lägen?
In »Zwischen Rot und Weiß« würde beschrieben, wie sie Gefangenen die Eier mit zwei Ziegelsteinen breitquetschen.

Vater-Mutter-Kind

VATER – MUTTER – KIND

Familien-Nachahmungsspiele

Wie jedes Verhalten bezieht sich auch das Spielen auf eine Wirklichkeit. Das Kind und seine Umgebung treten in eine Wechselbeziehung. Beide haben dabei aktive wie passive Funktionen.
Was will das Kind dabei?
Es möchte seine Umwelt erfahren, um sich richtig verhalten zu lernen, will wissen, was lustig, was schmerzlich ist, welche Rollen man spielen muß, um mit den Leuten klarzukommen. Es will sich darstellen, durch Produkte beweisen, daß es da ist, es will sich mitteilen und die Mitteilungen anderer verstehen. Alle Aktionen des Kindes sind letztlich darauf ausgerichtet, sich die Wirklichkeit anzueignen.

Autorenkollektiv

Franz Michael Felder
Die Tannenzapfenkühe

Auch an den Spielen der Mädchen begann ich mehr und mehr Anteil zu nehmen. Ich schnitzte ihnen Wiegen für ihre Boppeln*, mauerte kleine Küchen auf und war zu allem bereit und willig, wozu in den kleinen Haushaltungen – von den spielenden Mädchen gebildet – die Kraft oder Geschicklichkeit des Mannes erfordert wurde. Bald fühlte ich mich in dieser Gesellschaft unvergleichlich heimischer als unter den Knaben, die mich ja doch beständig nur zurücksetzten. Zuweilen freilich war's mir fast zu ruhig, nur den Familienvater oder den Handwerker für meine Gemeinde zu spielen, aber auch da wurde bald durch einen Zufall geholfen.
Ein Mädchen hatte für seinen kleinen Haushalt eine Kuh nötig. Nun wurden gewöhnlich beim Spielen die rötlichbraunen Tannzapfen für Kühe gehalten, wie schon unsere Sprache sie Tannenkühe nennt, und da wir uns gerade in der Nähe des freundlichen Wäldchens hinter dem Dorfe befanden, eilte ich sofort, einen stolzen Stamm zu besteigen, der ziemlich weit hinauf kaum einen halb dürren Ast hatte. Als die Mädchen sahen, was ich wagen wollte, schrien alle laut auf und eilten, mich zurückzuhalten, so hastig herbei, daß einige in der Eile ihr kleines, zwischen bemoosten Steinen eingerichtetes Hauswesen zerstörten. Aber im Drange, mich noch auf Gottes sicherem Erdboden zu erwischen, achteten sie darauf nicht mehr. Trotzdem kamen sie schon zu spät, denn wie eine Waldkatze war ich hinaufgeklettert, und statt meiner kamen einstweilen auf alles Bitten und Betteln, Beschwören und Drohen nur meine schweren, unbequemen Holzschuhe herunter. Noch ein halbes Minütchen Lärm –

* Puppen.

Tannenzapfenherde

großer Lärm –, dann hagelte es frische Tannenkühe, daß ein kräftiger Waldgeruch, der geschüttelten Frucht entströmend, ringsum die Luft zu schwängern begann. Jubelnd trugen die Mädchen, was ich herunterwarf, zusammen, und das Schelten begann erst dann aufs neue, als ich selbst wieder herabkam und durch meinen Spott sie nochmals an die meinetwegen ausgestandene Angst erinnerte. Aber dieses Schelten klang jetzt gar nicht mehr wie sonst. Es war Bewunderung darin, und zu mir sprach daraus etwas wie das Gefühl, mein Wesen sei denn doch ganz anders geartet als das ihrige. Beinahe scheu standen meine Gefährtinnen, die wohl etwas Ähnliches empfinden mochten, im Kreise herum und schauten mich groß an.

Auf einmal richtete ich mich stolz auf und lachte und ballte die Faust und dünkte mich wunder was. Als dann drei Burschen in den Wald hereinlärmten und den Mädchen die von mir gewonnenen Kühe nehmen wollten, ja da warf ich zwei

derselben nieder mit einer Kraft und Gewandtheit, über die ich selbst noch erstaunter war als die anderen.
Von diesem Tage an änderte sich mein Verhältnis zu allen meinen Altersgenossen, den männlichen sowohl als den weiblichen. Jetzt versuchten es die Knaben umsonst, mich zuweilen von ihren kühnsten Unternehmungen zurückzuhalten, und wenn ich trotzdem noch lieber die stille, friedliche Gesellschaft der Mädchen suchte, so kam das nur davon, weil mir das ungehobelte Wesen der wilden Burschen recht von Herzen zuwider war, weil ich jede ihrer Derbheiten wie einen auf mich gerichteten Hieb empfand. Daß ich deswegen mancherlei Spottreden hören mußte, läßt sich denken. Ich war auch jetzt dafür durchaus nicht mehr unempfindlich, und der Name »Mädchenheld«, den ältere Burschen mir auftrieben, als Übername, konnte mir die Gesellschaft meiner sanften Gespielinnen für ganze Wochen verleiden. Aber die derben Spiele der Burschen mit ihren hölzernen Rossen und Kühen – den einzigen Spielsachen, die Eltern und Basen verschafften – hatten trotzdem für mich nichts Anziehendes. Vor den wirklichen lebendigen Rossen hatte ich soviel Furcht, daß ich sogar die geschnitzten und bunt bemalten niemals ohne geheimes Grausen anzusehen vermochte. Die aus Erlenholz geschnitzten Kühe, deren Euter wenigstens so groß sein mußte als ihr Bauch, waren mir schon etwas lieber.

Helene Lange
Puppenerziehung und Hochzeitsspiel

Unsere Spiele waren häufig gemeinsam, bis wir »die alten Jungens« mal satt hatten oder sie uns. Dann vertieften wir uns völlig in »Mutter und Kind« oder erzogen unsere Puppen wieder mit den Ansprüchen an unbedingten Gehorsam, die sich nur aus dem Gesetz des Gegensatzes erklären lassen oder aus dem wohltuenden Gefühl, auch einmal Autorität üben zu können. In dem eifrigen Briefwechsel, den meine Puppen mit denen von Elisabeth Goldschmidt führten, waren denn auch Klagen über die Strenge ihrer Mütter nicht selten. Auch diese rein mädchenhaften Spiele waren so tief befriedigend, daß uns das Tosen des wilden Heeres in der Ferne nicht einmal besonders lockte. – Mein bester Kamerad unter den Jungen war Julius Lehmann. Ich hatte den hübschen, anmutigen Jungen, der von dem derben Oldenburger Schlag in meinen Augen vorteilhaft abstach, schon in guter Erinnerung von meinen Expeditionen zu Tante Wöbcken her, weil er der einzige war, der meinem Bruder nichts tat. Die zwei Jahre, die ich vor ihm voraus hatte, gaben mir eine von ihm auch nie bestrittene Überlegenheit, so daß ich eigentlich die Anordnende bei unseren Spielen war und er sich stets in ritterlicher Weise zu meiner Verfügung hielt. Obwohl wir manchmal »Trauen« spielten (ich glaube, der Besitz einiger Ringe war die causa movens), wobei mein Bruder Theodor hinter dem schwarz verhangenen Schirmständer den Pastor machte und wir sehr ehrbar das Brautpaar vorstellten, war doch keines von beiden weder damals noch später von dahingehenden Wünschen berührt; es war und blieb gute Kameradschaft.

Ernst Haun
Das Familienspiel

Meine ersten Spielgefährten unter den Kindern waren die Schwestern Mariannchen und Lisbeth. Da sie sechs und sieben Jahre älter waren als ich, so stand ich vollkommen unter ihrem Einfluß. Sie spielten mit mir, nicht ich mit ihnen; und *ihre* Einfälle waren meine Spiele der damaligen Zeit. Sie spielten wohl gern mit den Puppen, und auch ich werde wohl mitgespielt haben; doch ich entsinne mich dessen nicht mehr. Sehr deutlich erinnere ich mich dagegen an unsere Spiele »Mutter und Kind«. Lisbeth war stets die Mutter, Mariannchen die Tante, auch wohl der Vater, und ich fungierte als Kind. In dieser Eigenschaft hatte ich bald brav, bald bös zu sein, mußte bald gehorchen, bald auch widerstreben. Immer aber mußte ich in kindlichem, nein, kindischem Tone reden. Bald mußte ich zum Kaufmann laufen und etwas bestellen, bald zu Anna, dem Kindermädchen, gehen. Und oft mögen die älteren Schwestern mehr Vergnügen dabei gehabt haben als ich. Sie erzählten später – ich weiß mich nicht daran zu erinnern –, daß sie mich einmal mit dem Auftrag zu Anna schickten: »Guten Tag! Ich soll einen Gruß von Frau Holle bestellen; und der Bote wäre ein Schaf.« –

Getreu richtete ich diese Bestellung aus, ohne zu begreifen, warum die Schwestern dann so amüsiert lachten.

Doch bald war mir diese Art von Spielen langweilig, ich mochte nicht immer nur der Untergebene sein, wollte auch herrschen. So haschte ich denn die Miez und schleifte sie erbarmungslos zu unseren Spielen. Sechshändig wurde das gutmütige Tier im Puppenwagen gebettet. – »Unser gutes Kind muß nun schlafen und fein brav sein, nicht wahr?« flötete Lisbeth süß und mütterlich der Miez in die Ohren, und

ich flötete ähnlich nach, denn ich war nun nicht mehr das Kind, sondern – das Kindermädchen.
Ich war Kindermädchen mit Eifer und Gewissenhaftigkeit. Unermüdlich fuhr ich Miez im Wagen hin und her und sang ihr liebliche Wiegenlieder eigener Dichtung und Komposition. Manchmal empfand auch unsere kluge Miez mein zärtliches Bemühen und blieb ruhig liegen. Verharrte Miez einmal gar zu lange still, wurde mir daher die Sache zu lyrisch verschwommen, dann wußte ich die Handlung nicht ohne Geschick künstlich zu beleben. Ich drückte die liebe, gute Miez ein wenig unter das Kinn, dann ließ sie ein klägliches Schreien ertönen. Darauf Lisbeth, die liebende Mutter, gar ängstlich besorgt: »Ach Gott! Unser gutes Kind hat ja Hunger! Da will ich nur rasch ein Milchsüppchen kochen.« – Miez hatte wohl »Milch«süppchen verstanden; und da sie sicher mehr Katze als Kind war, so wurde sie plötzlich rabiat und wollte absolut aus dem Wagen vielleicht zum Katzennapf. Sie machte recht beachtenswerte Anstrengungen, freizukommen. Doch auch ich versäumte meine Kindermädchenpflichten nicht. Ich rang heftig mit dem ungezogenen Kinde. Lisbeth brachte auch noch rasch das Milchsüppchen, ein sauber ausgeschnittenes Stückchen Papier. Aber es half alles nichts. Miez wollte um jeden Preis aus dem schönen, weichen Puppenbettchen heraus. Und als sich nun unsere sechs Hände zärtlich besorgt um sie bemühten, da begann sie gar zu beißen und zu kratzen. Und im Nu war sie frei und schon entflohen. Wir rasten zwar hinterdrein. Wir lockten mit süßen Versprechungen und drohten mit unausführbaren Strafen; doch alles war und blieb vergebens: Miez wollte eben nicht mehr, sie war schlechter Laune. Das Spiel war aus.... In und um die Hecke wurde auch gern ein Lieblingsspiel, »Wohnen«, gespielt. Da wurden zwei Familien begründet, und jede nahm sich eine Wohnung. Meist waren Bruno Prunk und Dora ein nistendes Paar und Theo und Martha Brüsemeister das andere. Manchmal war aber auch

ich der Mann. Zumeist hatte ich aber den Großvater zu spielen. Die jungen Pärchen richteten sich nun ihre Wohnungen ein, das heißt, sie bogen die Zweige so zurecht, daß sie bequeme und sichere Sitze ergaben; sie schufen auch noch ein Schlafzimmer, nämlich eine Stelle, wo man sicher liegen konnte, ohne plötzlich zu rutschen und zu fallen. Ich hatte, als Großvater, tief philosophische, ernste Pflichten. Das süße Gegacker der Jungen hatte ich verächtlich finster zu belächeln. Ich hatte ein wenig entfernt auf meinem Alterszimmer zu hocken, einen dicken Astknorren im Munde, und zu rauchen, zu paffen mit voller Lungenkraft. Hörte ich auf, an dem Buchenknorren vernehmlich zu saugen und zu schmatzen, paffte ich nicht mehr die Luft, den Qualm der Pfeife, deutlich vernehmlich aus dem Munde, dann kam schon ein liebendes Enkelchen und sagte besorgt:
»Ach, unser armer Großvater hat gar keinen Tobak nicht mehr! Wir müssen ihm eine neue Pfeife schenken.« Und schon stürmte alles, mir eine neue Pfeife aus der Hecke zu schneiden.
Dies andauernde Knasterpaffen war schon nicht leicht für die Lunge, aber es war doch noch nicht das schwerste, was mir die Großvaterrolle auferlegte. Während nämlich die Jungen fröhlich herumsprangen und schanzten, hatte der Großvater ganz still zu sitzen, denn seine Beine waren müde. Und wenn der junge Ehemann seine Herzallerliebste tüchtig auszankte, hatte ich unwirsch vor mich hinzubrummeln von Flegelei und dergleichen. Ich mußte mich unwillig räuspern und immerfort dumpf räsonnieren. Wenn dann die Frau leise zu weinen begann, dann hatte ich lauter zu brummen und zu poltern, doch nicht so laut, daß der gereizte Ehefürst es beachtete.
Schließlich klagte wohl die junge Frau unter Tränen, sie hätte gar keinen schützenden Vater mehr. Das war mein Stichwort. Jetzt nahm ich die Pfeife fester in die Lippen und begann loszupoltern mit verwüsteter, knorriger Stimme. Und

Der kleine Bruder (Ferdinand Georg Waldmüller 1793–1865)

das Spiel wurde dramatisch! Der Schwiegersohn und der Vater kamen in Streit. Man warf sich starke Grobheiten an den harten Kopf: Betrug, Diebstahl, auch Mord waren nicht selten. Dann kam die Nachbarfamilie hinzu und suchte zu

schlichten. Doch oft ergriff nun der Großvater die Offensive:
»Ich nehme mein Kind wieder mit und gehe!« schrie ich den Ehemann an. Nahm die Pfeife aus dem Munde, die Tochter an der Hand und ging.
Man saß dann ein wenig entfernt und grollte. Bald aber gruppierte man sich unmerklich anders.
Manchmal war plötzlich aus dem Großvater der Ehemann und aus dem Ehemann der Großvater geworden. Oft auch mußte der Großvater in die Kirche gehen, und die Tochter bürstete ihn dann und brannte ihm eine neue Pfeife an, und der Großvater sagte, er wolle für die Familie gleich mit beten, sie brauchten nicht in die Kirche. Und dann zog der alte Mann mit schlürfenden Beinen ab.

Vicki Baum
Ein Baby wird geboren

Kinder können die absurde Extravaganz, mit der die Erwachsenen ihren ganzen Schwindel aufbauschen, nicht verstehen. Wozu diese superkolossale Verschwörung? Um dich – das Kind – für dumm zu verkaufen? Lächerlich, unverständlich! Diese albernen Geschichten über den kinderbringenden Storch. Den Teufel tat er. Als ich eine Kaulquappe war, erhielt ich alle notwendigen Belehrungen Stück für Stück. Das betrunkene Scheusal, das mich während meines Scharlachs pflegte, hatte mir schon erzählt, wie die Frauen bluteten und schrien, wenn sie ein Kind zur Welt brachten. Doch in meiner Erinnerung wirkte das fast wie ein Teil meiner Fieberphantasien und Alpträume. Ich hatte eine Freundin, ein Mädchen, das etwas älter war als ich und gegen das ich eine aufrichtige Abneigung empfand. Sie wohnte im gleichen Haus wie wir, besaß hübsche Puppen und kam manchmal zum Spielen zu mir; was wir spielten, war immer »ein Baby wird geboren«. Dazu legte sie ihre große Puppe in das Puppenbett, wir schrien aus Leibeskräften und ließen die große Puppe meine kleine Puppe Erika gebären. Wir schmierten sogar – frühe Meister des Farbfilmverfahrens – Tomatenmark in das Wochenbett, damit es auch ein richtig schönes, blutiges Ereignis wurde.

Mein Kind!

Alice Herdan-Zuckmayer
Das Puppenhaus

In meinem Zimmer stand das neue, herrliche Puppenhaus.
Mama hatte darauf bestanden, daß Onki mir das Puppenhaus uneingerichtet schenken müsse, damit ich es nach und nach selbst einrichten könnte.
Als ich es am Weihnachtsabend untersuchte, fand ich unter der Stiege ein weißes, kleines Eisbärenfell und eine goldene Standuhr, die mein Onki in das leere Haus eingeschmuggelt hatte.
Noch am selben Abend begann die Übersiedlung der Möbel aus den zwei Puppenzimmern und der Puppenküche in die Räume des großen Puppenhauses. Der Umzug dauerte tagelang und hätte noch viel länger gedauert, wäre Awdotja nicht so tüchtig gewesen.
Awdotja war die älteste Tochter der Familie, ein Mädchen von zwölf Jahren. Sie war vier Zentimeter groß, hatte lange, blonde Zöpfe und blaue Augen. Man rief sie bei dem schönen Namen Awdotja, und ich erfuhr erst viel später, daß dies ein gewöhnlicher russischer Name war. Ihre Abstammung war ungewiß. Manchmal hieß es, ihre Eltern wären russische Fürsten gewesen, dann aber wieder schien es sicher zu sein, daß sie einfach das richtige Kind ihrer Eltern war. Sie war sehr tüchtig, führte den Haushalt, kümmerte sich um die Geschwister und war eine vorzügliche Pflegerin, wenn das Haus von Seuchen befallen wurde. Das Elternpaar, Besitzer des Hauses, trat wenig in Erscheinung.
Die Dame des Hauses litt an Migräne, lag viel auf einer grünen Chaiselongue in ihrem Schlafzimmer und las Bücher. Sie war oft verreist und lebte winters in Meran oder in Ägypten.
Der Vater war fast immer auf der Jagd und kam meistens nur

dann nach Hause, wenn er ins Bein geschossen worden war oder sich selbst aus Versehen verletzt hatte und von Awdotja gepflegt werden mußte. Kaum gesundet, verließ er wieder das Haus, um in Feldern und Wäldern zu jagen, nicht ohne eines seiner Gewehre zu Hause zu lassen zum Schutze der Familie. Mit einer dieser goldenen Büchsen lag Awdotja manchmal nachts am Fenster und schoß – ohne die Familie aufzuwecken – auf herannahende Einbrecher.
Awdotja hatte vier Geschwister, einen Bruder von zehn Jahren, den Awdotja in blaue Seide kleidete und dem sie täglich die blonden Locken bürstete. Er war schön und sanft, konnte schreiben und lesen, ohne je in die Schule gegangen zu sein, und spielte nie mit anderen Kindern.
Dann gab es ein Zwillingsbrüderpaar von acht Jahren, sie waren immer schlimm, hatten stets Tintenflecken und Wagenschmiere auf den Anzügen und mußten auf einige Zeit wegen eines kleinen Hausbrandes, den sie verursacht hatten, ins Internat geschickt werden.
Die jüngste Schwester lag in einer goldenen Wiege, bedeckt von kronenbesticktem, schwerem Brokat, gehüllt in gelbliche Spitzen, betreut von der englischen Nurse.
Die Geschwister, mit Ausnahme von Awdotja, durften das Kind niemals sehen, es war kränklich, und doch hörten sie es niemals weinen.
Viel später, als das Puppenhaus schon lange bewohnt war, wurde noch ein Kind geboren. Es schlüpfte unter dem Rock der Mutter hervor, war ein dicker Celluloidknabe, konnte in richtigem Wasser gebadet werden und wurde bald von dem bleichen Säugling getrennt und zu den Zwillingen gesteckt.
Die Ereignisse im Puppenhaus hatten ihr Gleichmaß, die Katastrophen, die über das Puppenhaus hereinbrachen, waren wohlgeordnet.
Es wurde manchmal von Erdbeben erschüttert, oft vom Blitz getroffen, der beim Fenster hereinsauste, um Nähmaschine und Klavier zischte und beim Ofenrohr wieder hin-

ausflitschte. Ganz selten gab es Vulkanausbrüche, deren Lava aus Zeitungspapierfetzchen bestand, die unser Stubenmädchen am nächsten Tag unwillig aufsammelte. Hochwasser war verboten, weil Wände und Boden des Hauses nicht beschädigt werden durften.
In gewissen Abständen wurden die Bewohner des Hauses von Masern, Scharlach, Cholera und Pest befallen, das ganze Haus verwandelte sich dann in ein Spital, dessen Oberin die englische Nurse war. Ihrer Gehilfin, Awdotja in Schwesterntracht, gelang es, fast alle gesund zu pflegen. Nur manchmal starb ein Stummer und wurde mit großem Gepränge begraben.
Die Stummen waren eine merkwürdige Erscheinung unter meinen Dingen.
Wenn die Dinge zu mir kamen, wußte ich nach kurzer Zeit: wie, wer und was sie waren, und dann behielten sie ihre Art und Weise bei bis in alle Ewigkeit. Man kam nicht auf den Gedanken, daß man ihre Art und Weise, ihr Tun selbst erfand und bestimmte, man hörte im Weinen und Lachen, Schreien, Singen und Sprechen der Puppen, im Brummen des Bären, im Bellen der Hunde, im Miauen der Katzen nicht seine eigene, verstellte Stimme, sie waren Geschöpfe mit eigenen Handlungen und Taten, Wesen, die einem näher und weniger fremd waren als die Erwachsenen und die Kinder.
Zu diesen Wesen gehörten auch die Stummen.
Das waren die Pferde vor dem Puppenwagen, die auf Holzplatten aufgenagelt waren und darum nicht wiehern konnten. Dazu gehörten Kutscher und Lakai, die unabbiegbar auf dem Bock saßen und kein Wort sprechen konnten, die auf Nadeln sitzenden Passagiere in der Eisenbahn und der stehende Lokomotivführer. Unter den Lehrern gab es einen aufrechten Lehrer, den man nicht zum Sitzen abbiegen konnte, auch er war auf einem Brett festgenagelt und konnte bestenfalls die Spitze seines Stabes auf einen geographi-

schen Punkt auf der Landkarte richten. Auch er gehörte zu den Stummen, nicht aber die Schachfiguren, Postkarten, Wesen aus Holz, Papier, Porzellan, Glas, Gold und Silber, die sich bewegen konnten und nicht wie die Stummen Tag und Nacht in ihrer Stellung gefangen blieben.
Die Stummen konnten durch ihre Starrheit nicht an jenem Schlaf teilnehmen, der sich oft, kurz, aber dornröschenhaft tief über alle meine Puppen und Tiere senkte. Die Stummen blieben starr und stumm und ohne Schlaf.
Darum konnten sie sich auch an einem der aufregendsten Geschehnisse im Haus nicht beteiligen, das Schreien, Heulen und Zähneklappern erforderte. Das war der »Große Schrecken«, und der große Schrecken entstand einmal durch die Schlangen und das andere Mal durch den Tiger. Die Schlangen wurden von meinen Mehlwürmern dargestellt, die ich für meinen Frosch und die Eidechsen in einer alten Teekanne züchtete. Ich setzte die Mehlwürmer in der Puppenküche aus, und bald hatten sie sich übers ganze Haus verbreitet. Die Kinder weinten, die Erwachsenen schrien, die Dame des Hauses fiel in Ohnmacht, Köchin und Stubenmädchen kreischten, die englische Nurse stand mit dem Säugling auf dem Speisezimmertisch. Niemand wußte sich zu helfen, bis es Awdotja gelang, aus dem Hause zu entwischen, eine Leiter zu holen, sie an den Balkon anzulegen und alle Hausbewohner über die Leiter sicher ins Freie zu bringen.
Das Haus wurde den Kobras und den Pythons überlassen.
Einmal geschah es, daß ich nach dem Spiel die Mehlwürmer nicht sorgfältig eingesammelt hatte und zwei Kobras den Weg ins Bett der Mama zu ihrer Fußsohle fanden. Sie schrie viel lauter als alle Einwohner des Puppenhauses, und die Wiederholung des Schlangenspieles war gefährdet. Viel gräßlicher jedoch als die Schlangen war das Erscheinen des Tigers.
Ich ließ meinen Frosch durch die Haustüre des Puppenhau-

ses hinein und beobachtete seine Sprünge auf der Stiege und in den Zimmern durch die Fensterscheiben.
Die Angst, die mein Frosch, der bengalische Tiger, verbreitete, war ungeheuer.
Ich selbst zitterte an allen Gliedern, obwohl es ihm niemals gelang, ein Kind zu rauben oder auch nur anzubeißen.
Er war der allergrößte Schrecken und die einzige Gefahr, der Awdotja nicht mit gewohnter Ruhe begegnen konnte. Sie ergriff die Flucht, ließ Geschwister und Eltern im Stich und verkroch sich schlotternd hinterm Ofen, wenn sie sein Brüllen aus der Ferne hörte.
Endlich holte ich meinen Frosch aus dem Haus, tat ihn in sein Glas zurück und nahm dann Awdotja in die Hand, streichelte sie und verzieh der immer Tapferen ihre Feigheit und hatte es gern, daß es etwas gab, wovor sie sich fürchtete.
Weihnachten und Ostern wurden im Puppenhaus festlich gefeiert, das Schönste aber aller Feste war Kaisers Geburtstag.
Kaisers Geburtstag mußte auf ein anderes Datum verlegt werden, denn am achtzehnten August war ich weit weg von meinem Puppenhaus auf dem Land, manchmal in Ischl, der Sommerresidenz des Kaisers.
So wurde denn im Frühling und im Herbst Kaisers Geburtstag mit Pomp und Gepränge gefeiert.
Die Puppenhausbewohner wohnten zur Zeit des Festes in ihrem Landhaus. Sie waren mit Sack und Pack aus ihrem Stadthaus aufs Land übersiedelt, sie waren sehr weit mit der Eisenbahn gefahren und wurden an der Station von einem riesigen Landauer abgeholt und zu ihrem Landhaus gebracht. Das Landhaus war wieder das Puppenhaus, aber in völlig verändertem Zustand.
Alle Möbel waren daraus entfernt, Personal und Herrschaft schliefen auf Strohsäcken im selben Raum, das Speisezimmer hatte sich in einen Stall mit Kühen, Schafen und Schweinen verwandelt, in der Küche stand ein langer Tisch

aus rohem Holz, und die Speisen standen in Holzschüsseln auf dem Tisch. Man saß auf langen Bänken, aß gemeinsam aus den Schüsseln, stopfte sich Schmarrn und Geselchtes mit den Fingern in den Mund, und alles war ländlich wie beim Heidi auf der Alm.

An dem Tag des Kaiserfestes holte ich meinen Alpengarten vom Fenstertisch und stellte ihn neben das Puppenhaus. Der Alpengarten bestand aus einer Felsenlandschaft mit Kieswegen, grüngemalten Wiesen und einem blauen Bergsee, Papierbäumen und Büschen, und dazwischen waren kleine Blumentöpfe mit echten Blumen, die nach den Jahreszeiten ausgewechselt wurden.

In meinem Zimmer gab es eine Kommode mit Aufsatz, auf dem sich unzählige Nippessachen angesammelt hatten, die von größter Bedeutung für mich waren.

Niemand durfte einen Gegenstand auf dieser Etagere berühren, und ich selbst staubte die Dinge ab.

Aber an Kaisers Geburtstag ließ ich sie von der Etagere hinunterspringen und stellte und legte sie in den Alpengarten oder vors Haus.

Da waren sie alle: die Meranerin, der Bosniak, die csardastanzenden Ungarn, der flötenblasende Hirtenknabe, die ballspielende Katze aus Kopenhagen, der Osterhase auf seinem Korb voll goldener Eier, das Aschenbrödel mit Tauben unter der Lampe, das Liebespaar auf der Bank, die Tänzerin, die die ganze Spannweite ihres Rockes brauchte, um ihr Bein zu schwingen.

Die Vorbereitungen zu Kaisers Geburtstag waren kaum zu bewältigen.

Die Tiroler Almhütte mit dem Butterfaß beim Kachelofen und dem Hochgebirge im Fenster wurde von der Wand geholt und neben dem Alpengarten aufgestellt.

Aus dem Ankersteinbaukasten nahm ich die Steine und Brücken und Säulen und baute Türme und Burgen, die durch die Brücken verbunden waren und auf denen die

Schulkinder herbeiwanderten. Die Schulen wurden durch Schachfiguren dargestellt, die weißen Bauern waren die Mädchen, die schwarzen die Knaben, der schwarze König war der Schuldirektor, die weiße Dame seine Frau. Rechts und links neben den Reihen der Schulkinder standen die Türme und Läufer als Lehrer, während die Pferde als Schuldiener hinterher trotteten.

Nun wurde die Eisenbahn aufgebaut und der rote Teppich gelegt, vom Stationshaus bis zu den Schienen. Der rote Teppich stammte aus dem Speisezimmer des städtischen Puppenhauses.

Hinter dem Stationsgebäude wartete der Wagen. An diesem Tag waren die Speichen der Räder und das zurückgeschlagene Verdeck mit Blumen geschmückt, er sah aus wie ein Fiaker auf der Nobelfirmung, es war offensichtlich, daß er einem hohen Zwecke zu dienen hatte.

Die schwarzgelben Fahnen wehten von allen Gebäuden, Burgen und Brücken, meine unzähligen Stummen standen erwartungsvoll da in großer Menge. Die Puppenhausfamilie war vollzählig auf der Station versammelt.

Awdotja stand Hand in Hand mit ihrem Bruder ganz nahe dem roten Teppich. Sie trug ein weißes Batistkleid mit rosa Schärpe und hatte den linken Fuß vorgeschoben, bereit, den rechten zum Hofknix abzubiegen.

Jetzt sah man in weiter Entfernung die Eisenbahn langsam den Schienen entlang klettern, denn es war selbst für die große, starke Lokomotive nicht leicht, die Hochgebirgssteigungen zu bewältigen, die ich durch unter die Schienen gelegte Bücher geschaffen hatte.

Endlich ertönte ein schriller Pfiff, und der Zug hielt.

Es kam der letzte Augenblick des Wartens.

Der Stationsvorsteher stand starr und stumm vor dem mittleren Wagen des Zuges.

Und dann stieg er aus: der Kaiser!

Während sich die ganze Puppenfamilie aufs tiefste abbog,

Die feinen Puppenhausleute

blieb der Kaiser auf dem roten Teppich stehen und wandte sich dann langsam um. Ich spürte, wie Awdotja das Herz bis zum Halse klopfte: denn nun entstieg dem Waggon die Kaiserin.

Ich muß an dieser Stelle der Begebenheiten hinzufügen: ich

wußte wohl, daß die Kaiserin schon vor meiner Geburt ermordet worden war, aber ich konnte es einfach nicht ertragen, sie an Kaisers Geburtstag nicht dabei zu haben. Sie war schöner als alle Prinzessinnen aus dem Märchen, und ich wollte sie an diesem Tag nicht missen. Ich besaß das Kaiserpaar nicht in Figuren, und so standen sie nun beide auf dem roten Teppich in Form von Postkarten: der Kaiser im Jagdkostüm, die Kaiserin in einem diamantenbesetzten Krinolinenkleid.

Das Kaiserpaar neigte sich grüßend hin und zurück, und die Puppenhausfamilie sang mit schallender Stimme: Gott erhalte, Gott beschütze unsern Kaiser, unser Land ... Und dann, leiser, die sonst ungesungene Strophe:

An des Kaisers Seite waltet,
Ihm verwandt durch Stamm und Sinn,
Reich an Reiz, der nie veraltet,
Unsre holde Kaiserin.

Das Kaiserpaar stieg in den Wagen, und der Wagen rollte zum Puppenhaus. Und als der Wagen beim Puppenhaus hielt, da setzte erst der volle Jubel ein: die Tänzerin drehte sich, der Bosniak nickte mit dem Kopf, die Ungarn tanzten, die Meranerin jodelte, der Hirte blies die Flöte, und ich drehte die Spieldose, und sie spielte:

Hänschen klein, ging allein
in die weite Welt hinein.

Christa Wolf
Die Verstellten

Das Gedächtnis wird seinen Grund haben, auf ein gewisses Stichwort hin unerwartete Bilder anzubieten. Das Häuserspiel ist belegt - auch Lutz, der höchstens vier Jahre alt war, als es in Blüte stand, hat eine dunkle Erinnerung daran bewahrt. Daß es unter dem Kennwort »Die Verstellten« lief, ist dir eben erst wieder eingefallen. Ein veritables Puppenhaus mit vier Räumen, Wohn- und Schlafzimmer, Küche und Bad, mit Gardinen an den Fenstern und sehr kleinen Blumentöpfchen davor, mit Lämpchen an der Decke und mit Tellerchen und Täßchen in einem Schränklein und mit einem hübschen kleinen Schornstein auf dem roten Dach. Das Haus wird von sieben Zelluloidpüppchen bewohnt, die in bunte Fetzchen hübsch gekleidet sind und allerliebste Namen haben: Leierkasten, Fallada, Eierkuchen, Holderbusch, Liebesperle, Rosenduft und Wundertüte - angemaßte Namen, wie sich gleich herausstellen wird. Denn alle sieben sitzen sie im Häuschen und singen mit ihren zirpenden Stimmchen frech: Hannefatzke Domino, hat geschissen und weiß nicht wo, in der Ecke stinkt es so, da hat geschissen Hannefatzke Domino.
Eine Provokation. Nelly und Lutz stürzen zum Puppenhaus. Die Verstellten sind schon verstummt und gehen ihrem eigentlichen Gewerbe nach, sich zu verstellen. Nelly und Lutz, die sie natürlich bis auf den Grund durchschaut haben, schütteln sie durch und nennen sie bei ihren wirklichen Namen: Rippenspeer und Eulenzeh, Flederbiest, Ekelkotz, Fratzenhans, Blödian und Schinderbold. Da gibt es ein Heulen und Zähneklappern. Für die Bestrafung gilt aber ein Grundsatz: Verstellte werden verstellt. Arme und Beine umwickelt man ihnen fest mit Wollfäden, man schleudert

sie in irgendeine Ecke, und Ekelkotz muß seinen Kopf ins Klosett stecken. Alles Eßbare wird aus dem Haus geschafft. Lutz, der die Batterieanlage bedient, ist für strengste Stromsperre verantwortlich. Die offene Rückwand der »Villa Hundsfott« wird mit Korkplatten aus »Meister Hämmerlein« zugenagelt. Schwarze Lappen verhängen die Fenster. Drinnen aber, die dreisten Unbelehrbaren, singen im Kanon: O wie wohl wird mir am Ahabend, mir am Ahabend, wenn zur Ruh die Glocken läuhäuten, Glocken läuhäuten, bimbam, bimbam – während draußen der Chor der Rächer schauerlich heult: Bereuet!
Das tun die Verstellten erst nach Stunden, und dann werden sie unter heißen Tränen ans Herz gedrückt. Danach aber gehen sie von offenen Untaten zu den Gedankensünden über, die allerdings der klugen Nelly im gleichen Augenblick, da sie verübt werden, schon bekannt sind: Gib zu, du hast Böses über mich gedacht! – Gnade! flehen die Überrumpelten. – Lügen ist zwecklos! – Hexenfuß windet sich, bis er jammernd zugibt, daß er auch Nelly für eine Verstellte hält. Hexenfuß wird zu lebenslänglicher Haft im Schuhkasten verurteilt.

Joachim Ringelnatz
Klavierstunde

Wie harmlos dagegen waren die Spiele mit Ottilie. »Klavierstunde.« Das Klavier war die abgeräumte Marmorplatte eines Waschtisches. Darauf hämmerten wir vierhändig mit unseren Fingern und schmetterten Melodien dazu. Aber das war nur Nebensache. Das Wichtige dabei war die Treppe, die zum Waschtisch führte: alle Stühle, Tisch, Bank, Fußbänkchen in geschwungener Linie dahinführend aufgestellt. Diesen Weg zu beschreiten war etwas, was uns ergötzte. Warum wohl? Wo lag der Schlüssel zu dieser verrückten Idee?
Ganz durchsichtig dagegen folgendes, oft stundenlang wiederholtes Spiel:
Ottilie kauerte unter dem kleinen Tisch. Ich ging auf dem Tisch mit lauten Trampelschritten hin und her. Ottilie klopfte an.
Ich: »Herein!«
Ottilie krabbelte unterm Tisch hervor: »Guten Tag, Herr Müller!«
Ich: »Guten Tag, Frau Meier!«
Ottilie: »Verzeihen Sie, ich muß mich beschweren über den furchtbaren Lärm.«
Ich: »Verzeihen Sie, es soll nicht wieder vorkommen.«
Das Spiel war aus, begann abermals, nur daß Ottilie jetzt auf der Tischplatte wohnte und ich darunter.

Waldis Begräbnis (Nach Jahn Ekenaes 1847–1920)

SCHÖN FEIERLICH ZU GRABE TRAGEN

Begräbnisspiele

Wie mancher derbe Knabe, der von der Natur die Anwartschaft auf ein tüchtig lebendig Wirken als Wiegengabe mit auf die Reise durch das Leben erhielt, ist an bloßen konventionellen Höflichkeitsformeln zugrunde gegangen! Wie manchem frommen Gemüte ist in der öden Leere einer kindischen Gebetplapperei jener albernen Komplimente, die blasierte Eltern durch die Unschuld des Kindes an den lieben Herrgott höflichst bestellen lassen, jeder Ruf von oben verhallt, der die Welt durchhallen sollte für und für! Das Kind, unbekannt mit dem Ernst des Lebens, wird in seiner natürlichen Schwäche nicht als Eiferer gegen die Mißbräuche einer vielleicht wohlgemeinten Unvernunft in die Schranken treten; es setzt sich heiter in den Winkel mit seinen kleinen Spielkameraden und spielt: »Frau Geheimrätin und Herr Baron« und läßt seine Puppe Gebete sprechen und begräbt den alten ehrlosen Schließer Ferge mit allen kirchlichen Ehren und vollem Geläut, und wenn ihr aufmerksam auf das kindliche Spiel seht, so werdet ihr nie eine lieblichere, unschuldigere, von jedem Hasse fernere Satire, von jeder Lüge freiere Ironie auf die bestehenden Zustände gesehen haben als den duftigen, in unmittelbarer Berührung mit dem Himmel stehenden Humor eines solchen Kinderspiels.

Fritz Reuter

August Ebrard
Die Trauerfeierlichkeit

Heimgekehrt, fanden wir den lieben Vater übler als zuvor und die Stimmung einer erst unbewußten, dann bewußten Angst nahm in mir von Woche zu Woche zu. An einem regnerischen Nachmittag, da wir nicht wußten, was wir treiben sollten, geriet ich auf den Einfall, eine »Trauerfeierlichkeit« zu halten, quälte meine Mutter um allerlei Läppchen Krepp und sonstiger schwarzer Stoffe und behängte damit, ich weiß nicht mehr welche, auf eine Kommode zusammengeschleppte Gegenstände in symmetrischer Weise. Meine Mutter hat mir später gesagt, welchen trüben, schrecklichen Eindruck ihr dies Spiel gemacht. Ich dachte noch an nichts, aber die Stimme eines Gassenjungen, der während meiner »Trauerfeier« unter den geöffneten Fenstern vorbeiging und, nicht mit fröhlichem, sondern mit langgedehntem und schneidend scharfem Tone: »Heididada heididada« vor sich hin sang oder quiekste, schnitt mir in die Seele, ich wußte nicht warum. Bestimmtere Ahnungen einer ernsteren Gefahr für des Vaters Leben traten zuerst in meinem Traumleben auf.

Carl Ludwig Schleich
Kanarienvogelbegräbnis

Da war uns einst ein Kanarienvogel, unser aller Liebling, gestorben, und wir beschlossen, dem in einem kleinen Sarg liegenden weißgekleideten Sänger ein pompöses Begräbnis, gleich einer Prozession, auszustatten. Jeder der dreißig Knaben und Mädchen sollte eine brennende Kerze und einen Kranz tragen. Abzug der Leidtragenden um sechs Uhr früh vom Rosengarten aus. Alle waren da, nur der kleine sechsjährige Paul nicht. Wo war er? Nicht zu finden! Man konnte des Herrn Predigers – mein Vetter Max Alverdes – wegen nicht länger warten, auch waren einige der Damen, in den langen Kleidern ihrer Mütter, der Ohnmacht nahe. Der Zug ging los. Drei von uns spielten Geige, ich gnurpste oder knipste gehend auf dem Cello. Wir kommen an die ausgewählte Begräbnisstätte, eine meilenweite Heide. Wer sitzt da in der riesigen, einsamen Gottesnatur, die einer Armee Raum geboten hätte, mutterseelenallein auf einem Baumstamm mit gefalteten Händchen? Der kleine Paul! Alles stürzt auf ihn zu: »Aber Paulchen, wo steckst du denn? Was ist, warum bist du vorausgelaufen?« Da sagt ganz schüchtern, aber pfiffig der Knirps: »Ich wollt' gern 'nen guten Platz hab'n!«

Zur letzten Ruhe! (Otto Kubel *1868)

Georg Ebers
Trauerröckchen

Bleich und betrübt sagte uns die Mutter, der gute Großvater sei gestorben. Das mußte etwas ganz Entsetzliches sein, aber ich wußte nicht, was; doch als ich auch unsere älteste Schwester Martha weinen sah, da tat sie und die Mutter mir leid, und mir und dem Bruder traten gleichfalls Tränen in die Augen. Kinder vermögen eben den schweren Ernst des Todes nicht zu erfassen. Das ist ein Geschenk, das ihre Schutzgeister den Lieblingen gewähren, damit kein finsterer Schatten die sonnige Helle ihrer Seele verfinstere. Sie haben noch teil an den Freuden des Himmels, und ihre Gestalt geben wir den Engeln. Warum sollten sie den Weg fürchten, von dem sie so zuversichtlich glauben, daß er sie zu diesen Freuden leite. Ich sah nur, wie heitere Gesichter sich in bekümmerte verwandelten, wie die frohen Gestalten um uns her in dunklen Trauerkleidern still und ernst einhergingen und uns kaum mehr beachteten. Auf den Tischen in der Kinderstube, an denen man unsern bunten Festputz hergestellt hatte, schnitt man auch für uns schwarze Kleider zu, und ich erinnere mich noch, wie mir mein Trauerröckchen angepaßt wurde. Ich freute mich daran, weil es doch neu war. Mit den Läppchen, die von dem Schneidertische gefallen waren, versuchte ich meinen Hampelmann aus Berlin zu bekleiden. Das Kind wählt sich ja nichts lieber zum Spiel, als was die Erwachsenen treiben. Das Lachen war uns ohnehin verboten!

Der letzte Gruß

Hermann Hesse

Der verstorbene Rabe

Ich sah also einen hübschen Knaben, ein Jahr älter, aber nicht größer als ich, der hieß Brosi. Vielleicht vor einem Jahre war sein Vater unser Nachbar und der Bub mein Kamerad geworden; doch reichte mein Gedächtnis nimmer dahin zurück. Ich sah ihn wieder deutlich: er trug eine gestrickte blaue Wollenkappe mit zwei merkwürdigen Hörnern, und er hatte immer Äpfel oder Schnitzbrot im Sack, und er hatte gewöhnlich einen Einfall und ein Spiel und einen Vorschlag parat, wenn es anfangen wollte, langweilig zu werden. Er trug eine Weste, auch werktags, worum ich ihn sehr beneidete, und früher hatte ich ihm fast gar keine Kraft zugetraut, aber da hieb er einmal den Schmiedsbarzle vom Dorf, der ihn wegen seiner Hörnerkappe verhöhnte (und die Kappe war von seiner Mutter gestrickt), jämmerlich durch, und dann hatte ich eine Zeitlang Angst vor ihm. Er besaß einen zahmen Raben, der hatte aber im Herbst zu viel junge Kartoffeln ins Futter bekommen und war gestorben, und wir hatten ihn begraben. Der Sarg war eine Schachtel, aber sie war zu klein, und der Deckel ging nimmer drüber, und ich hielt eine Grabrede wie ein Pfarrer, und als der Brosi dabei anfing zu weinen, mußte mein kleiner Bruder lachen; da schlug ihn der Brosi, da schlug ich ihn wieder, der Kleine heulte, und wir liefen auseinander, und nachher kam Brosis Mutter zu uns herüber und sagte, es tät ihm leid, und wenn wir morgen nachmittag zu ihr kommen wollten, so gäbe es Kaffee und Hefenkranz, er sei schon im Ofen. Und bei dem Kaffee erzählte der Brosi uns eine Geschichte, die fing mittendrin immer wieder von vorne an, und obwohl ich die Geschichte nie behalten konnte, mußte ich doch lachen, sooft ich daran dachte.

Immer Ärger mit der Mütze (Albert Hendschel 1834–1883)

Anna Schieber

Hier ruht Mimi

Da war denn Trauer und Entsetzen groß. Denn Mimi war doch immerhin so etwas wie ein Familienglied gewesen, und ihr toter Anblick versetzte nicht nur Agnes in schaudernde Betrübnis, nicht nur, aber sie doch am meisten, und gegen Abend stand sie mit einem schwarzseidenen Halstüchlein angetan am Spielplatz, ohne am Seilspringen teilzunehmen, und sagte zu den Freundinnen, die sie riefen, tiefernst: »Ich kann heute nicht, meine Mimi ist gestorben.« Das mit dem schwarzen Halstuch war eine Privatunternehmung gewesen; sie hatte es aus Mutters Kommode entlehnt, und Jung-Karoline sagte, als sie es sah, es sei Sünde, denn ein Tier sei ein Tier und habe keine Seele, und Trauer trage man nur um Menschen. Aber Jungfer Karoline konnte viel reden, und vielleicht war sie doch ein fremdes Leut, wenn man es genau besah. Am andern Tag war Begräbnis; es war da ein kleiner dreieckiger Hof zwischen Haus und Stadtmauer, dort gruben wir unter einem wilden Stachelbeerbusch ein Grab und hielten eine würdige Feier, bei der Karl sich herabließ, Pfarrer zu sein und eine lateinische Predigt zu halten, und bei der die ganze Nachbarskinderschar feierlich sang: »O, du lieber Augustin . . .«, denn ein richtiges Begräbnislied war uns untersagt. Außerdem ging es selbst der gütigen Mutter zu weit, daß auf der kleinen Papptafel, die vorangetragen und auf dem Grabe aufgepflanzt wurde, in rot und blauen Buchstaben stand: Hier ruht Mimi Schieber; sie fand »Mimi« sei genug, und das war es ja auch. Auch kam gleich nachher die Nachricht, daß bei Schorsch und Mine ein Bübchen angekommen sei, und Agnes und Georg waren zur Taufe geladen. Das gab den Gedanken wieder eine andere Richtung, und auch das Begraben war schon ein Fest gewesen.

Albert Schuster
Grabpflege

Nachmittags war die 4 Jahre ältere Schwester im Hause, welche vormittags Schule hatte, und ich war dann abgelöst. Dann trieb ich mich in Feld und Wald umher, baute Wasserräder, kleine Kähne, Windmühlen u. dergl. Allein gefiel es mir am besten. Fand ich einen Schmetterling, der eines abbekommen, der wurde in aller Feierlichkeit beerdigt. Das Grab hatte ich unter einem Zaune angelegt, darüber wuchs Weißdorn. Der wurde hübsch darüber gebogen und das Ganze gepflegt, als schlummere hier ein mir liebgewordener Kamerad. Die Sonntagsglocken läuteten mir immer etwas Ungeahntes in mein kleines Herze, im Freien lauschend, wähnte ich dann aus dem Gesumme der Bienen, der Orgel hehre Klänge zu vernehmen, und die Natur rings um mich ließ mich vergessen, daß Mutter zu Hause am Sonntage waschen mußte.

Schön traurig (Franz Pocci 1807-1876)

Fromme Spiele (August von der Embde 1780–1862)

DER HIMMEL IST GERECHT

Spiele mit Kirche,
Ewigkeit und Paradies

Der Baum war auch unser erster Spielkamerad. Vom Frühling bis zum Herbst schüttete er uns aus seiner Fülle lebendige Spielzeuge herunter. Erst waren es Zweige mit schwarzen klebrigen Knospen. Wenn man sie aufbrach oder auseinanderschnitt, konnte man in flaumige Blätterbettchen gehüllt schon die Blüte wie ein kleines schlafendes Kind eingewickelt finden. Dann erschienen die ersten Blätter und die weißen Blütenkerzen, mit denen wir Prozession spielten, wobei jedes Kind eine solche lebendige Kerze vor sich hertrug. Später, bald nach der Blüte, waren Hofraum, Garten und Straße übersät mit kleinen, grünen, stacheligen Jungfrüchten. Wir nannten sie Igeleier. Mit ihnen trieben wir Handel oder reihten sie an Schnüren auf zu Ketten, die wir an den Ästen des Baumes aufhingen. Und wenn gar die reifen Kastanien fielen, dann kannte unsere Erfindergabe keine Grenze mehr. Meterlange Rosenkränze für unsere Gottesdienste am Altar wanden wir um selbstgefertigte Heiligenbilder.

Vinzenz Erath

Johann Wolfgang von Goethe
Gottesverehrung

Der Knabe hörte von ... Meinungen und Gesinnungen unaufhörlich sprechen: denn die Geistlichkeit sowohl als die Laien teilten sich in das Für und Wider. Die mehr oder weniger Abgesonderten waren immer die Minderzahl, aber ihre Sinnesweise zog an durch Originalität, Herzlichkeit, Beharren und Selbständigkeit. Man erzählte von diesen Tugenden und ihren Äußerungen allerlei Geschichten. Besonders ward die Antwort eines frommen Klempnermeisters bekannt, den einer seiner Zunftgenossen durch die Frage zu beschämen gedachte: wer denn eigentlich sein Beichtvater sei? Mit Heiterkeit und Vertrauen auf seine gute Sache erwiderte jener: ich habe einen sehr vornehmen; es ist niemand Geringeres als der Beichtvater des Königs David.

Dieses und dergleichen mag wohl Eindruck auf den Knaben gemacht und ihn zu ähnlichen Gesinnungen aufgefordert haben. Genug, er kam auf den Gedanken, sich dem großen Gotte der Natur, dem Schöpfer und Erhalter Himmels und der Erden, dessen frühere Zornäußerungen schon lange über die Schönheit der Welt und das mannigfaltige Gute, das uns darin zu teil wird, vergessen waren, unmittelbar zu nähern; der Weg dazu aber war sehr sonderbar.

Der Knabe hatte sich überhaupt an den ersten Glaubensartikel gehalten. Der Gott, der mit der Natur in unmittelbarer Verbindung stehe, sie als sein Werk anerkenne und liebe, dieser schien ihm der eigentliche Gott, der ja wohl auch mit dem Menschen wie mit allem übrigen in ein genaueres Verhältnis treten könne und für denselben ebenso wie für die Bewegung der Sterne, für Tages- und Jahreszeiten, für Pflanzen und Tiere Sorge tragen werde. Einige Stellen des Evangeliums besagten dieses ausdrücklich. Eine Gestalt konnte der Knabe diesem Wesen nicht verleihen; er suchte ihn also in seinen Werken auf und wollte ihm auf gut alttestamentliche Weise einen Altar errichten. Naturprodukte sollten die Welt im Gleichnis vorstellen, über diesen sollte eine Flamme brennen und das zu seinem Schöpfer sich aufsehnende Gemüt des Menschen bedeuten. Nun wurden aus der vorhandnen und zufällig vermehrten Naturaliensammlung die besten Stufen und Exemplare herausgesucht; allein, wie solche zu schichten und aufzubauen sein möchten, das war nun die Schwierigkeit. Der Vater hatte einen schönen rotlackierten goldgeblümten Musikpult, in Gestalt einer vierseitigen Pyramide mit verschiedenen Abstufungen, den man zu Quartetten sehr bequem fand, ob er gleich in der letzten Zeit nur wenig gebraucht wurde. Dessen bemächtigte sich der Knabe und baute nun stufenweise die Abgeordneten der Natur über einander, so daß es recht heiter und zugleich bedeutend genug aussah. Nun sollte bei einem frühen Sonnenaufgang die erste Gottesverehrung angestellt werden; nur war der junge Priester nicht mit sich einig, auf welche Weise er eine Flamme hervorbringen sollte, die doch auch zu gleicher Zeit einen guten Geruch von sich geben müsse. Endlich gelang ihm ein Einfall, beides zu verbinden, indem er Räucherkerzchen besaß, welche, wo nicht flammend, doch glimmend den angenehmsten Geruch verbreiteten. Ja dieses gelinde Verbrennen und Verdampfen schien noch mehr das, was im Gemüte vorgeht, auszudrücken als eine offene Flamme. Die Sonne war schon längst aufgegangen, aber Nachbarhäuser verdeckten den Osten. Endlich erschien sie über den Dächern; sogleich ward ein Brennglas zur Hand genommen und die in einer schönen Porzellanschale auf dem Gipfel stehenden Räucherkerzen angezündet. Alles gelang nach Wunsch, und die Andacht war vollkommen. Der Altar blieb als eine besondre Zierde des Zimmers, das man ihm im neuen Hause eingeräumt hatte, stehen. Jedermann sah darin nur eine wohl aufgeputzte Naturaliensammlung; der Knabe hingegen wußte besser, was er verschwieg. Er sehnte sich nach der Wiederholung jener Feierlichkeit. Unglücklicherweise war eben, als die gelegenste Sonne hervorstieg, die Porzellantasse nicht bei der Hand: er stellte die Räucherkerzchen unmittelbar auf die obere Fläche des Musikpultes; sie wurden angezündet, und die Andacht war so groß, daß der Priester nicht merkte, welchen Schaden sein Opfer anrichtete, als bis ihm nicht mehr abzuhelfen war. Die Kerzen hatten sich nämlich in den roten Lack und in die schönen goldnen Blumen auf eine schmähliche Weise eingebrannt und, gleich als wäre ein böser Geist verschwunden, ihre schwarzen, unauslöschlichen Fußstapfen zurückgelassen. Hierüber kam der junge Priester in die äußerste Verlegenheit. Zwar wußte er den Schaden durch die größesten Prachtstufen zu bedecken, allein der Mut zu neuen Opfern war ihm vergangen; und fast möchte man diesen Zufall als eine Andeutung und Warnung betrachten, wie gefährlich es überhaupt sei, sich Gott auf dergleichen Wegen nähern zu wollen.

Heinrich König
Das Ewigkeitsspiel

Ich weiß nicht mehr, wie ich endlich auf den Vorschlag kam – wir wollten »Ewigkeits« spielen. Das Neue und Rätselhafte fand Aufnahme, und ich hatte als Angeber die Sache anzuschicken, wobei mir die gute Kenntnis des Katechismus zustatten kam. Oheim Velten war nach Gras ausgefahren, Tante und Mutter saßen bei Nachbarinnen vor dem Hause, und so gebot ich über die Räumlichkeiten unseres Hofes. Aus den Reisigwellen in der Halle wurden drei Höhlen als Hölle, Fegefeuer und Himmel hergerichtet und die Gespielen nach meiner Gnadenwahl darein verteilt. Das am jüngsten Maivorabend geweihte Ziegenställchen hatte unter schrägem Dache einen knappen Bodenraum für das tägliche Futter. Jetzt, da er eben leer war, erhoben wir drei ältesten Buben unser liebes Katharinchen als Maria zu diesem himmlischen Sitz und umgaben sie als Dreifaltigkeit. Während nun die Seligen im Reisighimmel sich mit Jubel und Jauchzen genug taten, ließen es die Verdammten an überbietendem Heulen und Zähneklappern nicht fehlen; wie denn auch die in der dritten Höhle ihre um Erlösung flehenden Hände auszustrecken nicht ermüdeten. Die Sache ging lustig und nachhaltig genug; indem dann und wann einer, der des höllischen Heulens müde war, in den Himmel überlief, um auch einmal zu jauchzen. Daß dazwischen die beunruhigte Ziege meckerte, hätte uns für die Schelmenstimmen des bösen Feindes gelten sollen; wir achteten aber nicht darauf. Denn wir Dreieinige, um Käthchens willen heimlich etwas uneinig, wollten uns nun doch auch, gleich unsern Seligen und Verdammten, passend betätigen. Ich als Gottvater schon etwas verdrossen, daß Sohn und Geist die Maria in ihre Mitte genommen und mich beiseit gedrängt

Die Dreieinigkeit (Ludwig Emil Grimm 1790–1863)

hatten, schickte jenen hinab, einige Seelen aus dem Fegefeuer zum Himmel zu erlösen. Etwas ungeneigter als der Sohn zeigte sich der Geist, dem ich aus dem Katechismus bewies, daß er vom Vater und Sohn *ausgehen* müsse. Doch folgte er endlich und hüpfte als Taube mit flügelartig gebreiteten Armen im Hof umher.

Nun rückte ich der freundlichen Maria etwas näher. Doch diese dritte Bewegung war zuviel für die Umstände: die halbe Schütte Stroh, auf der wir saßen, rutschte; Maria konnte sich auf diesen goldnen Strahlen unsers Himmels nicht halten und glitt in den Hof hinab. Ihr Wehgeschrei brachte Himmel, Hölle und Fegefeuer in Aufruhr; Selige und Verdammte vermischt umstanden die Gefallene, die sich endlich erhob und mit einer Quetschung am Bein nach Hause hinkte. Über uns andere kam die Ahnung eines Strafgerichts für unser frevelhaftes Spiel, so daß wir kleinlaut davonschlichen.

Georg Ebers
Das Paradiesspiel

Unsere Spiele waren diejenigen, welche die meisten Knaben in meinem damaligen Alter heute noch spielen, doch kamen einige dazu, die nur in einem waldigen Gebirgstale wie das Keilhauer durchgeführt werden konnten. Unter den ersteren war mir das Ballschlagen das liebste, ja ich konnte mich ihm mit Leib und Seele und mit einer an Leidenschaft grenzenden Lust ergeben. Schon unsere Indianerspiele, die uns in der Zeit beschäftigten, in der uns Coopers »Lederstrumpf« gefiel, wären ohne die Wälder unausführbar gewesen, doch brauch' ich sie nicht zu beschreiben.

Als ich schon zu den älteren Zöglingen gehörte, überraschte ich und mit mir eine Schar von Kameraden an einem heißen Nachmittag einige »Panzen«, das heißt kleinere Zöglinge, bei einem höchst merkwürdigen improvisierten Spiele; denn die Buben hatten sich mitten im dichtesten Walde völlig entkleidet und stellten das Paradies und den Sündenfall dar, wie er ihnen wohl eben in der Religionsstunde vorgeführt worden war. Bei der Austreibung des ersten Menschen Adam und der Völkermutter Eva brauchte der Cherub – es waren hier indes ihrer zwei – das »bloße hauende Schwert«, eine tüchtige Haselrute, indem sie die vorgeschriebene Wächterrolle überschritten, so kräftig, daß eine Balgerei entstand, der wir Großen ein Ende bereiteten.

So erfanden sich viele Gruppen von Zöglingen eigene Spiele, die aber, gottlob, so viel ich weiß, selten zu dergleichen Absurditäten führten. Unsere späteren homerischen Kämpfe würde jeder Erzieher mit Vergnügen angesehen haben. Fröbel hätte sie entschieden als Zeichen der schöpferischen Phantasie und als Proben des »Sichauslebens« der Knaben mit Freude begrüßt.

Im Adams-Kostüm (Jouquin Sorella y Bastida 1863–1923)

Marie von Ebner-Eschenbach

Altarspiele

Vom achten Geburtstage Fritzis an wurden wir mitgenommen, wenn man sonntags nach Hostitz zur Kirche fuhr. Gut vorbereitet durch den geistlichen Herrn, wohnten wir der Messe mit inbrünstiger Andacht bei ...

Aufmerksam verfolgte ich jede Bewegung und jeden Schritt des Priesters am Altare, merkte mir genau seine laut gesprochenen und den Tonfall seiner nur gemurmelten Worte. Beim Nachhausekommen holte ich dann eine Schachtel herbei, die ein vollständiges Meßgerät aus Zinn enthielt, und versuchte nun selbst, die Messe zu lesen. Meine Schwester ministrierte, wenn auch ungern, und mußte sehr gebeten werden, bevor sie sich dazu herbeiließ. »Ich weiß nicht, ich weiß nicht«, sagte sie, »es scheint mir nicht ganz recht.« Aber ich wußte sie zu überreden: ich machte ihr klar, daß wir dem Pater Borek eine neue, viel schönere Überraschung als die letzte bereiten würden, wenn wir einmal unser kleines Meßopfer vor ihm darbrächten. Da sieht er doch, wie wir achtgeben in der Kirche und wie gut wir uns alles, was dort vorgeht, merken.

Sie blieb zwar bei ihrem: »Ich weiß nicht, ich weiß nicht«, beugte sich aber, wie gewöhnlich, meinem Willen.

Heinrich Vierordt
Kreuzigung

Winters waren wir in ein großes Wohnzimmer gebannt, hinter dessen riesigem weißen Kachelofen wir unser »Hamsternest« eingerichtet hatten, worein wir alles häusliche Abfallgerümpel fleißig zusammentrugen. Da spielten wir mit Vorliebe, schrecklich zu sagen: »Kreuzigung«, indem wir ein Bild an der Wand darstellerisch nachahmten. Der Kindertisch, auf den wir kletterten, war der Hügel Golgatha; wir stellten uns abwechselnd darauf, breiteten die Arme gleich Gekreuzigten an der Wand, schwangen einen Bauklotz als Hammer, guckten dem Bild das Nägeleinschlagen ab, neigten geschlossenen Auges den Kopf und »starben«, indes eine Stelze den Speer des Longinus vertreten mußte. Auf welche Gedanken kommen Kinder nicht!

Hermann Sudermann
Das Hochamt

Keine Macht der Welt hätte mich abhalten können, sonntags nach der Kirche zu pilgern, und wenn die Eltern daheim bleiben mußten, dann machte ich Knirps mich allein auf den Weg, der nun von der anderen Seite gemessen wohl auch eine Viertelmeile betrug. Und hatte ich den Pfarrer Hoffheinz, der in seiner Art nicht weniger leidenschaftlich war, auf der Kanzel knien und schluchzen gesehen, dann war es mir damit noch lange nicht genug, dann ging ich erst noch in die katholische Kirche und hörte die Messe. Kam ich dann schwach vor Hunger nach Hause und das Essen stand nicht gleich auf dem Tisch, dann schloß ich mich in dem Giebelzimmer ein, in dem wir Kinder zusammen mit Großmama schliefen, hängte mir eine bunte Bettdecke um und zelebrierte das Hochamt weiter, zu dem, wie ich erfahren hatte, sowieso ein vorheriges Fasten gehörte.

Das große Vorbild (Oskar Pletsch 1830–1888)

Hermann Hesse
Die Sündflut

Auch an den Karrenschuppen des Nachbars mußte ich denken. In dem hockten wir, wenn es so recht herunterregnete, im Halbdunkel beisammengekauert, hörten dem Klingen und Tosen des Platzregens zu und betrachteten den Hofboden, wo Bäche, Ströme und Seen entstanden und sich ergossen und durchkreuzten und veränderten. Und einmal, als wir so hockten und lauschten, fing der Brosi an und sagte: »Du, jetzt kommt die Sündflut, was machen wir jetzt? Also alle Dörfer sind schon ertrunken, das Wasser geht jetzt schon bis an den Wald.« Da dachten wir uns alles aus, spähten im Hof umher, horchten auf den schüttenden Regen und vernahmen darin das Brausen ferner Wogen und Meeresströmungen. Ich sagte, wir müßten ein Floß aus vier oder fünf Balken machen, das würde uns zwei schon tragen. Da schrie mich der Brosi aber an: »So, und dein Vater und die Mutter, und mein Vater und meine Mutter, und die Katz und dein Kleiner? Die nimmst nicht mit?« Daran hatte ich in der Aufregung und Gefahr freilich nicht gedacht, und ich log zur Entschuldigung: »Ja, ich hab mir gedacht, die seien alle schon untergegangen.« Er aber wurde nachdenklich und traurig, weil er sich das deutlich vorstellte, und dann sagte er: »Wir spielen jetzt was anderes.«

Theo Harych
Das Antichristspiel

Paul seufzte schwer: »Spaß macht es gerade nicht zu sterben, denn nachher kommt man vielleicht in die Hölle. Aber ist schon egal, bald müssen wir alle sterben; die Welt geht nämlich unter. Die alte Babuschka hat es mir erzählt. Du, die weiß ganz genau, wie das kommt, soll ich dir's erzählen?«

Wir hockten uns alle drei im Kreise auf die Erde, und Anna sperrte ängstlich ihren Mund auf. Ich wischte mir die blutige Nase, betrachtete meine Hand und hörte ihm klopfenden Herzens zu. Paul schilderte den Weltuntergang so eingehend und schrecklich, daß mir kalte Schauer über den Rücken liefen. Als er mein angstverzerrtes Gesicht bemerkte, tröstete er mich: »Brauchst noch keine Angst zu haben; erst kommt der Antichrist, und wenn der dagewesen ist, kommt der Weltuntergang.«

»Was ist das für ein Mann, der Antek?« fragte ich meinen Bruder.

»Das ist so ein Mann«, klärte mich Paul auf, »der fährt mit einem großen Ofen, in dem Feuer brennt, überall herum und wird alle Menschen verführen wollen. Und wenn sich einer nicht verführen läßt, steckt er ihn in den Ofen rein und verbrennt ihn.«

»Das muß aber Spaß machen, so mit einem Ofen herumzufahren«, platzte ich heraus.

Paul dachte angestrengt nach, dann sprang er plötzlich auf und schrie: »Du, Theo, wir spielen Antichrist!«

Wir gingen zu Säckel. Stachu und August waren mit ihren Eltern in die Kirche gefahren, aber Franz war zu Hause. Ihn weihte Paul in alle Einzelheiten ein. Bald hatten wir auf Säckels Hof eine alte Blechtonne gefunden. Wir stellten sie auf einen Handwagen, packten ein paar Ziegelsteine darunter

Die Verführer

und machten in der Tonne Feuer. Erst wollte es nicht brennen, aber Franz schlug mit einem Nagel ein paar Löcher hinein, da brannte es lichterloh. Wir zogen den Wagen mit der Feuertonne auf die Straße. Um diese Zeit waren die meisten Erwachsenen in der Kirche, und die Kinder tobten draußen umher. Bald waren wir von einem dichten Kinderhaufen umringt. Zuerst begegneten wir unserer Anna, die mit ihrer Stoffpuppe auf dem Arm vor der Gartentüre stand und unseren Feuerwagen bestaunte. Franz fragte sie mit tiefer, verstellter Stimme: »Laßt du dich verführen?« Als Anna den Kopf schüttelte, riß er ihr die Puppe aus den Armen und warf sie in die Feuertonne. Anna schrie wie am Spieß, rannte hinter uns her und wollte ihre Puppe wiederhaben. Aber nachdem ihr Paul klargemacht hatte, daß die Puppe nun im Himmel und ein richtiger Engel geworden sei, gab sie sich zufrieden.

Wir zogen weiter. Vor Winzecks Haus standen die Schwestern Magda und Friedel, vier und sieben Jahre alt. Beide hatten schön angezogene Holzpuppen. Paul fragte: »Laßt ihr

euch verführen?« Anna, die mitgelaufen war, wollte wohl nicht allein die Leidtragende sein und flüsterte den Winzeck-Mädchen zu, sie sollten nein sagen. Und als Paul noch einmal mit tiefer Baßstimme fragte, ob sie sich verführen ließen, schüttelten beide heftig den Kopf. Im nächsten Augenblick lagen ihre Puppen in der Tonne. Die Jüngere hatte inzwischen schon von Anna erfahren, daß ihre Puppe nun auch im Himmel sei, aber die Ältere wollte davon nichts wissen. Sie schrie und strampelte wie besessen, bis der Großvater aus dem Hause stürzte und mit einem Knüppel auf uns arme Antichristen eindrosch. Wir flüchteten eilig mit unserem Höllenwagen – und liefen einem anderen Dorfbewohner in die Arme. Er war empört, redete was von Häuser und Dorf anstecken, verprügelte uns ebenfalls und kippte den Wagen mit der Feuertonne in den Graben. Paul schrie zornig. »Wann soll denn die Welt untergehen, wenn ihr den Antichristen nicht in Ruhe laßt?«
Der Mann drohte: »Wartet nur, wenn euer Vater nach Hause kommt, da könnt ihr was erleben.«
Das brachte uns augenblicklich zur Besinnung. Wir berieten, wie wir unsere Väter am besten versöhnen könnten. Franz machte sich keine großen Sorgen, denn mehr als eine Ohrfeige hatte er von seinem Vater nicht zu erwarten. Anders dagegen war es um Paul und mich bestellt.
Franz zerbrach sich den Kopf, wie er uns helfen könnte. Ich überlegte, welche Strafe mich erwartete. Was war schon passiert? Drei selbstgebastelte Puppen waren verbrannt. Wenn Josef dagewesen wäre, hätte er den Mädeln bestimmt neue geschnitzt. Freilich, Stoff für neue Puppenkleider hatten wir nicht, und das schien mir der größte Schaden, den wir angerichtet hatten. Aber plötzlich fiel mir ein, was der Mann gesagt hatte, als er den Wagen in den Graben kippte. »Häuser und Dorf anstecken«, hatte er gesagt. Mein Gott, ja, dachte ich ängstlich, das wird wohl das Allerschlimmste sein.

Christa Wolf
Das Marienkindspiel

Erst jetzt aber taucht aus der Erinnerung der Anlaß für jene erbitterte Schlägerei auf, die zwischen Lutz und Nelly eines Tages entstand und in deren Verlauf sie des Bruders Arm verrenkte, so daß er, . . . einige Tage im Krankenhaus blieb und sich die Masern holte, die ihn dann hinderten, beim Richtfest des neuen Hauses dabeizusein: es ging um eine entscheidende Verletzung der Spielregeln durch Nelly beim Marienkindspiel. Das Märchen ist ja bekannt. Nelly ist das Marienkind. Aus untilgbarer Neugier öffnet sie auch die verbotene dreizehnte Tür im Himmelreich. Bruder Lutz ist abwechselnd die Jungfrau Maria und der Aufsichtsengel, der Nelly Marienkind unter heftigem Flügelschlagen den Eintritt verwehren will. Natürlich überwältigt sie ihn, öffnet die Tür und steht vor der verbotenen strahlenden Dreifaltigkeit, die sie nicht nur sieht, sondern sogar berührt, wovon ja dann ihr Finger dauerhaft vergoldet ist und die gewaltige Angst über sie kommt, die schließlich, nachdem die überaus grausame Jungfrau Maria dem Marienkind dreimal das Kind genommen, nachdem man es deshalb zur Hexe erklärt und auf den Scheiterhaufen gebracht hat, in letzter Sekunde zum rettenden Geständnis führt.

An dieser Stelle wich Nelly auf empörende Weise von der Vorlage ab. Sie ist schon an den Bettpfosten gebunden, feuerrotes Buntpapier regnet als Flammenmeer auf sie herab, sie brennt also lichterloh, ihr Finger ist immer noch vergoldet, doch schüttelt sie weiter den Kopf: Nein, nein, nein. Ich bin es nicht gewesen! Sie gesteht nicht, wie vorgeschrieben. Bruder Lutz verfällt in einen seiner gefürchteten Jähzornanfälle. Nelly verrenkt ihm, um ihn zu bändigen, den Arm.

Der Schlachtplan (Gottfried Mind 1768–1814)

WIR WOLLEN SIEGEN ODER UNTERGEHN!

Kriegsspiele

Man verstand bald, daß Politisches umging, die Idee der Nation im Spiele war. Tatsächlich wimmelte es am Strande von patriotischen Kindern, – eine unnatürliche und niederschlagende Erscheinung. Kinder bilden ja eine Menschenspezies und Gesellschaft für sich, sozusagen eine eigene Nation; leicht und notwendig finden sie sich, auch wenn ihr kleiner Wortschatz verschiedenen Sprachen angehört, auf Grund gemeinsamer Lebensform in der Welt zusammen.

Thomas Mann

Johann Wolfgang von Goethe
Die Schlacht am Fluß

Alerte führte mich sogleich in den Gang zurück, durch den ich hereingekommen war. An der Seite hatte sie zwei wohleingerichtete Zimmer; in dem einen, wo sie wohnte, setzte sie mir Orangen, Feigen, Pfirschen und Trauben vor, und ich genoß sowohl die Früchte fremder Länder als auch die der erst kommenden Monate mit großem Appetit. Zuckerwerk war im Überfluß; auch füllte sie einen Pokal von geschliffnem Kristall mit schäumendem Wein: doch zu trinken bedurfte ich nicht, denn ich hatte mich an den Früchten hinreichend gelabt. – »Nun wollen wir spielen«, sagte sie und führte mich in das andere Zimmer. Hier sah es nun aus wie auf einem Christmarkt; aber so kostbare und feine Sachen hat man niemals in einer Weihnachtsbude gesehen. Da waren alle Arten von Puppen, Puppenkleidern und Puppengerätschaften; Küchen, Wohnstuben und Läden; und einzelne Spielsachen in Unzahl. Sie führte mich an allen Glasschränken herum: denn in solchen waren diese künstlichen Arbeiten aufbewahrt. Die ersten Schränke verschloß sie aber bald wieder und sagte: »Das ist nichts für Euch, ich weiß es wohl. Hier aber«, sagte sie, »könnten wir Baumaterialien finden, Mauern und Türme, Häuser, Paläste, Kirchen, um eine große Stadt zusammenzustellen. Das unterhält mich aber nicht; wir wollen zu etwas anderem greifen, das für Euch und mich gleich vergnüglich ist.« – Sie brachte darauf einige Kästen hervor, in denen ich kleines Kriegsvolk übereinander geschichtet erblickte, von dem ich sogleich bekennen mußte, daß ich niemals so etwas Schönes gesehen hätte. Sie ließ mir die Zeit nicht, das einzelne näher zu betrachten, sondern nahm den einen Kasten unter den Arm, und ich packte den andern auf. »Wir wollen auf die goldne Brücke gehen«, sagte sie, »dort spielt sich's am besten mit Soldaten: die Spieße geben gleich die Richtung, wie man die Armeen gegeneinander zu stellen hat.« Nun waren wir auf dem goldnen schwankenden Boden angelangt; unter mir hörte ich das Wasser rieseln und die Fische plätschern, indem ich niederkniete, meine Linien aufzustellen. Es war alles Reiterei, wie ich nunmehr sah. Sie rühmte sich, die Königin der Amazonen zum Führer ihres weiblichen Heeres zu besitzen; ich dagegen fand den Achill und eine sehr stattliche griechische Reiterei. Die Heere standen gegeneinander, und man konnte nichts Schöneres sehen. Es waren nicht etwa flache bleierne Reiter, wie die unsrigen, sondern Mann und Pferd rund und körperlich und auf das feinste gearbeitet; auch konnte man kaum begreifen, wie sie sich im Gleichgewicht hielten: denn sie standen für sich, ohne ein Fußbrettchen zu haben.

Der kleine Imperator (Theodor Hosemann 1807–1875)

Wir hatten nun jedes mit großer Selbstzufriedenheit unsere Heerhaufen beschaut, als sie mir den Angriff verkündigte. Wir hatten auch Geschütz in unsern Kästen gefunden; es waren nämlich Schachteln voll kleiner wohlpolierter Achatkugeln. Mit diesen sollten wir aus einer gewissen Entfernung gegeneinander kämpfen, wobei jedoch ausdrücklich bedungen war, daß nicht stärker geworfen werde, als nötig

sei, die Figuren umzustürzen: denn beschädigt sollte keine werden. Wechselseitig ging nun die Kanonade los, und im Anfang wirkte sie zu unser beider Zufriedenheit. Allein als meine Gegnerin bemerkte, daß ich doch besser zielte als sie und zuletzt den Sieg, der von der Überzahl der Stehngebliebenen abhing, gewinnen möchte, trat sie näher, und ihr mädchenhaftes Werfen hatte denn auch den erwünschten Erfolg. Sie streckte mir eine Menge meiner besten Truppen nieder, und je mehr ich protestierte, desto eifriger warf sie. Dies verdroß mich zuletzt, und ich erklärte, daß ich ein Gleiches tun würde. Ich trat auch wirklich nicht allein näher heran, sondern warf im Unmut viel heftiger, da es denn nicht lange währte, als ein paar ihrer kleinen Zentaurinnen in Stücke sprangen. In ihrem Eifer bemerkte sie es nicht gleich; aber ich stand versteinert, als die zerbrochnen Figürchen sich von selbst wieder zusammenfügten, Amazone und Pferd wieder ein Ganzes, auch zugleich völlig lebendig wurden, im Galopp von der goldnen Brücke unter die Linden setzten und in Karriere hin und wider rennend sich endlich gegen die Mauer, ich weiß nicht wie, verloren. Meine schöne Gegnerin war das kaum gewahr geworden, als sie in ein lautes Weinen und Jammern ausbrach und rief: daß ich ihr einen unersetzlichen Verlust zugefügt, der weit größer sei, als es sich aussprechen lasse. Ich aber, der ich schon erbost war, freute mich, ihr etwas zuleide zu tun, und warf noch ein paar mir übrig gebliebene Achatkugeln blindlings mit Gewalt unter ihren Heerhaufen. Unglücklicherweise traf ich die Königin, die bisher bei unserm regelmäßigen Spiel ausgenommen gewesen. Sie sprang in Stücken, und ihre nächsten Adjutanten wurden auch zerschmettert; aber schnell stellten sie sich wieder her und nahmen Reißaus wie die ersten, galoppierten sehr lustig unter den Linden herum und verloren sich gegen die Mauer.
Meine Gegnerin schalt und schimpfte; ich aber, nun einmal im Gange, bückte mich, einige Achatkugeln aufzuheben,

welche an den goldnen Spießen herumrollten. Mein ergrimmter Wunsch war, ihr ganzes Heer zu vernichten. Sie dagegen, nicht faul, sprang auf mich los und gab mir eine Ohrfeige, daß mir der Kopf summte. Ich, der ich immer gehört hatte, auf die Ohrfeige eines Mädchens gehöre ein derber Kuß, faßte sie bei den Ohren und küßte sie zu wiederholten Malen. Sie aber tat einen solchen durchdringenden Schrei, der mich selbst erschreckte; ich ließ sie fahren.

Max Joseph Escherich
Die große Trommel

Als ich noch ein kleines Büblein von etwa fünf Jahren war, zogen die Franzosen durch Ingolstadt. Überall lagen sie in Bürgerquartieren; auch bei uns zu Hause war eine ganze Menge eingelagert. Unter anderen war auch ein Tambour dabei, der in unserem Hausflur seine Trommel abstellte.
Mich interessierte nun diese sehr, denn sie war ein wenig anders beschaffen als die deutschen Trommeln, die ich sehr genau kannte, hatte ich doch mit einem alten, gebrechlichen Invaliden aus früheren Kriegen eine starke Kinderfreundschaft geschlossen. Der war auch einmal Tambour gewesen, aß aber jetzt in seiner Heimat Ingolstadt das Gnadenbrot, und da meine Eltern allzeit eine freigebige Hand hatten, bekam er bei uns manch gutes Bröcklein und manchen Biergroschen. Zu mir aber hielt er sich ganz besonders, denn ich hatte eine Kindertrommel, die ich sehr liebte. Bald ward ich auf diesem Instrument sein lernbegieriger Schüler, und er lehrte mich alles, was er konnte: Reise-, Parade-, Trauer- und Generalmarsch, Angriffswirbel und Schamade. Oftmals hatte ich unsern Garten entlang, der die halbe Stadt umspannte, meiner Kunst freien Lauf gelassen, denn im

Der Trommler (Niklaus Bohny)

Hause duldete meine Mutter den Lärm nicht. Aber das war gewesen, bevor die Franzosen gekommen waren.
Jetzt stand die fremde Trommel in unserer Hausflur, und ich hätte sie um alles gern probiert. Aber ich wußte ganz genau, daß ich sie nicht haben dürfe.
Eines Abends nun, da unsere gesamte Einquartierung noch nach dem Essen in die Stadt gegangen war, schien mir die Gelegenheit günstig, meine Lust zu büßen. Geschwind riß ich die Trommel an mich und witschte in den Garten hinaus, und dort, immer die Mauer entlang, begann ich aus Leibeskräften Generalmarsch zu schlagen.
Man kann sich denken, welche Wirkung dies auf die gesamte einlagernde Soldateska ausübte! Dachte doch niemand daran, daß ein Kind sich einen Spaß damit machte. Zuerst hielten es die Franzosen wirklich für das Zeichen zum allgemeinen Sammeln, ward es ja doch auch auf einer ihrer Trommeln geschlagen, und im Galopp rannten sie nach dem Hauptquartier; dann, da sich der Irrtum herausstellte, glaubten sie sich verhöhnt und suchten nun wütend den Übeltäter. Daß ich es war, daran dachte zum Glück niemand; hätten sie es erfahren, sie hätten mich sicher zerrissen.
Ich indes trommelte immer unentwegt weiter, bis mein Vater, vom allgemeinen Aufruhr auf der Straße aufgeschreckt, nach mir forschte und mich von weitem durchs Gebüsch erspähte. Da sprang er aus dem Haus, über die Beete hinweg, wie von der wilden Jagd verfolgt, riß mir die Trommel herunter und warf sie über die Mauer in die Donau, die an dieser Stelle dicht an unserer Gartenmauer hinfloß. Nachher schleppte er mich heimlich aufs Zimmer der Mutter, wo er mich, größtenteils ins Bett gepackt, so lange eingesperrt hielt, bis die Franzosen wieder abzogen.

Wilhelm von Kügelgen
Im Hetzgarten

Wir verfügten uns ... gern in den sogenannten Hetzgarten, einen weiten, von Mauern eingefriedeten und an die Rückseite des Schlosses angelehnten Plan, zwar lediglich zum Zwecke fürstlicher Sauhetzen bestimmt, in Ermangelung jagender Prinzen aber wie geboren zum freien Tummelplatz für Knaben, die man hier sorglos dem Schutze der Waldgötter anvertrauen zu dürfen glaubte. Es war dies eine herrliche Wildnis, weglos, steglos, nur Anger, Busch und Gestrüppe, voll Disteln, Kletten und jeglichen Unkrauts. Da gab es nichts zu verderben, jedweder mochte sich behaben, sich bahnbrechen und herumwüsten, wie er wollte; ein guter Ort für jede Art von kriegerischen Manövers.

Hermann und ich pflegten uns beim Soldatenspiele kreuzweis in unsere Brüder zu teilen. Ich kommandierte den kleinen Otto, der sich in den Spiegelwänden seiner und meiner Phantasie zu einer ganzen Schwadron Dragoner multiplizierte, während Hermann in meinem Bruder den gleichen Schatz besaß. Damit kam jeder auf seine Rechnung; wir älteren Brüder waren mächtiger, die jüngeren waren mehr. Auf Stöcken einhersprengend, suchten wir uns zu beschleichen und prallten dann mit Furie aufeinander. Köstliche Stunden verlebten wir so, das Übermaß der Kräfte in heftigster Bewegung verwertend.

Zu solchen Spielen fand sich täglich noch ein fünfter Held von unserem Alter ein, dessen Vater, ein Herr *von Schmerzing*, in Hummelshayn begütert war. Wie alle Schmerzings hieß er *Hannibal*, wozu wir, da er immer zur Hand war, noch den Beinamen Anteportas fügten. Hannibal Anteportas war ein braver Junge, an dessen Umgange wir Geschmack fanden, hatte gediegene Fäuste und prügelte sich, an unseren Spielen teilnehmend, wacker mit uns herum. Er repräsentierte dann die dritte Macht, war Schwadron und Kommandeur in einer Person, und seine Bundesgenossenschaft war sehr gesucht. Dieser Hannibal brachte eines Tages noch anderweitigen Besuch mit, einen Verwandten, namens *Stockhausen*, der preußischer Kadett war, einen kleinen Schleppsäbel trug, und obgleich nur wenig Jahre älter als wir, doch schon mit aller Anmut und Würde eines jungen Offiziers geziert war. Natürlich konnte in Gegenwart eines so gesetzten Fremden von kindischem Soldatenspiel nicht wohl die Rede sein. Wir schlenderten vielmehr ganz wohlanständig und gesetzten Wesens im Hetzgarten umher und unterhielten uns von großen Dingen, wobei es denn auf mehr oder weniger kleine Prahlereien nicht gerade ankommen mochte.

Bei dieser Gelegenheit erzählte ich, daß während unseres Aufenthaltes zu Ballenstedt ein gewaltig großer Adler durch das offenstehende Fenster der Schloßküche auf einen toten Hasen gestoßen sei und diesen vor der Nase des bestürzten Kochs, der ihn eben abziehen wollte, entführt habe. Von der Wahrheit dieser interessanten Geschichte war ich so überzeugt wie von meinem Leben, weil sie im Barduaschen Hause erzählt worden, und daher recht wesentlich verletzt, als Stockhausen sie als Aufschneiderei ins Lächerliche zog. Darüber gerieten wir in Wortwechsel, die Freunde hetzten, und ich, an Umgang mit Offizieren nicht gewöhnt, mochte die Worte wenig wählen. Da schlug mein Gegner an seinen kleinen Schleppsäbel, beteuernd, daß, wenn ich Soldat wäre, er nicht umhin können würde, mir auf der Stelle einige Unzen Blutes abzuzapfen.

Sogleich wollte ich zu Dienst sein, rannte ins Schloß, entlehnte meines Vaters Stocksäbel, denselben, mit dem ich schon vor acht Jahren den Bayern abgetan, und stellte mich zum Kampf. »Macht keine Dummheiten!« gebot Hermann; auch Anteportas suchte zu vermitteln; aber Stockhausen zog und spottete. Da drang ich mit Schwadronhieben auf

ihn ein; er deckte sich, und die Klingen zischten aneinander hin wie giftige Schlangen. Daß wir uns nicht verletzten, war wunderbar; aber es mochte doch noch ein Rest von Vorsicht in der Wut sein. Ein zufälliger Treffer freilich würde diese so gesteigert haben, daß ohne die Dazwischenkunft einer höheren Macht notwendiges Unheil erfolgt wäre.
Unter diesen Umständen erschien Herr Bäring wie gerufen. Von einem Spaziergange heimkehrend, durchwandelte er den Garten, und da er den Klang der Waffen hörte, sprang er zu und riß uns auseinander. Der Zweikampf hatte übrigens die gewöhnliche Wirkung. Stockhausen reichte mir die Hand, und wir waren wieder die besten Freunde.

Aus Spiel wird Ernst (Theodor Hosemann 1807–1875)

Wolfgang Menzel
Der Knabenkrieg

Noch unter den Augen der feindlichen Einquartierung scharten wir Knaben uns zusammen zum Soldatenspiel, wobei wir nicht verfehlten, dem französischen Ungestüm nachzuahmen, von dem wir wie elektrisiert waren. Den Knaben der gebildeten Stände stellten sich bald die der kleinen Handwerker gegenüber, und der wütendste Streit entspann sich darüber, welche Partei die Preußen und welche die Franzosen vorstellen sollte. Natürlicherweise wollte jede die preußische Partei sein. Darüber kam es nun zu täglichen und oft blutigen Raufereien. So wild und rücksichtslos, wie wir uns damals herumschlugen, habe ich später niemals wieder Knaben sich schlagen sehen. Als Anführer der Honoratiorenjugend verfolgte ich einmal den großen rothaarigen Schusterjungen, der die plebejische Schar kommandierte, bis in die Werkstatt seines Vaters, wo Meister und Gesellen über mich herfielen und ich mich, an Gesicht und Händen blutend, zurückziehen mußte. Ein andermal wurde ich bei der Erstürmung einer Mauer von einem Stein so hart an die Stirn getroffen, daß ich eine Zeitlang ohne Besinnung dalag. Das Kriegsfeuer bemächtigte sich dermaßen der ganzen Jugend, daß die Knaben aus den benachbarten Dörfern nun uns, die Städter, angriffen. Darauf schlossen wir mit den Plebejern Frieden und rückten vereinigt gegen den gemeinschaftlichen Feind aus. Auch behielten wir die Oberhand, denn die Bauernjungen hatten sich von starken Baumrinden so plumpe Kürasse, Beinschienen und Helme oder Mützen gemacht, daß sie im nahen Kampf viel unbehülflicher waren als wir. Da nunmehr aber der Knabenkrieg so große Dimensionen angenommen hatte, mischte sich Schule und Polizei hinein, und wir mußten aufhören.

Der starke Schusterjunge (Albert Hendschel 1834–1883)

Georg Ebers
Geheimratsjören gegen Knoten

Drittens habe ich Herrn Liebe zu beschuldigen, auf unser Betragen nach der Schule zu wenig geachtet zu haben. Hätte er das Auge besser offen gehalten, so wäre uns jedenfalls mancher blaue Fleck und unseren Kleidern manche Wunde erspart geblieben; denn so oft es anging, begaben wir uns aus der Schulgartenstraße nicht direkt nach Hause, sondern durch das Potsdamer Tor auf den Platz hinter demselben. Dort lauerte *der Feind*, und wir suchten ihn auf. Er bestand aus Mitgliedern einer Schule von bescheidenerem Schlage, die uns »Geheimratsjören«, was wir ja meistenteils waren, und die wir dafür »Knoten« riefen, ein Wort von ursprünglich nichts weniger als beleidigender Bedeutung, da es infolge eines leicht verständlichen sprachlichen Vorgangs aus dem älteren »Genote«, das ist Genosse, entstand.

Wer uns deswegen des Hochmutes zeihen wollte, würde uns unrecht tun. Kinder raufen sich nicht regelmäßig mit denen, die sie verachten. Das »Knote« sollte nur ihr »Geheimratsjören« übertrumpfen. Hätten sie uns »dumme Jungen« genannt, wären sie dafür wahrscheinlich »Wasserköpfe« oder so ähnlich gerufen worden.

Die Führer dieser schon vor Beginn des Kampfes keineswegs sorglich gekleideten Schar entstammten einem sogenannten Blumenkeller, das heißt einer unterirdischen Verkaufsstelle von Pflanzen, Kränzen und so weiter am Anfang der Leipziger Straße, zu dem vom Bürgersteige aus eine Treppe hinabführte. Oft kamen sie uns von selbst entgegen; im entgegengesetzten Falle aber lockten wir sie mit bestimmten Rufen aus ihrem Keller hervor. Sobald sie erschienen waren, schlüpften wir in einen Haushof, und wie oft kam es dort zu einer Schlacht, bei der die Schulmappe als

Schutz- und Trutzwaffe diente. Auch der »Feind« führte solche, und oft genug haben wir sie einander an die Köpfe geschlagen. Wenn der Zorn mich ergriff, war ich wild wie ein Kampfhahn, und auch der gelassene Ludo schlug derb genug zu, sobald ihm die Ruhe getrübt worden war. Das Gleiche darf ich den meisten »Geheimratsjören« und auch den »Knoten« nachsagen. Zu einem entscheidenden Erfolge gelangte der Kampf nur selten; denn der Portier oder ein Hausbewohner machte ihm fast immer unberufen ein vorzeitiges Ende. Ich erinnere mich noch einer dicken Frau, wahrscheinlich einer Köchin, die mich am Kragen festhielt, mich auf die Straße stieß und dabei ausrief: »Pfui doch; solche junge Herren sollten sich was schämen!«
Doch das Natürliche gefiel uns. So wurden denn die Kämpfe gegen die »Knoten« fortgesetzt, bis die Berliner Revolution ernstere Kämpfe hervorrief und die Mutter uns fort nach Keilhau schickte.

Raufende Buben (Adolph Menzel 1815–1905)

Friedrich Nietzsche
Sebastopol

Der Kriegsschauplatz wurde auf die Krim verlegt, und die ungeheuren Heere umgaben Sebastopol, wo die große russische Armee unter Menschikow stand. Das war für uns etwas Angenehmes, sogleich wurde für die Russen Partei genommen, und wütend forderten wir jeden Türkenfreund zum Kampf auf. Da wir bleierne Soldaten besaßen, ebenso Baukästen, so hörten wir nicht auf, uns die Belagerung und die Schlachten zu vergegenwärtigen. Von Erde wurden Wälle aufgeworfen, jeder fand neue Arten, sie recht, recht fest zu machen. Wir schrieben jeder für sich kleine Bücher, die wir Kriegslisten nannten, ließen uns Bleikugeln gießen und vermehrten unsere Heere durch neue Ankaufungen. So hatten wir uns öfters ein Bassin gegraben nach einem Plane vom Hafen Sebastopols, die Festungswerke genau aufgeführt und den gegrabenen Hafen mit Wasser gefüllt. Eine Menge Kugeln von Pech, Schwefel und Salpeter waren vorher geformt worden, und diese wurden, nachdem sie angebrannt waren, auf die papierenen Schiffe geworfen. Bald loderten helle Flammen, die unsern Eifer vermehrten, und wahrhaft schön war es, wenn, da unser Spiel sich oft bis spätabends hinzog, die feurigen Kugeln durch das Dunkel sausten. Zum Schluß wurde gewöhnlich die ganze Flotte, ebenso alle Bomben verbrannt, wobei oft die Flamme zwei Fuß emporschlug. So verlebte ich glückliche Zeiten, nicht aber nur bei meinen Freunden, auch zu Hause mit meiner Schwester. Auch wir bauten untereinander Festungen mit unsern Baukästen, und durch große Übung lernte ich alle die Feinheiten beim Aufbauen. Es ist wahr, alles, was wir nur über Kriegswissenschaft fanden, wurde vollkommen geplündert, so daß ich mir eine ziemliche Kenntnis erwarb. So-

Der Festungskrieg (William Pape 1859–1920)

wohl Lexika als ganz neue militärische Bücher bereicherten unsere Sammlungen, und schon wollten wir ein großes militärisches Wörterbuch gemeinschaftlich schreiben und hatten schon ungeheure Pläne gemacht.

Max Halbe
Herzbruder Schweinejunge

Der einzige Gefährte und Vertraute, den ich in diesen Jahren hatte, war unser Schweinejunge. Er war mehrere Jahre älter als ich. Körperlich konnte ich blasses, blutarmes Bürschchen es mit dem stämmigen Jungen natürlich nicht aufnehmen. Dafür beherrschte ich ihn geistig und führte das Kommando bei unseren Spielen. Es waren meistens solche von soldatischer Art. Zwei Heere bekämpften sich. Die Anführer waren er und ich. Sehr begreiflich, daß nicht körperliche Kraft den Ausschlag geben durfte, sondern strategische Manöver. Der Geist siegt über die rohe Gewalt! Wie hätte ich Knirps auch sonst gegen den Goliath eine Schlacht gewinnen können! Der große und übrigens ganz gewitzte Junge gehorchte willig, wie ich ihn kommandierte. Manchmal freilich geschah es, daß er bockig war und seinen eigenen Kopf aufsetzte. Dann zankten wir uns und waren einander böse. Aber bald war alles wieder in Ordnung. Ich glaube, meine Mutter sah diesen Herzensbund mit unserem Schweinejungen nicht allzu gerne. Sie fürchtete wahrscheinlich für meine Manieren, für meine Wohlerzogenheit. Aber da ich doch irgendeinen Menschen haben mußte, so beschied sie sich, und es blieb wie es war ...

Mit meinem Herzbruder, dem Schweinejungen, betrieb ich also so etwas wie weltgeschichtlichen Anschauungsunterricht. Wir machten vom trojanischen Krieg bis zum noch nicht lange verflossenen Napoleon die größten Kriegshelden und Welteroberer der Reihe nach durch, und da ja zum Kriegführen immer zwei gehören, also jedem Achilles ein Hektor, jedem Hannibal ein Scipio, jedem Friedrich ein Daun oder Laudon gegenüberzustehen pflegt, so war für verteilte Rollen in unseren Kriegsspielen und Schlachten gesorgt. Ich weiß nicht, ob mein Freund bei den wechselnden Rollen, die er auf mein Geheiß zu übernehmen hatte und die ich ihm kurz beschrieb, sich sonst noch viel gedacht hat. Er war aber ein anstelliger, gelehriger Junge und spielte seinen jeweiligen Part, soweit er durch mich davon wußte, mit ganz guter »Einfühlung« – wie man es heute feuilletonistisch ausdrücken würde. Er hatte bald Sieger, noch öfter Besiegter zu sein, so daß unter Umständen, wenn ich Hannibal, er Scipio war, der zweite punische Krieg umgekehrt wie bei Schlosser endigte und die ganze Weltgeschichte ein anderes und zweifellos richtigeres Gesicht gewann. Natürlich sprach bei dem allen auch noch die Tatsache mit, daß mein dreizehnjähriger Herzbruder bereits im Beginn seines Berufslebens stand, eben als Schweinejunge, daher oft genug unabkömmlich und weder als Marius oder Sulla noch als Pompejus (Cäsar behielt ich für mich) ins Feld zu ziehen vermochte, vielmehr zu andern, weniger heroischen Dienstleistungen abkommandiert war. Ich half mir dann auf ziemlich einfache Weise, indem ich *beide* Feldherrnrollen übernahm und bald auf der einen, bald auf der andern Seite kämpfte oder befehligte. Am Endsieg konnte es mir bei diesem Solospiel niemals fehlen, aber ich kostete doch auch die Niederlagen von Zama, von Chäronea oder von Kunersdorf gebührend aus und blieb dadurch vor Übermut und Hoffart, vor der antiken Hybris bewahrt.

Margret Boveri
Kriegspielen

Es war der Sommer, in dem unsere Spiele im Gelände von Nummer 9 ihren Höhepunkt erreichten. Merkwürdig ist, daß wir taten, was wir früher nie getan hatten: wir spielten auch Krieg. Zuerst auf die primitivste Art, später die Form der Zukunft, was damals als Zukunft galt. Ich hatte im Institutsgarten, in den ich noch gelegentlich ging, einen großen frischen, also noch biegsamen Ast gefunden und daraus einen Bogen gemacht, die Rinde abgezogen, mit violetter Tinte, die ich schön fand, die in den Heften für Herrn Großmann verboten war, angemalt; dazu Pfeile. Der Bogen war länger als ich selbst, die Pfeile flogen immerhin in die Höhe des ersten Stocks. Pfeil und Bogen gefielen, die anderen machten sich auch welche. Bis Marianne sagte: »Das ist doch nichts, wir brauchen Schwerter.«
Am Steinberg holten wir uns Weinbergslatten und begannen, Schwerter zu schnitzen, hartes Holz, eine mühselige Arbeit. In den Knauf wurden mit Stricknadeln, die wir ins Feuer hielten, Muster gebrannt. Das schönste Schwert hatte natürlich Erich, nicht aus einer Latte, ein geschwungenes Damaszenerschwert aus einem Brett. Das Kriegführen mit Schwertern war schmerzhaft, brachte offene Wunden zutage – die Schilde waren nicht fest genug –, wurde von den Eltern mißbilligt. Erich sagte: »Heutzutage gibt es nur noch Stellungskrieg.« Er ging in die Oberrealschule, dort wußte man mehr von der Welt als bei den Lateinlehrern. Unsere kleine Bande hatte sich vergrößert durch zwei Vettern Erichs aus Berlin. Als Berliner und Preußen mußten sie mit ihrer fremdländischen Aussprache etwas verachtet werden. Zum Spielen taugten sie doch, Räder hatten sie auch. Das war gut, da durften die drei Buben aus der Rotkreuzstraße

Die Parade (Walter Crane 1846 1915)

hinten aufsteigen, wenn wir zum Stellungskrieg in den Zellerwald fuhren. Bald erschien auch noch die Bulgarei, zwei weitere Vettern Erichs, Luben und Carlo aus Sofia. Nun artete der Krieg in Faustkämpfe aus. »Da wirst du sammeln deine Zännè!« deutete Carlo auf die Erde, bevor er zum Angriff überging.

Elias Canetti
Vorspiel auf zukünftige Schlachten

Die Freundschaft mit Schiebl aber wurde immer enger. Von Anfang an war alles zwischen uns gutgegangen, doch nun war er der einzige. Er wohnte weiter oben am Schüttel in einer ähnlichen Wohnung wie der unseren. Ihm zuliebe spielte ich auch mit Soldaten, und da er sehr viele davon hatte, ganze Armeen mit allen Waffengattungen, Kavallerie und Artillerie, ging ich oft zu ihm nach Hause, wo wir unsere Schlachten austrugen. Es lag ihm sehr daran zu gewinnen, und Niederlagen ertrug er schlecht. Er biß sich dann auf die Lippen und verzog unmutig das Gesicht, manchmal versuchte er, sie abzuleugnen, und ich wurde dann böse. Aber das dauerte nie lange, er war ein wohlerzogener Junge, groß und stolz, und obwohl er seiner Mutter aus dem Gesicht geschnitten war und ich immer wieder über diese Ähnlichkeit staunte, war er durchaus kein Muttersöhnchen.

Der Vater, ein kleiner, schmächtiger Mann, machte mir gar keinen Eindruck. Er war nicht nur kleiner, er schien mir auch älter als die Mutter. Er war ein General außer Dienst. Er war Inspektor der Befestigungsanlagen um Wien. Im Herbst 1915 waren die Russen über die Karpaten eingebrochen, und es gingen Gerüchte, daß Wien bedroht sei. Schiebls Vater nahm uns zwei an schulfreien Tagen auf seine Inspektionen mit. Wir ... stapften dann durch den Wald, wo wir an verschiedene kleine »Forts« gelangten, die in den Boden eingelassen waren. Es waren keine Soldaten dort, wir durften alles sehen, wir gingen hinein, und während Schiebls Vater hie und da mit seinem Stöckchen auf die dikken Wände klopfte, sahen wir durch die Schlitze hinaus auf den menschenleeren Wald, wo nichts sich regte. Der General sprach wenig, er hatte ein eher mürrisches Gesicht, aber

Ahnungslos

immer wenn er sich zu uns wandte und etwas erklärte, lächelte er uns an, als ob wir etwas Besonderes wären. Vielleicht sah er künftige Soldaten in uns, er war es, der seinem Sohn jene großen Armeen in Zinn geschenkt hatte, die sich unaufhörlich vermehrten, und er erkundigte sich, wie Max mir sagte, nach unseren Spielen und wollte wissen, wer gewonnen habe.

Als wäre nichts gewesen (Albert Hendschel 1834–1883)

DAVID GEGEN GOLIATH

Angriffe auf die Welt der Erwachsenen

Alle Erwachsenen sind schlecht, alle. Sie sind stärker als wir, aber man kann sie überlisten, wenn man schlau ist. Unsere Räuberbande ist schlau. Ich bin der Hauptmann. Jeder Räuber trägt einen kurzen Holzsäbel, nur ich trage einen langen, der alte Hordig hat ihn geschnitzt. »Wie ein Offizier siehst Du aus«, sagt er und versteckt die Zigarren, die ich für ihn gestohlen habe.
Wir brechen den Schrank auf, in dem Mutter die eingemachten Früchte verwahrt, wir kosten von jedem Topf, und wenn die Früchte zu sauer sind, gießen wir Essig hinein. Wir schleichen uns abends an die Häuser heran, reißen die Türen auf, die Klingeln schrillen, wir stürzen davon und freuen uns über die schimpfenden Ladenbesitzer. Wir spannen Bindfaden über die Straße und johlen, wenn jemand hinfällt. Wir stehlen Geld, kaufen Zigaretten und rauchen sie, und keiner wird sagen, daß ihm übel ist. Wir haben allen Erwachsenen den Krieg erklärt. Der Streit unter uns ist vergessen, wir haben den großen Indianerschwur getan, daß dieser Krieg nicht enden soll.

Ernst Toller

Bettina von Arnim
Ein Huhn wird gerettet

Die Großmama hat manchmal einen Verdruß an so einem Federvieh. Wenn es in ihre Hausordnung sich nicht fügt, so muß es geschlachtet werden. Diesmal traf das traurige Los der Hinrichtung ein impertinentes Huhn, was immer mit großer Geschwindigkeit die Weizenkörner, welche sie für alle streut als Dessert zum Haber, für sich allein erschnappte. Dies Huhn war von Meline in Affektion genommen, gleich als es auskroch. Es heißt Männewei, von Mannweibchen, weil es lang unentschieden blieb, ob das Tier ein Hahn oder Huhn sei, da es einen so roten, stolzen, doppelten Kamm und einen schönen roten Bart hat. – Kurz, ich komme grade an der Küche vorbei, wie die taube Agnes auf dem Schemel sitzt, das Huhn zwischen den Knien, das Messer wetzt. – Ich springe hinzu, zieh' den Schemel unter ihr weg, sie fällt auf die Nase, das Huhn unter dem Messer weg flattert mit großem Geschrei durchs Küchenfenster. Es war die Zeit, wo die andern Hühner schon alle im Hühnerstall mit ihrem Hahn der goldenen Ruhe genießen. Kaum hörten sie aber das Notgeschrei der Henne, als alle loslegten mit Gackern. – Ich war voll Schreck über meine Kühnheit, die Hinrichtung zu verhindern. Ich jagte das Huhn durch den Garten; ganz am End' der Pappelwand fing ich's erst ein. Wo sollte ich mit hin? Bracht' ich's zurück, so wurde es dennoch abgetan; aber mir schauderte, eine Suppe von diesem Huhn zu essen! – Ich marschierte zum Gärtner ins Boskett. Der nimmt es unter seine Obhut, bis bessere Zeiten kommen. . .

Abends beim Sternenschimmer, wo ich den Kopf weit aus unserm Mansardfenster streckte, um recht viele Sterne zu Zeugen meines feierlichen Schwures aufzurufen, tat ich das Gelübde, alles dran zu wagen, wenn ich einen Menschen in

Gefahr sehe und wenn auch selbst das Messer schon über seinem Haupt schwebt. – Ein rascher Entschluß vermag viel, aber Zagen ist das Verderben aller Großtaten. Hätt' ich nur einen Augenblick mich besonnen, so lebte jetzt kein Männewei mehr! – Und mit so einem Tier ist's eine besondere Sache: man weiß nicht, ob es ein Jenseits hat, doch lebt es gern, doch hat es mehr mit der Natur zu schaffen wie wir, doch gehört ihm die Welt, jeden Augenblick es drauf verweilt. Ja, es ist der Mühe wert, ein Leben zu retten, sei es, welches es wolle!

Die lieben Hühner (Niklaus Bohny)

Gustav Nieritz
Feinde im Palaisgarten

Meiner besten Freunde beraubt, suchte und fand ich in anderen Knaben meines Alters einen, wenn schon lange nicht genügenden Ersatz. Jene neuen Gespielen hatten den Palaisgarten in unsrer Neustadt zu ihrem Tummelplatze erwählt, und dorthin richtete auch ich nun meine Schritte nach dem Schlusse der Schule. Der Lärm, den wir bei unsern verschiedenen Spielen erregten, mißfiel nicht selten dem Hofgärtner, und mehr wie einmal wurden die Wildesten unsrer Gesellschaft von den aufgestellten Militärwachen fortgewiesen, mit der Arretur bedroht, ja einmal wirklich fest genommen, um auf die Hauptwache transportiert zu werden. Doch wie hätten es die schwerfälligen Soldaten mit der quecksilbernen, flinken Jugend aufnehmen können! Bevor sich's die Schildwache versah und festzuhalten vermochte, war ihr der arretierte Bube entschlüpft und entging allen Verfolgungen, indem er, über das hölzerne Gartengeländer hinwegsetzend, das nahe Elbufer gewann und dort in Sicherheit sich befand. Von der Wache arretiert zu werden, meinen Eltern diese Schande und Unkosten obendarein zu machen, erschien mir als das Schrecklichste, daher ich mich von den allzu wilden Spielen und der dichten Nähe meiner Gefährten sorgfältig ausschloß. Die aber teilten meine Furcht nicht. Ihre Luchsaugen erspähten in der Regel die Gefahr schon von weitem, wenn der Hofgärtner mit seinen Leuten und den aufgebotenen Schildwachen gegen das wilde Heer herangeschlichen kam. Dann sprang dasselbe mit einem gewaltigen Satze auf die oben breit abgedeckte, hölzerne Umfriedung, welche den Palaisgarten von dem Elbufer schied, und nun wartete die lange Reihe querreitender Wildfänge in gemütlicher Ruhe die völlige Annäherung ihrer Verfolger ab, die sie bis auf wenige Schritte an sich herankommen ließen. Gleichwie die Frösche bei dem Geräusch nahender Tritte von dem Ufersaum in den rettenden Teich springen, eben so jetzt die höhnisch auflachenden Knaben von dem Holzgeländer hinab in das sichere Asyl des Elbufers. Eine der Schildwachen wurde einst so sehr erbittert über das Verhöhnen der Buben, daß sie in ihrer Wut mit dem Bajonett nach einem der hinübervoltigierenden Reiter stach. Derselbe war ein Adeliger, ein Herr v.E. und trotz seinem höheren Stande sein Stiefel in so schlechtem Zustande, daß das den Fuß des Springers treffende Bajonett eine Trophäe in Gestalt einer wandelbaren Stiefelsohle aufspießte und davontrug.

Einer dieser jugendlichen Palaisgartenspieler war der Sohn des Nagelschmieds. Demselben hatte sein Vater die Erlaubnis erteilt, bis um 5 Uhr im Palaisgarten weilen zu dürfen, weil er dann den Blasebalg ziehen sollte. Was aber achtet die spiellustige Jugend auf das Schlagen der Turmuhren, wenn sie gerade in der besten Lust schwelgt? Als der Nagelschmiedssohn über die festgesetzte Zeit ausbleibt, macht sich der erzürnte Vater, wie er vom Ambosse kommt, im Schurzleder, mit aufgestreiften Hemdärmeln und schwarzrußigem Antlitz, auf den Weg nach dem Palaisgarten. Siehe! da vernimmt er beim raschen Durchwandern der Laubhecken und Gänge die laute, ihm wohlbekannte Stimme seines Söhnchens, welches mit dem Antlitze auf einer Steinbank niedergebeugt liegt und – man spielte »angebrannt« (eine Art Versteckens) schreiend zählt: »Eins, zwei, drei, vier, fünf.« – In seinem Eifer überhört der Zählende das Heranschleichen seines Vaters, dessen Gegenwart er eher nicht gewahrte, als bis die hornharte, breite, väterliche Hand auf sein vorgestrecktes Hinterkastell loshämmert und die Vaterstimme dabei das Fortzählen übernimmt – »sechs, sieben, acht, neun, zehn« – und dann hinzufügt: »Ist das um 5 Uhr heimgekommen, wie ich Dir geboten habe, heilloser Bube? Willst Du gleich fort?!« Das Spiel war nun vorbei, doch nicht der Tanz, in dem unser armer S. vor seinem Vater hertanzte und dabei den Takt aufgeschlagen bekam. Der betroffene Knabe war zum sündigen Adam geworden, den ein zürnender Cherub aus dem Paradiese treibt. Und ach! ein Rudel schadenfreudiger und laut lachender Spielkameraden sah dieser Vertreibung zu und steigerte den Schmerz und die Scham des jugendlichen Pflichtvergessenen.

Das arme Hinterteil (Ludwig Emil Grimm 1790-1863)

Heinrich Hansjakob
Großherzog oder Pflaumenbaum

Ich meine, es war im Jahre 1850, da bereiste der verstorbene Großherzog Leopold zum erstenmale nach der Revolution wieder das Oberland und sollte an einem schönen Sommertag mit dem Prinzen Friedrich, dem jetzigen Landesfürsten, talabwärts auch durch meine Vaterstadt kommen. Die Haslacher waren, auf Grund ihres bekannten Herzens, voller Freude. Als ob es nie eine Revolution gegeben hätte, ward alles vorbereitet zum würdigen Empfang des Landesvaters: Kränze, Fahnen, Triumphbogen, weißgekleidete Mädchen – alles ward aufgeboten, was zu derartigen Empfängen gehört. Und am Morgen sammelte sich die ganze Bürgerschaft mit der Beamtenwelt und den Schulkindern vor der »Kanone«, um hier die Ankunft des Fürsten abzuwarten.

Was ich im Leben nie geliebt, das ist das »Warten«, eine Folge meines Mangels an Geduld. So ward es mir bald langweilig, selbst als ich auf einen Fürsten warten sollte, den ich noch nie im Leben gesehen hatte. In dieser Langweile dachte ich an den schönen Pflaumenbaum in unserm Garten in der Vorstadt und an die dunkelblauen, runden Pflaumen, von denen es wiederholt daheim geheißen: »Es dürfe nicht darangegangen werden, bis die Mutter mitgehe.« Es kam mir nun der Gedanke, daß die Gelegenheit ungemein günstig sein müßte, »an die Pflaumen zu gehen«, ohne von jemandem gesehen zu werden; denn alles, was Odem hatte von Menschenkindern, groß und klein, stund beim Kanonenwirtshaus und wartete auf den Großherzog.

Ich befand mich nun eine Sekunde lang im Kampfe zwischen der Untertanenpflicht und meiner Vorliebe – für Pflaumen. Entweder den Großherzog sehen, hieß es in meinem Innern, und auf die Pflaumen verzichten, oder umge-

kehrt, die Pflaumen heimsuchen und des Landesvaters Angesicht nicht schauen.
Die Schlacht war gleich geschlagen. Leichtsinnig, wie Esau angesichts des Linsenmuses, gab ich um ein »Gericht Pflaumen« meine Loyalität preis, schlich von der Menge fort und dem Garten zu. Eben saß ich im Vollgenuß meiner Pflaumenseligkeit auf dem Baum, als die »Böller« krachten, die Glocken läuteten und die »Hochs« meiner Mitbürger durch die Lüfte zu meinem Ohre drangen. Wie einen verstockten Sünder ließ aber all' das mich kalt. Ohne Reue, die ganze Feierlichkeit versäumt zu haben, wandelte ich nach Vollendung meines Mahles dem Vaterhaus zu, wo keine Seele ahnte, daß ich nicht dabei gewesen, weil ich aufs kräftigste einstimmte in das allgemeine: »Des isch a mol schö gsi, und der jung' Prinz isch a nette Herr und der Großherzog so fründlich!«
Als die Mutter andern Tags mit meinen Schwestern den Pflaumenbaum leeren wollte, zeigte er ganz bedenkliche Lücken, für die dann ein »Maurersgeselle« des anwohnenden Meisters Zachmann in Verdacht genommen wurde. Daß ich eine solch' niedrige Natur wäre, um unter dem Empfang des Landesfürsten an die Pflaumen zu gehen, glaubte meine gute Mutter nie. So habe ich den Großherzog Leopold von Baden im Leben niemals gesehen. Und doch lebte ich unter seiner Regierung im Kinderhimmel, unter seinem Nachfolger aber zweimal im – Gefängnisse. Aber so geht oft der Gang der Menschen- und Weltgeschichte! – Der Pflaumenbaum aber steht heute noch, für mich stets eine Erinnerung an meine Selbstsucht und an die demokratische Ader meines kurz vorher noch republikanischen Kinderherzens.

Tony Schumacher
Der arme Herr Meiderle

Jede Straße bildete ihr eignes Spielrevier«, erzählte Vater, »und jeden Monat gab es große Schlachten, entweder zwischen den Buben dieser verschiedenen Straßen oder zwischen den Lateinischen und Deutschen. Die ›Seegäßler‹ waren nicht die friedfertigsten, sie hielten sehr zusammen, und trotz der feinen Sitten, die wir von Hause aus hatten, verübten wir manchen Unfug im Jugendübermut. Wir banden die Ladentüren von außen zu, wir zogen die Leiter weg, wenn Herr Meiderle, der Buchbinder, bei dem wir unsre Hefte und Federn kauften, ›ganz oben‹ nach unsern Wünschen etwas holte und sich danach streckte, und wir spannten eine Schnur über die Straße, wenn die Wachtparade aufzog, und freuten uns in unsern sicheren Verstecken hinter den Haustüren, wenn zuerst der Tambourmajor und dann die ganze erste Reihe der Marschierenden ins Stolpern geriet!«

Beim Schulbuchhändler (Oskar Pletsch 1830–1888)

Anna Schieber
Schellenberges

Schellenberges‹ habe ich getan, mit den großen Buben.«

Ich dachte nicht daran, daß ich dadurch die Brüder mit ins Verderben zog.

»Schellenberges« war ein höchst verwerfliches Spiel, das eigentlich nur von richtigen Gassenbuben ausgeübt wurde und meist in den engen Gassen um den Marktplatz her vor sich ging. Es bestand darin, daß immer mehrere zu gleicher Zeit kräftig an den rostigen Glockenzügen der verschiedenen schmalen und hohen Giebelhäuser zogen, so daß ein vielstimmiges, atemloses schepperndes Gebimmel entstand – und sich dann schleunigst in eine Hofeinfahrt oder um die Straßenecke flüchteten, um von dort aus mit vorgestreckten Köpfen mit zu genießen, wie oben die Fenster ringsum aufgingen und die Nachbarn sich wehklagend und scheltend mit einander über die Straße hinüber von der Verderbtheit der heutigen Jugend unterhielten.

Ich will nichts Schlimmes über meine Brüder aussagen, und ich weiß nicht, ob sie an diesem Grad der Verderbtheit nicht nur ganz vorübergehend teilnahmen; ich jedenfalls war nur dieses eine Mal mitgenommen worden, stolz und begeistert, daß ich überhaupt dazu zu gebrauchen war.

Es war aber für mich schlimm ausgefallen, denn eines furchtbaren Augenblicks, während die andern Übeltäter sich in Sicherheit brachten, ging dicht vor mir, dem kleinsten und jüngsten Mitglied der Bande, eine Tür auf, und vor mir stand mit aufgekrempelten Ärmeln und schrecklichem Lachen der Metzger Ehl und sagte zu mir, die ich wie der Vogel vor der Klapperschlange kein Glied rühren konnte, drohend: »Da werde ich dir jetzt einmal den Kopf zwischen die Ohren setzen.«

Die »bösen« Kinder (Franz Pocci 1807–1876)

Er sagte es mit unheilverkündender Stimme und machte Miene, nach meinen Ohren zu greifen, welche schaudervolle Bewegung den Krampf löste, so daß ich mit Zetergeschrei entsprang und nicht anhielt, bis ich daheim in Sicherheit war.

Heinrich Vierordt
Die ersehnte Glatze

Diesen Oheim beneidete ich leidenschaftlich um seine – Glatze! Sie galt mir dazumal als Schönheitsvorbild. Sobald der Glatzeninhaber wieder ins Haus kam, schlich ich mich mit einer Schere und einem Bogen Papier hinter seinen Stuhl, und, auf einen Schemel mich stellend, begann ich in aller Gemütsruhe das Maß seiner beneideten Platte zu nehmen, was er mir derart bitter verübelte, daß er meinen zufällig auf einem Sessel daneben liegenden Sommerstrohhut im Zorne zusammensaß. Nach seinem und der Eltern Weggang schnitt ich meinem Bruder Willi und mir mit der Papierschere genau nach genommenem Glatzenmaß eine so ausgiebige Scheitelschur, daß meine Eltern bei ihrer Heimkehr über die Stoppelfelder auf unsern verunstalteten Köpfen wahrhaft entsetzt waren und eine Tracht empfindlicher Schläge die unheilvolle Tat sühnen mußte.

Die beiden Brüder (Oskar Pletsch 1830–1888)

Ernst Barlach

Der Taler für Bier

Ich warf mich ins Mäntelchen und erklärte: »Nu geit Juhlen all wedder los« – und ging auf die Straße. Hier nahm mich Edmund Steffan in Empfang und ließ sich meine Unterweisung in seiner Art von Lebenskunst viel Mühe kosten, und ich war gelehrig und ward hörig.

Einmal sollte ein gefundenes Hufeisen zu Geld gemacht werden, und ich wurde damit in die Schmiede geschickt, wo es der Geselle nahm und zu andern warf. So war es aber nicht gemeint, und Edmund Steffan ließ mein Kommen mit leeren Händen nicht gelten. Er scheuchte mich zurück, und ich verlangte Bezahlung. »Kumm«, sagte ermunternd derselbe Geselle, ließ seine rußigen Hände vom Blasbalg los und gab mir eine Maulschelle. – Aber Geld wurde doch beschafft, wenn auch auf andern Wegen.

Der Milchmann ließ in der Küche Wechselgeld zurück, und das lag auf der Tischplatte wie für uns bestimmt da. Was wir nicht sogleich für Lakritzen aufbrauchten, verbargen wir unter Blättern in den Kübeln der Oleanderbäume vor des Krämers Laden. Dann aber holte ich aus eigener Eingebung zu einem Hauptstreich aus. Ich ließ mir von meinem Vater, der mit Pastor Ohl aus Selmsdorf bei dickem Zigarrenrauch Gespräche über »hohe heilige Dinge« führte, einen »Taler für Bier« geben, eine Besorgung, die mir schon öfter aufgegeben war, wenn der Mann mit den dreißig Flaschen Aktienbier im Korbe kam. Vater entäußerte sich seines arglosen Talers und ich damit flott zum Kaufmann Ott und für den Taler dreist Lakritzen verlangt. Als ich aus der Tür trat, hatte das Schicksal, das seine Rache nicht hastig genug betreiben konnte, Pastor Ohl zur Stelle gebracht. Pastor Ohls Hand langte nach meiner mit dem geliebten Nasch-

Bier für Vater (Albert Hendschel 1834–1883)

kram und überlieferte mich der meines Vaters, eines heftig erzürnten Vaters. Das Gelump flog zum Fenster hinaus, und mir kam zu, was meine Tat wert war.

Karl Hofer
Die falsche Leberwurst

Die Buben der Waldstraße waren im ganzen Bezirk berüchtigt als besonders wilde und rauflustige Kreaturen; sie sahen ihre Ehre darin, diesen Ruf von Generation zu Generation allenthalben zu rechtfertigen. Es gab Schlachten mit den Jungens der anderen Straßen, jeder auszudenkende Schabernack wurde in die Tat umgesetzt, und ich war nicht der letzte bei diesen Missetaten. Ich habe den guten Tanten viel Ärger und Kummer bereitet. Das Harmloseste war noch jener allbekannte Bubenstreich mit dem an einer Schnur herabgelassenen Nagel, um die Passanten zu foppen. Dazumal gab es noch keine Kanalisation, der Unrat lief von den Häusern durch offene Rinnen ins »Gräbele«. Neben unserem Haus befand sich die Metzgerei Erxleben. Vom Inhaber hatten wir schon verschiedentlich Prügel bezogen wegen mancherlei Unfugs. Mitunter schwammen Därme in dem Straßengraben, die fischten wir uns und füllten sie mit Sand, banden sie zu, so daß sie täuschend wie Leberwürste aussahen, eine Vorahnung des »Ersatz«. Wurde einer von uns ausgesandt, um Wurst zu kaufen, so ward dieses Ersatzprodukt, soweit ungesehen möglich, auf den Teller mit den anderen Würsten praktiziert, was allerhand Ärger verursachte. Schlimmer war schon, daß ich eines Abends das große Schaufenster einer Viktualienhandlung mit einem Stein einwarf und davonrannte. Damals ging ich schon zur Schule, mein Weg führte an dieser Handlung vorbei, und mein böses Gewissen ließ mich wochenlang einen Umweg machen.

Charlotte Berend-Corinth
Schokoladendiebstahl

Der Weg zur Schule wurde stets mit Käte gemeinsam unternommen. Wir wohnten im gleichen Hause, und sie kam die Treppe heruntergepoltert, wenn ich die Tür öffnete. Wir Freundinnen marschierten von der Burggrafenstraße über den Lützowplatz nach der Magdeburger Straße, über den Magdeburger Platz nach der Steglitzstraße. Wir hatten bis zur Schule etwa vierzig Minuten zu gehen. Bei Sonne, Wind, Regen, Schnee, Hitze oder Kälte: uns war es recht, wir hatten soviel zu schwatzen, zu gickern und zu gackern, daß keine Zeit reichte. »Laß mal deinen Zopf abzählen, ein-, zweibis achtmal, bis die Haarschleife kommt.« Dieses war ein Wettkampf, jedoch wir blieben pari ... »Achtmal«, sagte Käte, »grade so alt, wie wir sind!« Wir rechneten uns aus, wie das weiterginge, zum Beispiel mit zehn Jahren – zehnmal zu flechten. Mit zwanzig Jahren – zwanzigmal, mit sechzig sechzigmal, mit hundert – hundertmal. Schon konnten wir vor Lachen kaum noch sprechen. »Stelle dir das nur mal vor! Mit hundert! Dann bist du am Magdeburger Platz, und ich stehe hier am Lützowplatz und flechte und flechte. Ja – und die Leute, die gucken!« »Hör bloß auf, ich lache mich in Stücke! Ich kann gar nicht mehr gehn vor Lachen ... « »Ich auch nicht ... « Was können zwei kleine Mädchen lachen! Jedoch – jedoch – wir taten auch Böses. Ganz und gar Verbotenes. Und wir fanden nichts Schlimmes dabei. Wir waren sehr vernascht auf Süßes. Auch Grete, die auf dem Rückweg sich uns anschloß. Besonders bevorzugten wir eine besondere Sorte von Pralinés, die Negerküsse genannt wurden. Runde Schokoladenkugeln, gefüllt mit Marzipan und Nüssen. Sie kosteten zehn Pfennig das Stück, waren also unerschwinglich für uns, die wir höchstens fünf Pfennig be-

saßen. Da knobelten wir einen schlimmen Plan aus. Wir drei Kinder gingen in ein feines Schokoladengeschäft hinein, und ich sprach wie eine Ausländerin. »Guten Dag, uirden das Fräulein seien so güttlich mir su seigen Tschokolaah!« »Was heißt das?«, fragte das Fräulein und wurde ganz rot im Gesicht, »was heißt denn das??« Käte antwortete sanft: »Sie ist eine Amerikanerin, sie kann noch nicht richtig deutsch sprechen«. »Waas!« rief das Fräulein, »eine richtige Amerikanerin aus Amerika! Mit so einem großen Schiff herübergekommen?« »Ja, nicht Käte?« Das Fräulein wandte sich nun zu mir: »Was möchtest du denn haben? Oder muß ich schon Sie zu dir sagen, und Fräulein Miß?« »No, no, nix sagen Miß – ueill Sie are so reissend!« »Ach, ach!« lachte sie vergnügt, »wie allerliebst sich das anhört. Was möchtest du denn haben?« »Glauben ich, auf anderen Seite liegt feine Tschokolaah ... « »Wo denn?« lachte sie und ging mit mir zur anderen Seite des Ladens. Und währenddessen stahlen Grete und Käte drei große Negerküsse vorsichtig vom Glastablett herunter. Eine stahl, und die andere hielt die Glastür im Auge, die ins innere Zimmer führte, damit niemand von dort den Diebstahl beobachten konnte. Wenn sie den Raub in den Taschen hatten, riefen sie: »Mach schnell, Loleina.« Oftmals sagten wir auch: »Allez vites, es ist schon spät!«
»Oh, pardon me«, rief ich höflich, »daß nehmen ich so fühl Zeit von Ihnen, aber dieser Tafel luckt so hold.« »Hahaha – hold? Hahaha, ach du meine Güte, das ist ja eine ganz gewöhnliche Tafel für fünf Pfennige!« Ich lachte auch: »Hahaha – möchten haben ich, noch nie gesehen in mein Leben.« Dann holte ich meinen einzigen Sechser vor, der uns zu dritt gehörte, und empfahl mich. »Adjöh, Fräulein Amerika, komm bald wieder.« Ich nickte lachend und rannte davon. Hinter der nächsten Ecke warteten die beiden Komplizen, und wir verschlangen grunzend vor Genuß unsere Beute. Bald spielte ich eine Russin oder Französin, zierte mich dann

wie ein Affe in der Idee, das wäre französisch, und quatschte allerlei Zeugs. Wir waren stets erfolgreich, es kam nie ans Tageslicht, und nie hatte ich Gewissensbisse, daß ich das Haupt einer jugendlichen Verbrecherbande war, wenn ich begeistert zuhörte, wie Alice mit herrlicher Betonung deklamierte: »Vor allem eins, mein Kind, sei treu und *wahr*, laß nie die Lüge deinen Mund entweihn ...« Das Bäumchen biegt sich, doch der Baum nicht mehr.

Die Naschkatzen (Oskar Pletsch 1830-1888)

Hans Fallada
Der Racheakt

Ihrer Gewohnheit nach warf Mutter noch einen Blick auf den Festtisch, kurz ehe die Gäste kamen. Es war alles in bester Ordnung, und zwar viel schöner als das Porzellanweiß bei den Kollegen. Dann verschwand Mutter nach der Küche hin, um die letzten Anweisungen für die große Saalschlacht zu geben.

Jetzt war der Augenblick für meine Schwester Fiete (von Frieda) gekommen. Ein Kompottschüsselchen Blaubeeren in der Hand, schlich sie in den Speisesaal, an die Tafel und ...

Ja, was tat sie nun eigentlich? Wie gesagt, sie hat es erst Jahre später gestanden und hat uns auch erklärt, warum sie es tat. Aber damals erschien alles ganz rätselhaft und beinahe verbrecherisch ...

Meine Schwester Fiete war ein seltsames Kind. Meistens still und fast pomadig, war sie doch der lebhaftesten Zornesausbrüche fähig, besonders wenn man an »ihre Sachen« ging. Geschwister haben leicht eine etwas kommunistische Art, mit den Sachen ihrer Brüder und Schwestern umzugehen, bei Fiete war so etwas nicht empfehlenswert. Sie konnte dann in den unsinnigsten Zorn geraten. Ich erinnere mich noch sehr wohl, wie Fiete lauthals weinend ihre eigene Lieblingspuppe zertrampelte, bloß weil unsere älteste Schwester Itzenplitz – von Elisabeth – ihr einen Kuß gegeben hatte!

Wie mußte es also ein so veranlagtes Kind beunruhigen, daß meine Mutter, neben der sie bei Tisch saß, ständig »ihren« Löffel zum Kosten benutzte! Fiete war nämlich ausgesprochen kiesätig beim Essen. Immer hatte sie etwas auszusetzen, mal war ihr etwas zu salzig, mal zu süß, mal zu sauer, mal zu heiß, mal zu kalt, mal schmeckte es nach gar nichts.

Es gab kein Essen, an dem Fiete nicht etwas auszusetzen gehabt hätte. Ich höre noch ihre hohe, gleichmäßig nörgelnde Stimme im Ohr, da ich dies schreibe, sie fing sofort damit an, sobald sie nur den ersten Löffelvoll im Munde hatte.
Dann nahm ihr Mutter einfach den Löffel aus der Hand, kostete von ihrem Teller und sagte gleichgültig: »Es ist alles in schönster Ordnung, Fiete. Du bist nur mal wieder kaufaul!«
Hundertmal hatte Fiete darauf die Mutter gebeten, doch den eigenen Löffel zum Kosten zu benutzen. Es half nichts, so hartnäckig wie Fiete meckerte, so hartnäckig nahm Mutter ihren Löffel, nicht als Strafe, aus reiner Gewohnheit, weil sie auch schon längst nicht mehr auf das hörte, was Fiete vorbrachte. Aber nun war Fiete zu einem großen Rachewerk entschlossen ...
Eilig huscht sie um den Tisch. Bei jedem Gedeck bleibt sie stehen, nimmt Löffel für Löffel und zieht ihn sorgsam durch den Mund. Damit aber nicht nur in ihr das Gefühl, sich gerächt zu haben, lebe, nimmt sie ab und zu einen Mundvoll Blaubeerenkompott – die Großen sollen schon sehen, wie das ist, wenn man die Sachen der Kinder mißachtet!
Fiete hat ihr Werk vollendet. Sie steht noch einen Augenblick da und mustert es. Der Tisch sieht für ein prüfendes Auge nicht mehr ganz so schön aus wie vordem, alle Löffel tragen bläuliche und schwärzliche Spuren. Fiete hat das Gefühl, sie müsse noch ein Übriges tun: sie bückt sich und schneuzt die Nase in einer Ecke des Tischtuchs. Dasselbe wiederholt sie an den andern drei Ecken. Dann verschwindet sie lautlos ...
Natürlich konnte auch der taktvollste Gast *dies* nicht übersehen. Wohl erhoben sie die Hände zum lecker bereiteten Mahle, und mit den Händen die Löffel, aber sie ließen sie wieder sinken, Staunen im Blick. Meine Mutter erglomm wie die Abendröte, mein Vater warf ihr einen beinahe strengen Blick zu.

»Ich verstehe es nicht«, stammelte meine unselige Mutter. »Ich habe den Tisch eben noch nachgesehen. Wer mir diesen Tort angetan hat ... «

Mutter war nahe am Weinen. Wären nur Freunde dagewesen, sie hätte geweint. Aber es war manch eine unter den weiblichen Gästen, der sie den Gefallen nicht tun wollte, sie weinen zu sehen.

»Schnell!« sagte mein Vater zu den Lohndienern. »Die Bestecke einsammeln und abwaschen lassen! Nein, alles, auch die Messer und Gabeln ... man weiß ja nicht ... «

Und mit einem Lächeln zu allen Gästen: »Kinder ... Kinder ... Sie wissen es ja alle, wie es ist, wo Kinder sind. Irgendein unbegreiflicher Kinderstreich!« Energischer: »Den ich aber bald begreifen werde!«

Karla Höcker
»Wohin denn so eilig, liebe Frau Heilig?«

Die Familie hatte in einem Gasthof übernachtet, dessen Quergebäude die Hauptstraße des Ortes torähnlich überwölbte. Just in diesem Trakt des Hauses lag das winzige Zimmerchen der Kinder. Als sie am Pfingstmontag sehr früh wach wurden, konnten sie vom Bett aus auf eine zunächst menschenleere Straße hinabsehen. Nach einiger Zeit kamen vereinzelte Leute vorbei, oder vielmehr: sie gingen unter dem Zimmer durch. Es war ein herrliches Vergnügen, jedesmal im letzten Augenblick, bevor die Ahnungslosen unter dem steinernen Bogen verschwanden, etwas hinunterzurufen:
»Guten Morgen, Frau Meier! Gibt's heute Eier?« oder: »Vergessen Sie Ihren Regenschirm nicht!« oder: »Wohin denn so eilig, liebe Frau Heilig?«
Die Kinder warfen sich jedesmal hinterher vor Vergnügen rücklings ins Bett zurück, obwohl sie ja die Wirkung ihrer Worte auf die Vorübergehenden gar nicht wahrnehmen konnten. Erst als lange Scharen von Kirchgängern, mit Hut, Gebetbuch und Handschuhen, würdevoll die Straße entlangwandelten, stellten sie ihre Bemühungen ein, und das Kind mußte der großen Schwester sein Ehrenwort geben, nichts den Eltern zu erzählen. Es wußte zwar nicht genau, was ein »Ehrenwort« war, fühlte sich aber durch diese Verpflichtung sehr gehoben.

Tauschgeschäfte

HARTE WÄHRUNGEN

Sammeln und Tauschen

Die Kirche samt Friedhof liegt etwas erhöht; man steigt auf breiter Staffel hinan und befindet sich dann auf dem kleinen Kirchplatz, wo die Kinder gern mit »Schnellern« spielten um kleine Gewinne, die meist in Horn- und Beinknöpfen bestanden, von denen die Glücklichen ganze Säckchen voll besaßen. Albert Pfister

Karl von Holtei
Der Kastanienbaum

Du guter Onkel Riedel! Ich habe Dir viel zu danken und werde das nicht verschweigen. Aber einen Schmerz hast Du mir bereitet, den ersten heftigen Schmerz meines Lebens! Die Fenster des Stübchens, das ich mit meinem Hauslehrer bewohnte, wurden durch einen uralten Kastanienbaum beschattet. Es war die Hinterseite des Wohnhauses, die nach dem Park hin lag; zwei Seitenflügel bildeten hier einen viereckigen Platz. Und der Kastanienbaum vor meinen Fenstern hatte drei seinesgleichen, an jeder Ecke des Platzes stand einer von den vier Brüdern. In der Mitte vereinigten sich ihre Zweige zu einem undurchdringlichen Dache, unter dessen Schutze konnte ich, vor Sonnenbrand und Regen sicher, verkehren. Im Frühjahr freute ich mich der schönen Blüten, im Herbst der Früchte. Die wilde Kastanie ist eine Götterfrucht. Wer war Kind und will das leugnen? Wißt Ihr es noch? Steht es Euch noch im Herzen, bleiche Staatsbürger, die Ihr einst Kinder waret, wie Ihr aus der grünen, stachlichen Schale die braune oder fleckige Kastanie gelöst, die köstliche Beute, die zauberhafte proteische Spielgenossin des Kindes? So reich belohnt sie die Mühe, sie von den höchsten Ästen herabzuschütteln, sei es mit Stangen oder durch kühnen Steinwurf. Mir waren diese frischen, glänzenden Dinger alles, bald Menschen, bald Pferde, bald wieder leblose Gegenstände, als Kugeln, die ich auftürmte, so wie ich die Kanonenkugeln auf den Breslauer Festungswällen gesehen; dann wurden sie Waagschalen, und ihr weißer Kern ward Käse und Butter. – Nun denke Dir, Leser, sofern Du auch ein Kind gewesen. Der Herbst war da; schon lösten einzelne Kastanien sich aus der geborstenen Hülle; schon rüttelte jene an den oberen Wipfeln zuerst gereiften nächtlicher Sturm herab;

jeder Tag gab reichere Ernte; ... da vernehme ich eines Morgens sehr früh ein ungewöhnliches Geräusch vor unsern Fenstern, man schreit, sägt, hackt, es kracht, ich springe auf – die Mörder, sie schlagen die Kastanienbäume nieder; der Onkel hat es befohlen; es ist zu feucht auf dieser Seite des Schlosses, weil keine Sonne dahin dringen kann! – Es wurde Nacht, bis die vier grünen Riesen von den Arbeitern gebändigt waren. Da lag der zertrümmerte Bau meines hohen Palastes; wie ein versunkener Wald sah sichs aus meinem Fenster an. Und als ich am folgenden Tage erwachte, war es so hell, ach so hell im Zimmer! In meinen Tränen wollte mich der alte Schubert trösten, ich hätte es ja nun recht bequem und brauchte die Kastanien nicht erst mühsam herabzuschütteln. Aber meine Freude war dahin. Mit den Früchten, die auf dem leeren Platze liegen geblieben waren, mochte ich nicht spielen; der Platz selbst war mir fremd geworden, und ich fühlte mich zufrieden, als es bald nachher in die Breslauer Winterquartiere ging. Seitdem habe ich unser Dorf nie wiedergesehen und, ob ich gleich als Mann oftmals in die Gegend kam, ja sogar von späteren Besitzern auf das gastfreundlichste zu Besuchen eingeladen worden bin, stets vermieden, mich seinen Fluren zu nähern. –

Bogumil Goltz
Gelüst auf Handwerkszeug

Nach schneidenden Werkzeugen haben alle Kinder fast ohne Ausnahme ein brennendes Gelüst. *Damals* waren aber noch nicht ganze Kästen voll Handwerkszeug für die Kinder als Weihnachts- oder Geburtstags-Geschenk so bekannt und im Gange wie heute. Was wir von dergleichen an uns bringen und ausfindig machen wollten, das forderte unsern ganzen Witz und unser ganzes Sparbüchsen-Kapital heraus; darum war es auch mit größerer Besitz- und Erwerbslust verknüpft, so wie mit mancherlei Erfindungen und Kunstfertigkeiten, von denen die mit Spielzeug, mit Geschenken und allen möglichen Dingen überfüllte Jugend der jüngsten Zeit wenig oder nichts mehr in Erfahrung bringen kann. Wir waren eben nicht dümmer wie die Jungen alleweile noch sind; aber sei es nun, daß es uns an Raffinement, an einer gewissen Dreistigkeit oder praktischen Kenntnis des wirklichen Lebens fehlte, oder, was mir für meine Person das Zutreffendste scheint, daß wir die einfachsten und nächsten Mittel aus Vorliebe zum Absonderlichen und Phantastischen zur Seite ließen, genug, wir machten bei jeder Gelegenheit fabelhafte Anstalten, das zu erlangen und zu exekutieren, was jetzt die Kinder ganz so altklug prosaisch und vornehm leicht erreichen wie die großen Leut'.
Unser Gelüst stand, wie gesagt, eine Zeit auf Handwerkszeug und zuvörderst auf einen *Bohrer*. Einen solchen in der Stadt für ein paar Dütchen, die wir besaßen, ankaufen zu lassen, kam uns gar nicht in den Sinn. Unser poetischer Instinkt machte uns lieber zu Robinsons; wir stibitzten große Nägel, indem wir sie mit Mühsal aus einem alten Gerüllkasten herauszogen, den wir für unser Schiffswrack ansahen. Diese verrosteten Nägel wurden dann zunächst blank

gescheuert und zuletzt mit unsäglicher Mühe am Kopfende auf Steinen spitzgeschliffen, um dann in ein *hölzernes* Heft gekeilt, das wir von einem Stock abgeschnitten, als Spitzbohrer zu dienen. In ähnlicher Weise hämmerten wir sogar allerlei Stückchen Eisen auf kaltem Wege zu Stemmeisen um und hatten dabei ein Gefühl mit Robinson Crusoe, mit den Wilden und mit den ersten Erfindern eiserner Werkzeuge in die Wette und eine Satisfaktion, wie wir sie wahrscheinlich von einem ganzen Kasten voll geschenkter Tischlergerätschaften nicht gehabt haben würden. Was unsrer Phantasie, unsern Robinsonaden und Chimären nicht entsprach, das ignorierten wir als eine Prosa und somit auch alle regelmäßigen und ordentlichen Wege, auf denen heute jeder noch so kleine Junge sich das zu acquirieren weiß, was ihm eben Not tut oder wonach sein Sinn eben steht. Bei uns aber mußten die Dinge, die Erwerbungen, die Geschichten *extraordinair* apart und fabelhaft sein, wenn sie für uns einen Reiz haben sollten . . . Nur von einem Dinge weiß ich, daß es mir eine unsägliche Freude und ein ordentliches Herzklopfen verursachte, als ich es zum erstenmal, und zwar *durch Kauf,* aber aus *dritter Hand* und *für alt*, von einem Schlosserjungen in meinem Besitz sah und in meinen Händen hielt, und dies Köstliche war ein Stück einer alten *Eisenfeile,* die nur unter großen Schwierigkeiten auf einem Ende und an einer kurzen Stelle ihre Schuldigkeit tat, das heißt, in Eisen einschnitt. Dies Wunder schien mir so außerordentlich, daß ich nur darin schwankend war, ob diese Tatsache oder die meines Besitztums eines solchen Wunderinstruments das größre Wunder sei. Was hat man doch in jenen Jahren für eine wunderbare *Wahlverwandtschaft* zu allen *Metallen*! Wie golden blinkt dem Kinde das blank gescheuerte *Messing*, wie silbern in hellen Zinnschüsseln und andern Gefäßen das Zinn.

Wie Jakob Böhme sein erstes Gesicht an einem blanken Zinnkrug bekommen konnte, begreif ich sehr wohl, wenn ich mir die Empfindungen zurückhole, die mich im Sturme attackierten, sobald ich mit blank poliertem Metall in Berührung kam. Meine frühste metallische Leidenschaft waren aber, wie fast bei allen Kindern und bei den Wilden, *blanke Knöpfe* und Nägel, wie schon gesagt, jene auf dem Jäckchen und diese unter den Absätzen der Stiefel, die mir außerdem gar keine Stiefel dünkten. Nägel waren mir nicht bloß durch ihren metallischen Stoff, sondern auch durch die Vorstellung der Festigkeit, Haltbarkeit und Tüchtigkeit, die sie einer Sache verleihen konnten oder bereits wirklich gaben, ferner durch die Idee, wie leicht man mit ihnen allerlei Geräte, Tische und Bänke, besonders Kisten und Kasten zusammennageln könne, ein so köstliches Besitztum, wie sie es nur je einem Otaheiter gewesen sein mögen; und ich konnte einem kleinen Jungen vollkommen nachempfinden, was in seiner Einbildung und seinem Verstande vorging, der von meiner lieben Frau gefragt, was sie denn von ihm zum Geburtstagsgeschenk erhalten solle, nach kurzem Besinnen und wie in plötzlicher Eingebung mit Ekstase zu ihr sagte: »eine *Zuckerdose,* liebe Tante, *so recht mit Nägeln eingekeilt*«, welche Worte denn mit verzückten Augen und mit dem *Handmanöver* begleitet wurden, das einer macht, wenn er Nägel wo hineintreibt! Der Junge schlug eine Faust auf die andere, indem er die Zähne zusammenbiß!

Nägel in ein festes Holz, in eine widerspenstige Diele zu treiben, die sich nicht recht ihrem Lager anfügen will, den Nagel dann so recht nach Herzenslust und aus Leibeskräften *auf den Kopf zu treffen* und mit dem unerbittlichen Hammer so lange zu persuadieren, bis er zieht und bald über den Kopf Holze sitzt, und auch dann noch ein *Übriges* an Schlägen auf den widerspenstigen Punkt auszuführen, bis nichts mehr muckst und der Hammer vollständiger Sieger ist; das war und ist mir noch heute ein symbolisches Tyrannen-Vergnügen.

Friedrich Hebbel
Tauschgeschäfte

Die Kinder richten sich in allen diesen Stücken nach den Eltern, und so hatte ich die Ehre der Erhebung, aber auch die Schmach des Sturzes mit meinem Vater zu teilen. Als wir uns noch im Besitz befanden, wurde mein Ansehen als Kätners-Sohn noch bedeutend durch den Birn- und den Pflaumenbaum unseres Gartens gesteigert. Selbst im Winter wurde es nicht ganz vergessen, daß ich im Sommer etwas zu verschenken hatte, und mancher hart gefrorene Schneeball, der mir ursprünglich zugedacht war, flog doch an meinen Ohren vorüber, weil man besorgte, daß ich zu ungelegener Zeit Revanche nehmen möchte. Kam der Frühling heran, so begann man, durch allerlei kleine Gaben um meine Protektion zu werben; bald erhielt ich ein Heiligenbild, bald ein buntes Merkzeichen, bald eine Muschel, und huldvoll versprach ich dafür, was man verlangte. Zeigten sich die ersten Blüten, so wurden mit Tischlers Wilhelm förmliche Geschäfte abgeschlossen; er überließ mir auf Kredit bald einen kleinen Wagen, bald einen Puppensarg, bald ein Schränkchen und ähnliche Spielereien, die er selbst zierlich genug aus den Holzabfällen seines Vaters zurecht zu schnitzeln wußte, und ich wies ihm dafür ganze oder halbe Körbe von Birnen und Pflaumen an. Prangten die Bäume im vollen Flor, so war die Ernte auch in der Regel schon verkauft, aber allerdings ganz in der Stille, denn meine Mutter war wenig geneigt, die von mir eingegangenen Kontrakte zu realisieren, und Wilhelm stand ihr gegenüber immer als großmütiger und uneigennütziger Schenker da. Waren die Früchte reif, ein Zeitpunkt, über den Kinder und Erwachsene bekanntlich weit von einander abweichen, so warf mein Gläubiger von seinem Garten aus mit Knütteln und Steinen da-

Ertappt!

zwischen, während ich aufpaßte, ob auch Jemand käme, und das Gefallene hurtig und ängstlich für ihn zusammenlas. Wir wählten gewöhnlich die Mittagsstunde dazu, und oft glückte es mir, meine Schulden vollständig abzutragen, bevor die allgemeine Obstlese eintrat, oft wurden wir aber auch von dieser überrascht oder sonst ertappt, und dann holte Wilhelm sich ohne Erbarmen, und ohne sich darum zu kümmern, daß er zuweilen den größten Teil des bedungenen Preises schon eingestrichen hatte, in günstiger Stunde seine Sachen wieder, indem er rasch über den Zaun sprang und sie mir wegriß.

Gustav Freytag
Mauken

Die meisten Kinderspiele des Jahres wurden von uns geübt, der Drache flog, der Mönch brummte, die Bleisoldaten marschierten auf dem Fußboden, und was die Händler, welche Spilleleute hießen, von geschnitzter Holzware an den Jahrmärkten ausstellten, wurde so lange sehnsüchtig betrachtet, bis wir davon heimtragen durften. Am liebsten aber spielten wir mit bunten Bohnen, welche nach verschiedenen Regeln in ein rundes Loch geschoben und geworfen werden mußten, denn die kleinen Kugeln von Marmor und Ton waren bei uns nicht zu haben. Auch im geheimen Verstecken übten wir uns. An einer Ecke des Hofes wurde ein tiefes Loch gegraben, die Wände sorgfältig mit flachen Steinen und Moos bekleidet und in diesem Raume vieles Gute niedergelegt, das begehrlichen Blicken entzogen werden konnte, vor allem Obst; aber auch Lore und der Hanswurst mußten sich oft gefallen lassen, in der finsteren Höhlung zu kauern. Die Öffnung wurde mit großer Kunst verdeckt, so daß sie niemand finden konnte, doch drang zuweilen eine Maus räuberisch hinein. Diese geheimen Niederlagen, welche Mauken hießen, waren ein alter Kinderbrauch, wohl noch eine Nachahmung der kriegerischen Verstecke von Proviant und Lebensmitteln in längst vergangener Zeit. Für uns war die Schwierigkeit nur, das Geheimnis zu bewahren. Dies sollte unverbrüchlich sein, jedesmal wurde feierlich darüber verhandelt und jeder Eingeweihte in Pflicht genommen. Immer aber war das Entzücken über unser höheres Wissen so übermächtig, daß wir wenigstens die Mutter in das Vertrauen ziehen mußten.

Das tiefe Loch (Josef Scharl 1896–1954)

Gottfried Keller
Sammelfreuden und -leiden

Desto eifriger verkehrte ich im stillen mit mir selbst, in der Welt, die ich mir allein zu bauen gezwungen war. Meine Mutter kaufte mir nur äußerst wenig Spielzeug, immer und einzig darauf bedacht, jeden Heller für meine Zukunft zu sparen, und erachtete in ihrem Sinne jede Ausgabe für überflüssig, welche nicht unmittelbar für das Notwendigste geopfert wurde. Sie suchte mich dafür durch fortwährende mündliche Unterhaltungen zu beschäftigen und erzählte mir tausend Dinge aus ihrem vergangenen Leben sowohl, wie aus dem Leben anderer Leute, indem sie in unserer Einsamkeit selbst eine süße Gewohnheit darin fand. Aber diese Unterhaltung sowie das Treiben im wunderlichen Nachbarhause konnte doch zuletzt meine Stunden nicht ausfüllen, und ich bedurfte eines sinnlichen Stoffes, welcher meiner Gestaltungslust anheimgegeben war. So war ich bald darauf angewiesen, mir mein Spielzeug selbst zu schaffen. Das Papier, das Holz, die gewöhnlichen Aushelfer in diesem Falle, waren schnell abgebraucht, besonders da ich keinen Mentor hatte, welcher mich mit Handgriffen und Künsten bekannt machte. Was ich so bei den Menschen nicht fand, das gab mir die stumme Natur. Ich sah aus der Ferne bei anderen Knaben, daß sie artige kleine Naturaliensammlungen besaßen, besonders Steine und Schmetterlinge, und von ihren Lehrern und Vätern angeleitet wurden, dergleichen selbst auf ihren Ausflügen zu suchen. Ich ahmte dieses nun auf eigene Faust nach und begann gewagte Reisen längs der Bach- und Flußbette zu unternehmen, wo ein buntes Geschiebe an der Sonne lag. Bald hatte ich eine gewichtige Sammlung glänzender und farbiger Mineralien beisammen, Glimmer, Quarze und solche Steine, welche mir durch ihre abweichende Form auffielen. Glänzende Schlacken, aus Hüttenwerken in den Strom geworfen, hielt ich ebenfalls für wertvolle Stücke, Glasflüsse für Edelsteine, und der Trödelkram der Frau Margret lieferte mir einigen Abfall an polierten Marmorscherben und halb durchsichtigen Alabasterschnörkeln, welche überdies noch eine antiquarische Glorie durchdrang. Für diese Dinge verfertigte ich Fächer und Behälter und legte ihnen wunderlich beschriebene Zettel bei. Wenn die Sonne in unser Höfchen schien, so schleppte ich den ganzen Schatz hinunter, wusch Stück für Stück in dem kleinen Brünnlein und breitete sie nachher an der Sonne aus, um sie zu trocknen, mich an ihrem Glanze erfreuend. Dann ordnete ich sie wieder in die Schachteln und hüllte die glänzendsten Dinge sorglich in Baumwolle, welche ich aus den großen Ballen am Hafenplatze und beim Kaufhause gezupft hatte. So trieb ich es lange Zeit; allein es war nur der äußere Schein, der mich erbaute, und als ich sah, daß jene Knaben für jeden Stein einen bestimmten Namen besaßen und zugleich viel Merkwürdiges, was mir unzugänglich war, wie Kristalle und Erze, auch ein Verständnis dafür gewannen, welches mir durchaus fremd war, so starb mir das ganze Spiel ab und betrübte mich. Dazumal konnte ich nichts Totes und Weggeworfenes um mich liegen sehen; was ich nicht brauchen konnte, verbrannte ich hastig oder entfernte es weit von mir; so trug ich eines Tages die sämtliche Last meiner Steine mit vieler Mühe an den Strom hinaus, versenkte sie in den Wellen und ging ganz traurig und niedergeschlagen nach Hause.

Nun versuchte ich es mit den Schmetterlingen und Käfern. Meine Mutter verfertigte mir ein Garn und ging oft selbst mit mir auf die Wiesen hinaus; denn die Einfachheit und Billigkeit dieser Spiele leuchteten ihr ein. Ich fing zusammen, wessen ich habhaft werden konnte, und setzte eine Unzahl Raupen in Gefangenschaft. Allein ich kannte die Speise dieser letzeren nicht und wußte sie sonst nicht zu behandeln, so

daß kein Schmetterling aus meiner Zucht hervorging. Die lebendigen Schmetterlinge aber, welche ich fing, wie die glänzenden Käfer, machten mir saure Mühe mit dem Töten und dem Unversehrterhalten; denn die zarten Tiere behaupteten eine zähe Lebenskraft in meinen mörderischen Händen, und bis sie endlich leblos waren, fanden sich Duft und Farbe zerstört und verloren, und es ragte auf meinen Nadeln eine zerfetzte Gesellschaft erbarmungswürdiger Märtyrer. Schon das Töten an sich selbst ermüdete mich und regte mich zu sehr auf, indem ich die zierlichen Geschöpfe nicht leiden sehen konnte. Dieses war keine unkindliche Empfindsamkeit; mir widerwärtige oder gleichgültige Tiere konnte ich so gut mißhandeln wie alle Kinder; es war vielmehr ein ungerechtes Mitgefühl für diese bunteren Kreaturen, denen ich wohlgewogen war.
Auch diese Unternehmung scheiterte endlich, als ich zum ersten Male eine große Menagerie sah. Sogleich faßte ich den Entschluß, eine solche anzulegen, und baute eine Menge Käfige und Zellen. Mit vielem Fleiße wandelte ich dazu kleine Kästchen um, verfertigte deren aus Pappe und Holz und spannte Gitter von Draht oder Zwirn davor, je nach der Stärke des Tieres, welches dafür bestimmt war. Der erste Insasse war eine Maus, welche mit eben der Umständlichkeit, mit welcher ein Bär installiert wird, aus der Mausefalle in ihren Kerker hinübergeleitet wurde. Dann folgte ein junges Kaninchen; einige Sperlinge, eine Blindschleiche, eine größere Schlange, mehrere Eidechsen verschiedener Farbe und Größe; ein mächtiger Hirschkäfer mit vielen anderen Käfern schmachteten bald in den Behältern, welche ordentlich aufeinander getürmt waren. Mehrere große Spinnen versahen in Wahrheit die Stelle der wilden Tiger für mich, da ich sie entsetzlich fürchtete und nur mit großem Umschweife gefangen hatte. Mit schauerlichem Behagen betrachtete ich die Wehrlosen, bis eines Tages eine Kreuzspinne aus ihrem Käfige brach und mir rasend über Hand und

Der einsame Sammler (Gyory Stefula, *1913)

Kleid lief. Der Schrecken vermehrte jedoch mein Interesse an der kleinen Menagerie, und ich fütterte sie sehr regelmäßig, führte auch andere Kinder herbei und erklärte ihnen die Bestien mit großem Pomp. Ein junger Weih, welchen ich erwarb, war der große Königsadler, die Eidechsen, Krokodile und die Schlangen wurden sorgsam aus ihren Tüchern hervorgehoben und einer Puppe um die Glieder gelegt. Dann saß ich wieder stundenlang allein vor den trauernden Tieren und betrachtete ihre Bewegungen. Die Maus hatte sich längst durchgebissen und war verschwunden, die Blindschleiche war längst zerbrochen sowie die Schwänze sämtlicher Krokodile, das Kaninchen war mager

Was könnte ich sammeln? (Adolph Menzel 1815–1905)

wie ein Gerippe und hatte doch keinen Platz mehr in seinem Käfig, alle übrigen Tiere starben ab und machten mich melancholisch, so daß ich beschloß, sie alle zu töten und zu begraben. Ich nahm ein dünnes langes Eisen, machte es glühend und drang mit zitternder Hand damit durch die Gitter und begann ein greuliches Blutbad anzurichten. Aber die Geschöpfe waren mir alle lieb geworden, auch erschreckte mich das Zucken des zerstörten Organismus, und ich mußte innehalten. Ich eilte in den Hof hinunter, machte eine Grube unter dem Vogelbeerbäumchen, worin ich die ganze Sammlung, tote, halbtote und lebende, in ihren Kasten kopfüber warf und eilig verscharrte. Meine Mutter sagte, als sie es sah, ich hätte die Tiere nur wieder ins Freie tragen sollen, wo ich sie geholt hätte, vielleicht wären sie dort wieder gesund geworden. Ich sah dies ein und bereute meine Tat; der Rasenplatz war aber lange eine schauerliche Stätte für mich, und ich wagte nie jener kindlichen Neugierde zu gehorchen, welche es immer antreibt, etwas Vergrabenes wieder auszugraben und anzusehen.

Heinrich Seidel
Buutz-Saison

Neben diesem berühmten Manne [dem Komponisten Max von Flotow] wohnte der Forstrevisor M., der von einer einzigen Frau zweiundzwanzig Kinder hatte, von denen eine ganze Menge am Leben und zum größten Teil damals noch zu Hause waren. Da ich mit seinem Sohne Adolf befreundet war, so kam ich öfter ins Haus, und da hat sich mir als besondere Merkwürdigkeit ein großer Saal eingeprägt, in dem alle diese Kinder, worunter schon erwachsene Mädchen waren, schliefen. Durch allerlei spanische Wände, Vorhänge und dergleichen um die verschiedenen Bettgruppen herum war er in geschlossene Abteilungen geschieden und so dieser Reichtum ganz gut untergebracht. Für uns Kinder war dieser Schlafsaal am Tage mit seinen vielen Ecken und Winkeln, Ab- und Einbuchtungen eine Gelegenheit zum Versteckspiel, wie sie nicht leicht besser gefunden werden konnte. Dieser Adolf M. war dadurch merkwürdig, daß überall, wo er auch ging und stand, seine Augen auf den Boden gerichtet waren. Er hatte nämlich einmal ein Achtschillingsstück (50 Pf.) gefunden, und das hatte einen solchen Eindruck auf ihn gemacht, daß er seitdem das Suchen als Sport betrieb. Wegen seiner Ausdauer darin fand er natürlich auch mehr als andere, bald mal ein Messer, einen Taschenkamm, einen Schilling oder einen wertvollen Knopf, der seine sechzehn bis zweiunddreißig Hosenknöpfe wert war. Denn bei Leibe darf man nicht glauben, daß bei uns ein Knopf ein Knopf war, da bestanden die größten Wertunterschiede und ein vollständig ausgebildetes Münzsystem. Der Hosenknopf bildete die Einheit, und in der »Buutz«-Saison kam es vor, daß besonders eifrige und unglückliche Spieler sich alle Knöpfe vom Leibe schneiden mußten, um

Das Knopfspiel (Ludwig Emil Grimm 1790–1863)

ihren Verpflichtungen zu genügen. Wenig geschätzt waren die hohlen Metallknöpfe, hoch dagegen die massiven klingenden von Messing oder Bronze. Ein »Posthorn« galt, wenn ich nicht irre, sechzehn. Die Stelle der Goldstücke aber vertraten die umfangreichen, oft über talergroßen schwedischen Kupfermünzen, die durch Seeleute oder Reisende zuweilen ins Land kamen und den größten Reichtum der Knopf-Kapitalisten ausmachten. Denn solche gab es mit schweren, strotzenden Beuteln, deren Inhalt man auf viele tausend Hosenknöpfe schätzen konnte. Ich habe nie zu ihnen gehört, und spielte mir das Schicksal einmal ein kleines Kapital in die Hände, so half es bald einen dieser strotzenden Beutel schwellen. Es ist bei Kindern wie bei großen Leuten, und wer jene genau beobachtet, kann früh voraussagen, wer einmal auf Gummirädern fahren wird.

Adolf Damaschke
Käfermai – für eine Nadel gibt es drei

Meine nächsten Spielgefährten wurden die beiden Altersgenossen des Hauses: der einzige Sohn des Inhabers des Gartenlokals Fritz Keller und ein Sohn des Vorderhauses, Fritz Veit. Veits waren neben Dessins die Vornehmsten im Hause. Der Vater war ein feiner, alter Mann. Nach langer Witwerschaft hatte er eine Frau geheiratet, die viel jünger war als er. Wie ich später hörte, war sie in der Kellerschen Wirtschaft beschäftigt gewesen und hatte durch ihre Schönheit und Liebenswürdigkeit den alten Herrn gewonnen. Unerwartet war noch ein Sohn geboren, eben mein Freund Fritz. Der alte Herr hatte mich liebgewonnen, und wenn wir mit ihm Ausflüge machten, betonte er stets die Gleichheit in unseren Anrechten. Ich habe das dankbar empfunden, namentlich wenn wir drei gingen, Maikäfer zu suchen. Das war nicht ganz leicht, da ganz früh aufgebrochen werden mußte, um in der Kastanien- oder Pappelallee die vielbegehrten Käfer an den Wurzeln der großen Bäume auszugraben. Kamen wir zu spät zu erfolgreicher Jagd, so kamen wir doch nie mit leeren Händen zurück, da der alte Herr Veit nach Sonntagsjägerart das, was wir nicht selbst gewannen, von glücklicheren Jägern erwarb. Diese Maikäfer fanden vielfache Verwendung. Zunächst für sehr geschätzten Spiritus zum Einreiben, dann aber auch als Gegenstand schwungvollen Handels. Hier lernten wir zuerst die Grundsätze aller Volkswirtschaft kennen: war das Angebot groß, so mußten drei für eine Nadel gegeben werden – »Käfermai, Käfermai, für eine Nadel gibt es drei!« – war es klein, so konnte man wohl einen Pfennig für einen Käfer erhoffen. Die Käfer selbst wurden wieder nach ihrer Seltenheit gewertet. Kenner schieden sie nach der Farbe ihres Schildes. Am gesuchtesten

waren die mit Purpurschilden: die »Kaiser und Könige«, dann kamen die mit den weißen (»Müller«) und die mit den schwarzen Schilden (»Schornsteinfeger«) und endlich das gewöhnliche Volk.
In die Schule ging ich mit keinem von meinen beiden Freunden, da sie natürlich die höhere Schule besuchten und ich die Volksschule. Ich entsinne mich auch nicht, daß wir von Schule, Schularbeiten oder Schulabenteuern miteinander sprachen.

Die Maikäfer (Wilhelm Busch 1832–1908)

Hugo Hartung
Die bittere Flotte

Als ich beim Fotografen die Türkenmütze aufsetzen und einen Reifen in die Hand nehmen durfte – in der rechten hielt ich den Reifen und in der linken den Treibstock –, wurde mir leichter zumute. Der Reifen war mein liebstes Sommerspielzeug. Ich trieb ihn die Straße hinauf nach Netzschkau bis zum Geschäft vom Fleischermeister Bürzel, wo ich immer ein Scheibchen Blutwurst und ein Scheibchen Leberwurst als Marschverpflegung bekam –, ich jagte ihn die Straße hinunter nach Mylau, wo herrliche bunte Schokoladenbildchen von Mutters Kolonialwarenhändler mein Lohn wurden. Am liebsten hatte ich die Serien *Unsere Kolonien* mit Palmen und schwarzen Menschen und *Unsere Flotte* mit Schiffen, die von wilden Wellen umspült wurden. Bei *Unsere Flotte* gab es auch ein Bild vom Prinzen Heinrich, dem Bruder des Kaisers, der einen Spitzbart hatte wie Onkel Gustav und eine blaue Matrosenmütze trug. Auf dem schönsten der bunten Bilder aber war der Kaiser mit einer weißen Marinemütze, und Vater las mir vor, was drunter gedruckt stand:
»Bitter not tut uns eine starke Flotte.«
Ich fand das so schön, daß ich die Schiffe nur noch die bittere Flotte nannte.
Mit meinem Reifen in der Hand hatte ich plötzlich gar keine Angst mehr vor dem glotzenden Glasauge. Ich lächelte sogar. Der Fotograf sagte lobend, ich sei, trotz meiner Türkenmütze, doch ein richtiger deutscher Junge, und dann wurde ich auf ein Tischchen gesetzt, auf die aufgeschlagene Zeitschrift *Über Land und Meer*, die wir auch zu Hause im Lesezirkel hatten. Ich glaube sogar, ich saß auf der Kaiserfamilie, die oft in den Heften abgebildet war. Dieses Bild wurde nachher das allerschönste.

Ernst Toller
Geht ein Kaiser auch aufs Klo?

Ich sammle Kaiserbilder. Im Geschäft meiner Eltern gibt es viele verlockende Dinge, Bindfaden und Bonbons, Limonaden und Rosinen, große und kleine Nägel, aber am schönsten sind die Kaiserbilder. Wenn auch am schwersten zu stehlen. In jeder Tafel Schokolade liegt eins. Der Schokoladenschrank ist verschlossen, der Schlüssel hängt an einem Bund, den Mutter an ihrer blaugewürfelten Umhängeschürze trägt.
Wenn Mutter nicht acht gibt, stehle ich erst die Schlüssel, dann aus den Schokoladentafeln die Bilder, Schokolade nur nebenbei. Schön sind die Bilder der alten Germanen, sie tragen Felle und Keulen, auf die sie sich stützen, ihre Weiber kauern auf der Erde und müssen die Schilde scheuern. Stanislaus meint, sie gebrauchten dazu ihre blonden Haare, die aussehen wie um den Kopf gelegte Bettvorhänge aus Stroh. In den meisten Tafeln liegen Bilder von unserem Kaiser, er hat sich einen Mantel von rotem Samt auf seine Schultern gelegt, in der einen Hand hält er eine Kugel, in der anderen einen goldenen Feuerhaken.
Wenn ich morgens in meinem Bett liege und die vielen Kaiserbilder ansehe, frage ich mich: Geht der Kaiser auch aufs Klo? Die Frage beschäftigt mich sehr, und ich laufe zur Mutter.
– Du wirst noch ins Gefängnis kommen, sagt Mutter. Also geht er nicht aufs Klo.

Hermann Hesse

Die gemeinsame Sparkasse

Als ich elf Jahre alt war, kam ich eines Tages von der Schule her nach Hause, an einem von den Tagen, wo Schicksal in den Ecken lauert, wo leicht etwas passiert. An diesen Tagen scheint jede Unordnung und Störung der eigenen Seele sich in unserer Umwelt zu spiegeln und sie zu entstellen. Unbehagen und Angst beklemmen unser Herz, und wir suchen und finden ihre vermeintlichen Ursachen außer uns, sehen die Welt schlecht eingerichtet und stoßen überall auf Widerstände.

Ähnlich war es an jenem Tage. Von früh an bedrückte mich – wer weiß woher? vielleicht aus Träumen der Nacht – ein Gefühl wie ein schlechtes Gewissen, obwohl ich nichts Besonderes begangen hatte. Meines Vaters Gesicht hatte am Morgen einen leidenden und vorwurfsvollen Ausdruck gehabt, die Frühstücksmilch war lau und fad gewesen. In der Schule war ich zwar nicht in Nöte geraten, aber es hatte alles wieder einmal trostlos, tot und entmutigend geschmeckt und hatte sich vereinigt zu jenem mir schon bekannten Gefühl der Ohnmacht und Verzweiflung, das uns sagt, daß die Zeit endlos sei, daß wir ewig und ewig klein und machtlos und im Zwang dieser blöden, stinkenden Schule bleiben werden, Jahre und Jahre, und daß dies ganze Leben sinnlos und widerwärtig sei.

Auch über meinen derzeitigen Freund hatte ich mich heute geärgert. Ich hatte seit kurzem eine Freundschaft mit Oskar Weber, dem Sohn eines Lokomotivführers, ohne recht zu wissen, was mich zu ihm zog. Er hatte neulich damit geprahlt, daß sein Vater sieben Mark im Tag verdiene, und ich hatte aufs Geratewohl erwidert, der meine verdiene vierzehn. Daß er sich dadurch hatte imponieren lassen, ohne

Der kritische Blick

Einwände zu machen, war der Anfang der Sache gewesen. Einige Tage später hatte ich mit Weber einen Bund gegründet, indem wir eine gemeinsame Sparkasse anlegten, aus welcher später eine Pistole gekauft werden sollte. Die Pistole lag im Schaufenster eines Eisenhändlers, eine massive Waffe mit zwei bläulichen Stahlrohren. Und Weber hatte mir vorgerechnet, daß man nur eine Weile richtig zu sparen brauche, dann könne man sie kaufen. Geld gebe es ja immer, er bekomme sehr oft einen Zehner für Ausgänge oder sonst ein Trinkgeld, und manchmal finde man Geld auf der Gasse oder Sachen mit Geldeswert, wie Hufeisen, Bleistücke und anderes, was man gut verkaufen könne. Einen Zehner hatte er auch sofort für unsere Kasse hergegeben, und der hatte

mich überzeugt und mir unseren ganzen Plan als möglich und hoffnungsvoll erscheinen lassen.
Indem ich an jenem Mittag unseren Hausflur betrat und mir in der kellerig kühlen Luft dunkle Mahnungen an tausend unbequeme und hassenswerte Dinge und Weltordnungen entgegenwehten, waren meine Gedanken mit Oskar Weber beschäftigt. Ich fühlte, daß ich ihn nicht liebte, obwohl sein gutmütiges Gesicht, das mich an eine Waschfrau erinnerte, mir sympathisch war. Was mich zu ihm hinzog, war nicht seine Person, sondern etwas anderes, ich könnte sagen sein Stand – es war etwas, das er mit fast allen Buben von seiner Art und Herkunft teilte: eine gewisse freche Lebenskunst, ein dickes Fell gegen Gefahr und Demütigung, eine Vertrautheit mit den kleinen praktischen Angelegenheiten des Lebens, mit Geld, mit Kaufläden und Werkstätten, Waren und Preisen, mit Küche und Wäsche und dergleichen. Solche Knaben wie Weber, denen die Schläge in der Schule nicht weh zu tun schienen und die mit Knechten, Fuhrleuten und Fabrikmädchen verwandt und befreundet waren, die standen anders und gesicherter in der Welt als ich; sie waren gleichsam erwachsener, sie wußten, wieviel ihr Vater im Tag verdiene, und wußten ohne Zweifel auch sonst noch vieles, worin ich unerfahren war. Sie lachten über Ausdrükke und Witze, die ich nicht verstand. Sie konnten überhaupt auf eine Weise lachen, die mir versagt war, auf eine dreckige und rohe, aber unleugbar erwachsene und »männliche« Weise. Es half nichts, daß man klüger war als sie und in der Schule mehr wußte. Es half nichts, daß man besser als sie gekleidet, gekämmt und gewaschen war. Im Gegenteil, ebendiese Unterschiede kamen ihnen zugute. In die »Welt«, wie sie mir in dämmerndem Abenteuerschein vorschwebte, schienen mir solche Knaben wie Weber ganz ohne Schwierigkeiten eingehen zu können, während *mir* die »Welt« so sehr verschlossen war und jedes ihrer Tore durch unendliches Älterwerden, Schulesitzen, durch Prüfungen und

Erzogenwerden mühsam erobert werden mußte. Natürlich fanden solche Knaben auch Hufeisen, Geld und Stücke Blei auf der Straße, bekamen Lohn für Besorgungen, kriegten in Läden allerlei geschenkt und gediehen auf jede Weise. Ich fühlte dunkel, daß meine Freundschaft zu Weber und seiner Sparkasse nichts war als wilde Sehnsucht nach jener »Welt«. An Weber war nichts für mich liebenswert als sein großes Geheimnis, kraft dessen er den Erwachsenen näher stand als ich, in einer schleierlosen, nackteren, robusteren Welt lebte als ich mit meinen Träumen und Wünschen. Und ich fühlte voraus, daß er mich enttäuschen würde, daß es mir nicht gelingen werde, ihm sein Geheimnis und den magischen Schlüssel zum Leben zu entreißen.

Der rote Vorhang

VORHANG AUF UND ZU!

Theaterspielen

Theater und Theaterspiel entfacht durch seine sinnliche Unmittelbarkeit Phantasie und Spontaneität wie kaum ein anderes Medium. In ihm gelangt zur Anschaulichkeit, was die Realität schuldig bleiben muß, was aber doch in sie hinüberreichen könnte. Das Theater erkennt das gesellschaftliche Rollensystem nicht an, es stellt Rollenfunktionen nach Belieben um. Wer auf der Bühne agiert, ist außer *sich, d.h. auch außerhalb aufgenötigter Haltungen und vorbestimmter Abläufe.*

Melchior Schedler

Wilhelm von Kügelgen
Der Bethlehemitische Kindermord

Wir hatten noch niemals ein Theater gesehen; aber obgleich wir eigentlich nicht recht wußten was da vorgehen würde, erwarteten wir doch immer etwas recht Erkleckliches, dem vielen Geld entsprechend, das Volkmann an der Kasse gezahlt hatte. Auch sprachen uns der dekorierte Saal, der Kronleuchter, die vielen Menschen und der schön gemalte Vorhang, den wir für eine Wand hielten, schon recht an. Ich nahm die Vereinigung dieser Dinge für die Komödie selbst und saß in der behaglichsten Stimmung auf meiner Bank. Beim Beginn der Ouvertüre sahen mein Bruder und ich uns bedeutungsvoll an. Wir fanden, daß eine Komödie ein Staatsvergnügen sei.

Wer aber beschreibt unsere Überraschung, als es nun klingelte, die bunte Rückwand vor unseren Augen aufrollte und dem Blicke freie Aussicht auf die herrlichsten Paläste gestattete. Wir sahen abwechselnd Jerusalem und Bethlehem, denn das Stück stellte den Bethlehemitischen Kindermord vor. Ich war ganz wie bezaubert. Das Unnatürliche und Steife in den Bewegungen der Puppen störte mich nicht. Vielmehr war es mir ausgemacht, daß diese Würde und Einfalt der Manieren vor zwei Jahrtausenden wirklich gang und gäbe gewesen sei. Auch ist es nicht zu leugnen, daß die Volkspoesie der Puppenspiele wegen ihres fürchterlichen Ernstes und ihres Mangels an spielender Reflexion sich der Großartigkeit des alten Heldenliedes nähert. Wie prächtig war dieser dunkelrote König Herodes! wie zermalmend sein Grimm, als er sich vom Throne erhob und zornig mit seinem Reichsapfel Fangeball spielte. Und wie rührend sah es aus, als die beklagenswerten, in tiefe Trauer gehüllten Mütter ihre Kinder zur Schlachtbank führten. Es war ein langer

Zug, den das Orchester mit einem sanften Trauermarsch begleitete. Ohne Aufhören und Ende zogen sie vorüber, während man hinter der Szene das gräßlichste Massacre hörte.

Im Hause hatte ich nichts Eiligeres zu tun, als alles nachzumachen. Es wurde ein Theater konstruiert, gepappt, gekleistert und angestrichen. Auf Notenpapier malte ich den König Herodes und die übrigen, wie sie mir im Gedächtnis waren, und schnitt sie sauber aus. Dann wurde mit der Aufführung des Kindermordes vorgegangen. Die Geschwister gaben Publikum und Orchester zugleich ab. Mein Bruder trompetete schmetternd mit dem Munde und schlug die Pauken auf seinem eigenen Leibe, und auch die kleine Schwester machte tapfere Musik, bis ich klingelte und die Vorstellung ihren Anfang nahm.

Inzwischen wurden wir des einfachen Sujets bald überdrüssig. Ich fing an, mich in eigenen Ideen zu ergehen, und nun erst gewann die Sache rechten Reiz für mich. Ich wurde ein berühmter Puppenspieler unter meinesgleichen, ja, selbst Margrete verfehlte nicht, mir zuzusehen, mit *assez bien* und *fort joli!*, und da ich alles selbst machen mußte, Text, Malereien und Aufführung, so hatte ich immerhin auch meinen Nutzen von diesen Spielereien.

August Ebrard
»Zerbrecht das Kloster, erstürmt die Mauern!«

Adalbert Küttlinger, der mit mir gleichaltrige Sohn des Medizinalrates Küttlinger, hatte an seinem Geburtstage eine »Ritterkleidung« bekommen, bestehend aus Helm, Harnisch, Schwert und zwei sehr schönen Ritterröcken, der eine himmelblau, der andere rot, beide wundervoll mit verschiedenartigen Puffen besetzt. Das war ein Ereignis in der Erlanger Knabenwelt. Mehrmals wurde diese Knabenwelt in Küttlingers schönes Haus zu Turnieren eingeladen, wo auch wir Armen, die wir keine »Ritterkleidung« hatten, uns, jeder mit seinem Säbel, einfanden, und wo Krieg geführt, Spiele gespielt und Schokolade getrunken wurde, der eine und andere aber auch des hohen Glücks teilhaftig wurde, die »Ritterkleidung« selbst einige Minuten lang anziehen zu dürfen! Natürlich träumten wir nun von nichts als von Burgen, Turnieren, Femgerichten und ritterlichen Kämpfen. Diese romantische Stimmung wurde, vornehmlich bei Adalbert, noch erhöht durch eine Schauspielertruppe, die sich damals eine Zeit lang in Erlangen aufhielt und deren Vorstellungen er oftmals beiwohnte, da sein Vater einen kranken Schauspieler behandelte und dafür regelmäßig Freibilletts erhielt. Aber auch ich bin in jener Zeit einmal ins Theater gekommen; nicht das erstemal; denn als Kind hatte ich einmal den Johann von Paris gehört, doch ohne etwas davon zu verstehen; später einmal die Zauberflöte, wo mir besonders die Schlange und die wilden Tiere nebst dem Mondschein gefielen; diesmal aber war ich schon gereifter, und das Stück, welches gegeben wurde, Kotzebues Kreuzfahrer, entsprach völlig meinem Verständnis und meiner Neigung. Diese Menge glänzender Ritter, den edlen Balduin voran, diese arme Nonne, die unter schaurigem Glokkenklang eingemauert werden soll, und dann der Türke, der mit lauter Donnerstimme dazwischenruft: »Zerbrecht das Kloster! Erstürmt die Mauern!« – das waren Dinge, die nie vergessen werden konnten. Es war kein Wunder, daß auch ich bald anfing, »Ritterspiele« zu schreiben, ein jedes natürlich in der Absicht, es mit meinen Kameraden aufzuführen. Dieser Plan beseligte mich jedesmal einige Tage lang; der Ausführung stellten sich leider stets verschiedene kleine Hindernisse, z.B. der Mangel eines Bühnenlokales, die Lässigkeit der Kameraden, die nie ernstlich Anstalt machten, ihre Rollen zu memorieren, entgegen. Die Verabfassung der Stücke selbst hingegen machte mir nicht die geringste Schwierigkeit. Durch die fleißige Lektüre von Weißes Kinderfreund war ich mit der technischen Anlage eines Theaterstücks hinlänglich vertraut. In einer Stunde war ein solches fertig. Die Hauptsache und das Schönste daran war natürlich, daß es recht viele Aufzüge, und jeder Aufzug mehrere Szenen, und jede Szene mehrere Auftritte hatte; dann durfte es natürlich auch an Handlung nicht fehlen. Diese bestand in verschiedenen Kriegen, denen jedesmal eine Kriegserklärung vorausgehen mußte, und wobei, versteht sich, mehrere Helden und Könige getötet wurden. Kam die Hauptperson ums Leben, so hieß das Stück »ein Trauerspiel«, bissen nur anderweitige und mehr untergeordnete Helden ins Gras, so war es »ein Drama«. Der Dialog machte mir am wenigsten zu schaffen; man redete eben nur, was nötig war, um mit Anstand einen Krieg anfangen oder eine Burg erstürmen zu können. Einmal aber entschlüpfte meiner Feder zu meiner eigenen freudigen Überraschung sogar ein Vers. Es sagte ein Ritter zum andern: »Balduin, du mußt die Kriegserklärung halten«; darauf entgegnete Balduin:

»Ich halte die Kriegserklärung nicht,
Weil es mir zu sehr an Verstande gebricht.«

Wie freute ich mich meines Verstandes, als ich diesen trefflichen Vers zuwege gebracht!

Friedrich Bodenstedt
Puppentheater

Der poetische Drang, der mich in den ersten Jahren, von welchen ich erzählt habe, beunruhigte, nahm eine andere Richtung, als mir mein Vater ein Puppentheater zu Weihnachten schenkte, für welches ich nun mit großem Behagen kleine Stücke schrieb, deren Inhalt und Aufführung selbst meinen Vater oft in gute Laune versetzte. Diese dramatischen Anfänge, welche manchen Winterabend angenehm ausfüllten, führten im Sommer zu anderen Aufführungen unter freiem Himmel. Es waren mir Schilderungen aus den Kreuzzügen mit Bildern in die Hände gefallen, und ich wußte eine Anzahl meiner Spielkameraden für den Plan zu begeistern, die Eroberung von Jerusalem in Szene zu setzen. Die Vorbereitungen dazu nahmen viel Zeit in Anspruch, denn abgesehen von der ritterlichen Ausrüstung der Kreuzfahrer mußten die Mauern von Jerusalem erst erbaut werden, ehe sie erstürmt werden konnten. Die Sache sollte nämlich »ganz natürlich« vor sich gehen und das Mauerwerk aus wirklichen Steinen aufgeführt werden, und zwar auf dem sehr geräumigen Hofe unseres würdigen Nachbars, des Senators Ebeling, dessen Söhne, obgleich ich sie als Verteidiger der Feste später zu bekämpfen hatte, vorläufig meine wertvollsten Verbündeten waren, da ihr Vater an der Spitze der Polizei stand, deren Nachsicht eine Hauptbedingung zum Gelingen unseres Werkes war, da wir sämtliche Steine heimlich aus dem Material herbeischaffen mußten, welches auf dem Markte zum Bau eines neuen Rathauses in bequemer Nähe lag.

Ich muß es mir leider versagen, die Geschichte des in allen Teilen glücklich ausgeführten Unternehmens zu erzählen. Nur so viel sei ergänzend bemerkt, daß wir nach der Erobe-

Kasperletheater (Albert Hendschel 1834–1883)

rung von Jerusalem das ganze, etwa fünf Fuß hohe und ziemlich weite Gemäuer wieder abbrechen und die geraubten Steine auf den Marktplatz zurückschaffen mußten. Diese Zerstörung von Jerusalem verleidete mir die Lust an neuen Aufführungen.

Gottfried Keller
David und Goliath im Faß

Ueber solchen Mißgeschicken verleidete mir die einsame Beschäftigung im Hause, und ich schloß mich nun einigen Knaben an, welche sich gut zu unterhalten schienen, indem sie in einem großen alten Fasse Komödie spielten. Sie hatten einen Vorhang davorgezogen und ließen eine begünstigte Anzahl Kinder respektvoll harren, bis sie ihre geheimnisvollen Vorbereitungen geendet. Dann wurde das Heiligtum geöffnet, einige Ritter in papiernen Rüstungen führten ein gedrängtes Zwiegespräch tüchtiger Schimpfreden, um sich darauf schleunigst durchzubleuen und unter dem Fallen des durchlöcherten Teppichs tot hinzustrecken. Ich wurde bald eingeweiht als ein anstelliger Junge und brachte vor allem einen bestimmteren Stoff in das Faß, indem ich kurze Handlungen aus der biblischen Geschichte oder den Volksbüchern auszog und die vorkommenden Reden wörtlich abschrieb und durch einige Wendungen verband. Ich fand auch, daß es wünschbar wäre, wenn die Helden einen besonderen Eingang hätten, um vorher ungesehen auftreten zu können. Deshalb wurde in die Hinterwand ein Loch gesägt, geschnitten und gekratzt, bis ein Wohlgewappneter bescheiden durchkriechen konnte, was sehr possierlich aussah, wenn er mit seinen donnernden Reden begann, ehe er sich völlig aufgerichtet hatte. Sodann wurden grüne Zweige geholt, um das Innere des Fasses in einen Wald umzuwandeln; ich nagelte sie ringsherum fest und ließ nur oben das Spundloch frei, durch welches überirdische Stimmen her niederzuschallen hatten. Ein Knabe brachte eine ansehnliche Tüte Theatermehl und hiermit ein neues prächtiges Element in unsere Bestrebungen.

Eines Tages wurde David und Goliath gegeben. Die Philister standen auf dem Plane, führten sich heidnisch auf und traten vor das Faß hinaus in das Proszenium. Dann krochen die Kinder Israel herein, lamentierten und waren verzagt und traten auf die andere Seite des Einganges, als Goliath, ein großer Bengel, erschien und übermütige Possen machte zum großen Gelächter beider Heere und des Publikums, bis David, ein unterwachsener bissiger Junge, plötzlich dem Unfug ein Ende machte und dem Riesen aus seiner Schleuder, die er trefflich führte, eine große Roßkastanie an die Stirne schleuderte. Darüber wurde dieser wütend und hieb dem David ebenso derb auf den Kopf, und sogleich waren beide im heftigsten Raufen ineinander verknäult. Die Zuschauer und die beiden Chöre klatschten Beifall und nahmen Partei; ich selbst saß rittlings oben auf dem Fasse, ein Lichtstümpfchen in der einen und eine tönerne Pfeife mit Kolophonium in der andern Hand, und blies als Zeus gewaltige ununterbrochene Blitze durch das Spundloch hinein, daß die Flammen durch das grüne Laub züngelten und das Silberpapier auf Goliaths Helm magisch erglänzte. Dann und wann guckte ich schnell durch das Loch hinunter, um dann die tapfer Kämpfenden ferner wieder mit Blitzen anzufeuern, und hatte kein Arges, als die Welt, welche ich zu beherrschen wähnte, plötzlich auf ihrem Lager wankte, überschlug und mich aus meinem Himmel schleuderte; denn Goliath hatte endlich den David überwunden und mit Gewalt an die Wand geworfen. Es gab ein großes Geschrei, der Eigentümer des Fasses kam heran und schloß das rollende Haus, nicht ohne Schelten und ausgeteilte Püffe, als er die willkürlichen Veränderungen entdeckte, welche angebracht waren.

Rudolf von Gottschall
Hedwig, die Banditenbraut

Im ersten Stock unseres Hauses wohnte Herr Schulrat Brüggemann, der später ins Unterrichtsministerium kam; er hatte zwei Pensionäre, welche den berühmten Namen Cornelius führten. Hier wurden hin und wieder in ziemlich engen Wohnräumen theatralische Aufführungen veranstaltet; auch ich wurde mit in das Künstlerensemble aufgenommen, doch hatte ich von meinem schauspielerischen Genie bisher keine Proben geben können und wurde deshalb nur in stummen Rollen beschäftigt. An einem Theaterabend hatte man es besonders auf Theodor Körner abgesehen und gab hintereinander »Toni« und »Hedwig, die Banditenbraut«. In dem ersten Negerstück hatte ich einen Negerknaben zu spielen, in dem zweiten eine Schildwache. Der Negerknabe war sehr gelungen und gehörte der dunkelsten afrikanischen Rasse an. Durch welche Mittel seine tiefe Schwärze erzeugt worden, vermag ich nicht mehr anzugeben; jedenfalls war sie waschecht, und alle Bemühungen, den Mohren in der Zwischenpause weiß zu waschen, scheiterten vollständig. Die ganze Familie, die Dienstboten, die Mitspieler scheuerten an ihm herum. Länger ließ sich die Pause nicht ausdehnen; eine andere Schildwache für die »Hedwig« war auch nicht vorhanden; es blieb nur das eine verzweifelte Mittel übrig. Der Mohrenknabe mußte mit dem Antlitz, das er noch hatte, in die Uniform gesteckt werden mit der Ordre, dem Publikum stets den Rücken zuzukehren. Eine Schildwache im Dienst darf sich dem Publikum gegenüber manches erlauben, und so spazierte ich auf und ab, und die harmlosen Zuschauer, denen ich stets meine Rückseite zuwandte, hatten keine Ahnung davon, daß diese Schildwache für die Mitspielenden eine Othellomaske hatte.

Levin Schücking
Mißglücktes Theaterspiel

Ich erinnere mich eines gescheiterten Versuchs, ein Lustspiel, das uns meine Mutter geschrieben hatte, aufzuführen: ich hatte dazu eine kleine Bande angeworben, aber obwohl ihr vollständig »die Begriffe fehlten«, stellten sich doch auch »die Worte« nicht ein – der Hauptheld, der im Stücke Heinrich hieß, konnte sich durchaus nicht abgewöhnen, diesen Namen, den er nun einmal in seiner Rolle gefunden und gelernt hatte, jedesmal voraufzusenden, so oft er den Mund öffnete – und so wurde das Ganze zu Wasser, trotz aller obligaten Kolophoniumblitze, die verschwenderisch von mir daran gewandt wurden.

Der Hauptheld (Friedrich Wasmann 1805–1886)

Julius Rodenberg
Der Bühnentyrann

In jedem Winter kam, auf ihrem Zuge durch die Grafschaft, eine wandernde Schauspielertruppe auch in unser Städtchen und schlug im Saale des Ratskellers ihre Bühne auf. Ein Mitglied der Gesellschaft trug am Tage der Vorstellung die Theaterzettel (die am folgenden wieder abgeholt wurden) von Haus zu Haus; und da die Stücke, die sie aufführte, weder schwierige Probleme noch sonst bedenkliche Dinge behandelten, so waren Dienstboten und Kinder ihr vornehmlichstes Publikum. Hier war es, daß ich zum erstenmal in meinem Leben ein Schauspiel sah; es hieß »Die Räuber auf Maria-Culm«, und man kann sich denken, welchen Eindruck das zuvor nie Geschaute auf den Knaben machte: der mit Öllampen erleuchtete, ziemlich niedrige Saal, die bunte Leinwand- und Bretterwelt, in der das Erschütternde geschah, die Bänke, auf denen die staunenden Zuschauer saßen. Und wie es wohl allen Kindern ergangen sein mag, deren früheste Entwicklung ja darauf beruht, daß sie spielend nachzuahmen suchen, was sie »die Großen« tun sehen: so wirkte das Beispiel auch hier; der dramatische Funke war in unsre Brust gefallen und loderte bald mächtig empor. Im Anfang waren es nur allerlei Verkleidungsszenen, in denen wenig gesprochen, aber destomehr getobt ward und regelmäßig ein Gespenst in weißem Bettlaken vorkam. Als mir das nicht mehr genügte, fing ich an, mit unbeholfener Kinderhand die Stücke zu schreiben, die wir aufführen wollten. Sie waren kurz, immer nur wenige Seiten lang und meist biblischen Inhalts, manchmal auch dem Lesebuch entlehnt. Allmählich jedoch wandten wir uns der Tragödie großen Stils zu, die freilich auf sehr eigentümliche Weise zustande kam. Heimlich schlich ich mich an unsren Bücherschrank,

Der Fußfall

gestehen, sie schienen ihr nicht nur gegen die geschichtliche Echtheit, sondern auch gegen die Psychologie zu streiten, denn wenn der Herzog keinen Fußfall getan hatte, so brauchte er auch keine Selbsterniedrigung an dem Vasallen zu rächen, dieser konnte keinen Vertrauensbruch begangen haben, und damit fiel zugleich sein verhängnisvoller Leichtsinn weg, dem beleidigten Herrn allein ins Gehölze zu folgen. Da ich nicht nachgeben zu können glaubte, bat er sich aus, wenigstens jetzt in der Probe verschont zu bleiben; hernach bei der Aufführung wolle er schon alles recht machen. Der große Tag kam heran, vor dem Vorhang saßen erwartungsvoll die Zuhörer, darunter mit bedenklicher Miene sogar das sonst bei unseren Spielen selten anwesende Familienhaupt, augenscheinlich mit einer bangen Ahnung kämpfend: nicht ohne Grund, denn als der Vorhang aufgehen sollte, erhob sich hinter der Szene ein Wortwechsel, der nicht zum Stück gehörte und der bald in Weinen und Schluchzen überging. Edgar hatte mir nämlich vor dem Heraustreten zugeflüstert: daß du's weißt: ich tue den Fußfall doch nicht. Ich war in Verzweiflung; ich flehte ihn an, mein Stück nicht durch seine Halsstarrigkeit zu Fall zu bringen, ich wollte ja gern zehn Fußfälle vor ihm tun für diesen einen; umsonst, er blieb bei seiner Weigerung. Die Aufführung mußte abgesagt werden; die Kulissen wurden weggeräumt, und die Eltern hatten alle Mühe, zwei fassungslose Kinder zu trösten, indem der Vater sein schluchzendes Töchterlein, die Mutter den tief erschütterten Sohn in die Arme nahm.

Anna Schieber
Susanna

Eigentlich waren wir auch nur darum so darauf versessen gewesen, weil wir in jener Zeit ein großes schönes Mädchen in der Nachbarschaft wohnen hatten, das zu einer wandernden Schauspielertruppe gehörte und das mit uns auf dem Heuboden Theater spielte. Sie hatte lang wallendes blondes Haar, eine schimmernde Mähne, die oben auf dem Scheitel mit einer glänzenden Spange zusammengehalten war, und hieß Susanna.

Da schritten nun unter ihrer Führung Könige und Königinnen, Prinzen und Prinzessinnen über die Bühne und sagten große Worte, die Susanna uns beibrachte, oder wenigstens beizubringen versuchte. Denn wir sollten sie hochdeutsch aussprechen, und dagegen wehrten wir uns, auch schon darum, weil immer eines das andre ansah, ob es auch nicht lache, auslache nämlich: denn hochdeutsch reden galt für geziert. Man sprach es nur in der Schule, es war aber auch danach. Susanna aber sprach Theaterdeutsch und ließ das R lang hinrollen, was für uns ungebändigtes Volk immer nur zum Lachen war, obgleich wir trotzdem kuschten und Versuche machten mit innerer Heiterkeit und zugleich Verlegenheit.

Die Königinnen und Prinzessinnen trugen aber, wenn sie dahin schritten – oder wandelten – denn sie mußten »schreiten« oder »wandeln« – als Staatsgewänder nur umgewendete Schürzen oder Bettdecken, oder Schleier aus ausrangierten Vorhangen, und als Schmuck und Krone Streifen aus Goldpapier und Ketten aus Roßkastanien oder Löwenzahnstielen und erbeutete Federn von Hähnen und Pfauen. Sie waren uns seither prächtig vorgekommen, Susanna aber sagte, auf dem Theater seien die Kleider aus Gold und Sammet

Zwei Grazien

und Seide, und da war nun einen Augenblick lang die goldene und seidene Wirklichkeit wie ein Märchen zwischen uns durchgegangen. Aber wir kehrten frohmütig wieder zu unsern Spielen zurück, in denen allerdings zur Zeit Susanna mächtig kommandierte. Wir übten das Schneewittchen ein, und Wilhelm sollte als der einzig dunkelhaarige unter uns blondem Volk Schneewittchen sein: »so schwarz wie Ebenholz«.

Er wollte nicht, es war ihm gar zu genierlich, da als Mädchen aufzutreten, aber Susanna bestimmte es einfach, und weil man ihn eben brauchte, ließ er sich bereit finden. Wir fanden, er sähe auch richtig aus wie ein Königskind in seinem langen weißen Hemd, das um den Leib eine blaue Schärpe bekam, und mit dem breiten goldpapierenen Band in seinem schwarzen Lockenwald. Als aber am Sonntag nachmittag die Aufführung stattfand vor großen und kleinen Zuschauern und Schneewittchen mit dem Jäger in den Wald geschickt werden sollte, da stolperte es unaufhaltsam über sein langes Kleid und fiel der Länge nach hin, und nicht genug des Mißgeschicks: aus dem Zuschauerkreis heraus rief Wilhelm Schluchter, ein gefürchteter Nachbarsbube mitten in die Szene hinein: »Mädlesfüßler«, was die verkleidete Männlichkeit so sehr kränkte, daß sie mit Zornestränen Goldreif und Prinzessinnenkleid abwarf und sich auf den Spötter stürzte. Darauf erklärte Susanna, sie wolle nichts mehr mit uns zu tun haben und brach nicht nur die Vorstellung, sondern auch den ganzen künstlerischen Verkehr ab. Das war uns aber im Grunde nur recht, denn wir hatten seither aus dem Stegreif gespielt und jederzeit »aus dem Herzen« geredet, Worte, wie sie uns das Leben im Märchen eingab. Bei Susanna aber hatten wir Rollen auswendig zu lernen gehabt, und aus der Unmittelbarkeit war etwas wie Kunstdilettantismus geworden, den wir erleichtert wieder ablegten, um aufs neue ins eigentliche und ursprüngliche Spiel unterzutauchen.

Carl Zuckmayer
Die Kartoffelkomödie

Der mehr als sechs Jahre ältere Bruder Eduard spielte für mich eine unter Heranwachsenden sehr seltene, fast märchenhafte Rolle. Das erste menschliche Gesicht, an das ich mich deutlich erinnere, ist nicht das der Mutter oder des Vaters, sondern sein lockenköpfiges rundes Bubengesicht, wenn es sich – in meinen Augen groß wie der volle Mond – mit dem Ausdruck einer unendlichen Zärtlichkeit und Bewunderung über meinen Kinderwagen beugte. Obwohl gar kein Grund dazu vorhanden war, denn ich bin sicher, an mir war nichts, was mich von anderen Kindern unterschied, bewunderte er mich – vermutlich weil ihm die Erscheinung eines kleinen Knäbleins, mitten im kalten Winter, ein Wunder bedeutet hatte. Durch diese behutsame und unermüdliche Brüderlichkeit erwuchs mir eine Fülle von Vertrauen, Anregung und Erfahrung. Nie wurde es ihm zu viel, die Phantasiespiele des um so viel Jüngeren zu teilen oder zu bereichern, nie schämte er sich, wie andere Buben, der Gesellschaft und der Begleitung des Kleinen.

Ich glaube, von ihm ging die erste Anregung zur »Kartoffelkomödie« aus, mit der wir jahrelang uns und ein paar Freunde besser unterhielten als mit den präfabrizierten Puppen- oder Kaspertheatern. Denn sie war, von der Bühne bis zu den Stücken und den Darstellern, selbstgemacht.

Im Keller unseres Elternhauses lagen im Winter stets größere Haufen verschiedener Erdäpfelsorten – in Hessen sagte man »Grumbiern«, also Grundbirnen. Aus denen wurden die Schauspieler ausgesucht, der Begabungsnachweis war die Form, die sie für eine bestimmte Art von Kopf geeignet machten. Mit allerhand zusammengeklaubtem Zeug, Stofffetzen aus der Nähstube, Putzwerg, Wattebäuschen, Glassplittern von zerbrochenen Bierflaschen, kleinen Kieselsteinen und Kohlestückchen, Karotten, die sich besonders gut für Nasen eigneten, Stanniol oder Glanzpapier, wurden sie zu Typen, Charakteren, Personen »ummontiert«, um dann über dem Rand einer leeren Kiste zu agieren. Es gab Kartoffelkönige, Kartoffelhelden, Kartoffelprinzen und -prinzessinnen, Kartoffelschurken und -narren, und natürlich auch den Kartoffeltod. Die Handlung wurde häufig dem Kölner Hännesje entlehnt, dessen Vorführungen man auf dem Meßplatz sah, oft waren es auch bekannte Märchenstoffe oder erfundene Geschichten, für unsere besonderen Zwekke »umfunktioniert«.

Wem gehört die Welt? (Dagmar Brand *1943)

ANHANG

Nachwort

Wie frei fühlen sich Kinder bei ihren Spielen im Freien? 1953 hat der Psychologe Arnulf Rüssel eine Analyse von Spielverläufen vorgelegt und dabei sieben Hauptmotive entdeckt, mit denen die Kinder ihre Spiele selbst gestalten und kombinieren: Vorspiele (Abzählen), Haupt- und Gegenspiele (Parteispiele und Wettkämpfe), Verwandlung (Rollenspiele), Aufzehrung (Ausscheidungsspiele), Wechsel (Reigenspiele), Mal (Fangen, Versteck), Probe (Ratespiele)[1]. Das sind wissenschaftliche Ordnungsprinzipien, die vom Spielverständnis der Kinder ausgehen, deren aktive, gestaltende Rolle betonen und nicht vornehmlich auf ihre Fremdbestimmtheit und ihr Imitations- und Anpassungsbedürfnis hinweisen.
Spiele als Kommunikationsmittel der Kinder: dieser Gedanke hat den Gesichtspunkt bestimmt, unter dem wir unser Material ausgebreitet haben. Es handelt sich dabei ausschließlich um Spielbeschreibungen bekannter oder auch weniger bekannter Persönlichkeiten. Zu dieser Quellenlage vorab einige Bemerkungen:
Autobiographien als Quellen für soziale Sachverhalte sind nicht ohne kritischen Vorbehalt zu akzeptieren. Immer betreffen sie ja die Kindheit eines einzelnen Menschen, der mit seinen Erinnerungen weniger allgemeine kulturgeschichtliche Daten vermitteln als vielmehr sein ganz spezielles individuelles Lebensschicksal dokumentieren möchte. Seit Goethes »Dichtung und Wahrheit« stellt die Autobiographie eine typisch bürgerliche Kunstform dar, zu der im 19. Jahrhundert, dem Zeitalter der sozialen Bewegungen, vermehrt auch Arbeitermemoiren hinzukamen. Der bürgerliche Charakter dieser literarischen Gattung jedoch, der den aristokratischen Memoiren des 18. Jahrhunderts folgte, bewirkte hier ein Bedürfnis nach Repräsentation, d.h. nach wohlgeordne-

ten Verhältnissen und geistig oder zumindest charakterlich bedeutenden Menschen in der dargestellten Verwandtschaft. Meist bilden die Kindheitserinnerungen nur den Vorspann zu den eigentlichen Lebensläufen, und sicher ist es richtig, wenn Hardach gerade den Memoiren des 19. Jahrhunderts eine Tendenz zur »nostalgischen Idealisierung der Kindheit« bescheinigt.[2] Der ernste, tüchtige Vater, die schöne, liebe- und verständnisvolle Mutter, die gütige, nachsichtige Großmutter: das wurden Topoi der Kindheitsbeschreibungen, denen kein Autor allzu abweichende Selbsterlebnisse entgegenstellen mochte.
Sicher gibt es noch andere Klischees der Memoiren-Kinderwelt. Doch selbst bei allen nur möglichen kritischen Vorbehalten wirkt manches Gelesene so frisch und unmittelbar, daß man sich der Rückverwandlung in die eigenen Kinderjahre nicht entziehen kann. Das gilt besonders für *den* Bereich der Kindheit, der im Mittelpunkt der vorliegenden Sammlung steht: die selbständigen Spiele, das Verhalten der Kinder untereinander ohne lenkende Einwirkung der Erwachsenen. Wirft das erwähnte bürgerliche Repräsentationsbedürfnis – vor allem bei den Kindheiten der Kaiserzeit – auch sonst zuweilen gar zu rosige Lichter auf die Kinderzeit des Erzählers, so gilt das nicht für die Straßenspiele und die Spiele der Kinder unter sich. Hier taucht der Verfasser ein in eine Erinnerungstiefe, aus der sich vielleicht manches Amüsante und Skurrile zutage fördern läßt, doch nur selten geschönte Anekdoten. Denn bei den hier wiedergegebenen Kindererlebnissen waren nicht die verehrten erwachsenen Bezugspersonen die Autoritäten, sondern die Kinder selbst, die Spielgenossen des Erzählers. Rücksicht und Feinsinnigkeit waren also bei der Auswahl der Memorate nicht vonnöten, – man konnte die Dinge so wahrheitsgetreu erzählen, wie man sich erinnerte.

Mit der »Gassenfreiheit«, wie Heinrich Hansjakob (1837 bis 1916) dieses Spielbewußtsein genannt hat[3], betritt der Memoirenschreiber ein besonderes Feld der Erinnerungen, und es ist sehr aufschlußreich zu beobachten, an was er sich hier im einzelnen erinnert. Die Anordnung dieser Sammlung verrät, daß es uns weniger auf einen Informationsbericht über den Gegenstand »Kinderspiel« angekommen ist. Dazu findet der Interessierte alle erforderlichen Aufschlüsse im Spieleregister (S. 360ff.). Hier soll etwas anderes deutlich werden: das strukturelle System der Kindergruppen, ihre eigene Logik, wenn sie sich vom Erwachsenengehorsam in Haus und Schule entpflichtet haben und in eine weitere Rolle ihres Lebens schlüpfen. Dieser neue Zustand ist mit Formulierungen wie »Gegensatz zur Arbeit«, »Auseinandersetzung mit der Umwelt« oder »Nachahmung der gesellschaftlichen Verhältnisse«, so richtig das auch sein mag, nur unzureichend definiert. Es geschieht ja etwas Neues, Selbständiges. Die spielenden Kinder formen nun eigene Gesetzmäßigkeiten, deren Befolgung ihnen wichtiger ist als Lob und Tadel der Erwachsenen. Ihr autonomes Bezugssystem besitzt jeweils eine verpflichtende innere Wahrheit. Wie wichtig das den Kindern war, beweist die lebhafte Erinnerung der Memoirenschreiber, von denen hier über 80 aus den letzten zweihundert Jahren zu Wort gekommen sind. Es werden ausschließlich solche Erinnerungen zitiert, in denen Erwachsene keine leitende oder anregende Rolle spielen; die Kinder verteilen vielmehr ihre Rollen selbst.

Daß es sich dabei nicht nur um Spaß und Jux, um »dumme Streiche« handelt, sondern um eine für die Kinder höchst ernsthafte Liste von Regeln, Geboten und Zeichen, ist leider von den Erwachsenen allzuoft übersehen worden – ein gedankenloses Beschneiden kindlicher Selbstverwirklichungsmöglichkeiten. Wenn sich das Kind gerade im Spiel gespürt hatte, klagt Alice Miller noch 1979 im »Jahr des Kindes«, so rufen es die Erwachsenen auf, doch etwas »Gescheiteres« zu leisten, und seine im Entstehen begriffene Welt wird überfahren.[4] Die in sich logischen Ordnungen dieser Kinderwelt sollen nun aus dem Gelesenen nochmals hervorgehoben werden. Die Anordnung des Materials in 12 inhaltliche Kapitel – nicht nach Spielgattungen, sondern aus der Sicht der spielenden Kinder – entspricht bereits einem solchen kindlichen Denkprinzip aus ihrem Gruppen-Empfinden. Was da im einzelnen abläuft: geschichtlich und landschaftlich, in dörflicher und in städtischer Umgebung, schichtenspezifisch und geschlechtsgebunden, kann hier nur mit ein paar Hinweisen angedeutet werden.

Da geht es zu allererst um das *Wir* der Spielgruppe und ihre Abgrenzungen: *Wir – und die Anderen.*

In sozialer Hinsicht fällt hier auf, daß sich die Kinder bei der Auswahl ihrer Spielgefährten oft gerade *nicht* nach den ständischen Vorstellungen ihrer Eltern richten. Der Maler Lovis Corinth (1858–1925) berichtet von Gustav, dem Sohn des Nagelschmieds, seinem liebsten Freund. »Er war sehr gutmütig, hatte brandrote Haare und das Gesicht voll Sommersprossen. Heinrich war der ältere, der weißblond und lang war. Wir lagen entweder in der Schmiede herum oder bei uns im Pferdestall. Dazu kam noch ein anderer Junge, ›Schlupps August‹. Seine Eltern waren jahrelang Tagelöhner bei uns und wohnten in einer Dachstube ... Der Junge war durchtrieben, trotzdem er sich seiner niedrigen Stellung wohl bewußt war ... Wir spielten lustig und kindlich zusammen zum Ärger meiner Mutter. Ihr Wunsch war, im Blumengarten mit Herrschaftskindern sollte ich spielen. Einmal war ich dort, aber ich kehrte doch zu meinen alten Freunden fröhlich zurück. Zwar erntete ich am Sonnabend manche Laus in den Haaren, aber bei der großen Wäsche waren sie alle wieder vernichtet. Mit den Herrschaftskindern hatte ich nichts im Sinn.«[5]

Die Betonung dieses Desinteresses an der herrschenden ständischen Schichtung, am gesellschaftlichen Klassengeist, der den Erwachsenen so wichtig war, kehrt in den Kindheitserinnerungen häufig wieder. – Eindrucksvoll beschreibt Viktor Mann (1890 – 1949) für das München um 1900 die Bedeutung, die die Freundschaft mit dem Arbeitersohn Huberkatsche für ihn besaß (Kap. 2, S. 52).
Die Motive der Gruppen- und Bandenbildung sind höchst verschieden. Ganz äußerlich gilt es zuweilen, sich nach Straßen- und Wohnlage zu entscheiden. Aber dann kamen, besonders in den Großstädten, bald jene Identifikationsmerkmale hinzu, die Elternhaus und Schule vermittelten. An der Grenze des Berliner Tiergartenviertels prügelten sich »Geheimratsjören und Knoten« (Georg Ebers, 1837 bis 1898, Kap. 9, S. 230f.). Ähnliche Erlebnisse erzählt Carl Zuckmayer (1896–1977) von seinen Mainzer Kinderängsten um die Jahrhundertwende, als er, durch den Matrosenanzug ausgewiesen als Bürgersohn, die »Bittel« zu fürchten hatte.[6]
Ehrlich referiert Gerhart Hauptmann (1862 – 1946) den Klassenhaß, der sich auch auf der Straße wiederholte (Kap. 1, S. 31f.).
Vielleicht war den Kindern dabei oft der Bandenkampf als solcher wichtiger als irgendeine klassenkämpferische Überzeugung. Diesen Eindruck gewinnt man zumindest bei der Lektüre von Wolfgang Menzel (1798 – 1873), der aus Waldenburg in Schlesien von den blutigen Kämpfen der Honoratiorensöhne gegen die Handwerkerkinder erzählt, gekleidet in das nationalistische Mäntelchen von »Preußen« gegen »Franzosen«, wie es dieser Epoche entsprach. Nach kurzer Zeit jedoch fand in der Kindergruppe ein Frontwechsel statt: Oberschicht und »Plebejer«, also die Stadtjugend, verbanden sich gegen einen neuen gemeinsamen Feind, die »schwer bewaffneten« Jungen aus den umliegenden Dörfern (Kap. 9, S. 228).

Auf eine rührende Geschichte über das soziale Wir-Bewußtsein von Kindern möge hier verwiesen sein, die Ernst Toller (1893 - 1939) erzählt: die Einbeziehung der alten körperbehinderten Kochfrau Jule in die Spielgruppe der Kinder, einer sozial unterprivilegierten und kindlichen Person, die hier ihre Rolle besser findet als in der Erwachsenenwelt und ganz selbstverständlich von den Kindern akzeptiert wird (Kap. 5, S. 151ff.).

Die soziale Festlegung der Gruppe war also, wenn man nach den Erwachsenennormen geht, willkürlich, jedoch gemessen an der Kürze einer »Kindergeneration« durchaus logisch und überzeugend. Das läßt sich an den Aufnahmeriten (Initiationen) und Proben, den Rangordnungen (Hierarchien) und Abzeichen nachweisen.

Mutproben und Heldentaten laufen jeweils nach den Gegebenheiten und den Normen der Gruppe ab. Eindrucksvoll zeigen sich die Rangordnungen der Kinderwelt. Immer von neuem muß der kleine Gerhart Hauptmann seine Gefolgschaft von seinen Führungsqualitäten überzeugen, sonst fällt sie von ihm ab (Kap. 1, S. 31f.). Im traditionellen Rollenverständnis unterwirft sich die Schwester dem brüderlichen Anführer ohne Widerrede und ist noch dankbar für untergeordnete Aufgaben (Franziska Tiburtius, 1843 bis 1927, Kap. 2, S. 49). Das gleiche passiert bei Carl Oskar Jatho (1884–1971) dem kleinen Bruder, der alle Schikanen der Größeren erträgt, wenn er nur mitmachen darf (Kap. 2, S. 57ff.). Bei »Kutscher und Pferd« (Oskar Kokoschka, 1886 bis 1980) ist die jüngere Schwester natürlich das Pferd und muß sich hauen lassen. »Aber mach doch kein Randal! Jeder Kutscher schlägt sein Pferd mit der Peitsche, das ist doch abgemacht. Wer deshalb heult, ist bloß ein gewöhnlicher Spielverderber« (Kap. 3, S. 77ff.). Und wenn man vom großen Bruder lesen lernen will, so gehört es dazu, sich schmerzhaft »mieken« zu lassen (Paul Deussen, 1845–1919, Kap. 1, S. 30). Wie sollen große Leute das verstehen!

Festgelegte Geheimsymbole werden erfunden, die »Kriegserklärung« bedeuten (Friedrich Hebbel, 1813 - 1863, Kap. 3, S. 67f.) oder Zugehörigkeit zu einem Geheimbund, wie das grüne Blatt als Ausweis der »Kuhwarmen« (Alice Herdan-Zuckmayer, Kap. 2, S. 61ff.). Ein besonders scharfes Zeichen für das Bekenntnis zur Spielgruppe aber ist die Kraft, sich den Kleidungsvorschriften der Eltern zu widersetzen und z.B. auch sonntags keine feinen Sachen anzuziehen (Gerhart Hauptmann, Kap. 1, S. 31).[7] Vielleicht war das für die »besseren« Kinder oft die härteste Probe, eine Leistung, deren Schwere die Spielgruppe zuweilen gar nicht ermessen konnte, aber ganz selbstverständlich von ihnen erwartete.
In diesen Entscheidungsbereich gehört auch die Unsicherheit gegenüber »guten« und »bösen« Taten. Nach welchen Maßstäben sollte sich ein Kind bei wirklichen Katastrophen richten, z.B. wenn ein Spielkamerad der »feindlichen« Mannschaft ins Wasser fiel? War es in einem solchen Augenblick, der schnelle Entscheidungen erforderte, wichtiger, an die Gruppenzugehörigkeit zu denken, an die Erwachsenenverbote des Angelns, des Schiffebetretens u.ä. und einfach fortzulaufen? Oder mußte man nicht vielmehr schnell und kurz entschlossen helfen? (Theodor Fontane, 1819-1898, Kap. 1, S. 22ff.). Im nachhinein entdeckten die Kinder dann zuweilen bei den Erwachsenen die Gültigkeit eines übergeordneten ethischen Anspruchs, die sie überraschte.
Schwierig wurde die Entscheidung auch bei anderen Gesetzen der Kindergruppen und den damit zusammenhängenden Sanktionen. Wie stand es z.B. mit dem Stehlen? Das oft erzählte »Äppelklauen« war so etwas wie ein Kavaliersdelikt, die unterste Stufe der »Gassenfreiheit«. Aber wie ist der raffinierte Ladendiebstahl der kleinen Mädchen einzuordnen (Charlotte Berend-Corinth, 1880 - 1967, Kap. 10, S. 257ff.)? Hier herrscht eine andere Moral als die des Strafgesetzbuches, und Stehlen wird zum Angriff auf die Welt der Er-

wachsenen, die ja das Kinderleben an so vielen Stellen einschränken und behindern. Aus diesem Blickwinkel bekommen Mein und Dein einen neuen Stellenwert. Weil die Mutter immer wieder gleichgültig den Löffel ihrer kleinen – sehr auf ihr Eigentum bedachten – Tochter benutzt statt ihren eigenen, schreitet das Kind eines Tages zu einem ausgeklügelten Racheakt (Hans Fallada, 1893–1947, Kap. 10, S. 260ff.). Wer kann dieses Kind Fiete verstehen? Sein Motiv ist aus seiner Sicht sonnenklar, doch fehlt ihm die Einsicht in die »Verhältnismäßigkeit der Mittel«. Zu welchen seelischen Konflikten solche Situationen führen können, hat Hermann Hesse (1877 – 1962) berichtet (Kap. 11, S. 288ff.); die Nöte des Elfjährigen gehen so weit, daß er schließlich glühend seinen Kumpan beneidet, weil der so sicher in der Gegenwelt der Erwachsenen beheimatet ist.
Auch die sogenannten Saisonspiele werden von kindlicher Einschätzung der materiellen Werte bestimmt, und das sind höchst wandelbare Maßstäbe. Murmeln z.B. sind im Frühling groß in Mode und die Regeln in den jeweiligen Spielgruppen dann strenger als im Spielcasino von Monte Carlo. »Waren die Straßen ganz trocken geworden, so begann das ›Kügeln‹, meine Hauptleidenschaft. Ein Ziegelstück gab die schiefe Ebene ab, über welche die Kugeln hinabrollten, und jede Hausecke den Spielplatz. Am liebsten trieben wir das Spiel hinter der Kirche, wo es sonnig und wo wir am ungestörtesten waren. Für einen Kreuzer kauften wir 10 Kugeln, rot, blau, grün gefärbt, beim ›Gotterbarm‹. War das eine Seligkeit, wenn ich Mittel hatte, wieder 10 Stück zu kaufen und meinen Vorrat durch neue Kugeln vermehren konnte! In einem weißen Säckchen verwahrte ich meinen Schatz unter meinem Kopfkissen im Bett, und mit Wonne wurden die Kugeln jeden Abend gezählt und Gewinn und Verlust berechnet.«[8]
Ähnliche Erlebnisse sind vielfach in den Memoiren geschildert (vgl. Spielregister »Murmel«) und kulminieren bei

Hans Fallada (Kap. 1, S. 36ff.). Aber mit der Frühlingssonne verschwindet das Spiel völlig von der Straße, und verlassene Murmellöcher erinnern noch einige Zeit an die vergangenen Spielleidenschaften. Damit sinkt aber auch der Kurswert der bunten Kugeln in unermeßliche Tiefen. Ordentliche Kinder heben sich ihr Säckchen auf bis zum nächsten Frühling, aber im Herbst z.B. zeichnet der Besitz von Murmeln niemanden mehr aus.

Der logische Grund für das erstaunliche Phänomen der Saisonspiele ist wissenschaftlich noch nirgends ausreichend erhellt worden und kann wohl nur bei den Kindern selbst gesucht und gefunden werden. Margaret Mead vermutet, daß die Leichtigkeit der Diffusion eine Rolle spielen könnte, der schnelle Wechsel des Besitzes, der nur kurze Zeit seinen Reiz behält. Sie stellt die These auf, daß Annahme und Verbreitung eines Spiels um so größer seien, je einfacher der damit zusammenhängende Spielgegenstand ist und je leichter zugänglich dessen Material.[9] Das gleiche gilt dann auch für das schnelle Vergessen dieses Spiels.

Der erworbene Gegenstand bei Erwerbsspielen, wenn es sich nicht um Geld handelt, gehört also auch nicht zu den »bleibenden Werten«, sondern vielmehr zu den Unwägbarkeiten, die die autonome Spielwelt der Kinder verunsichern. In anderen Bereichen aber sind die Kinder ganz sicher und gefeit, dürfen in Frieden ausruhen, befinden sich im *Freimal*, umgeben von einem Gefühl der Geborgenheit, das sie manchmal durch ihr ganzes Leben begleitet, wie es Thomas Mann (1875 – 1955) seine Toni Buddenbrook aussprechen läßt (Kap. 4, S. 88).

Aus den Gefahren der Verfolgungsspiele können sie sich auf dieses Freimal retten; dessen Schutz ist unantastbar, ein von den Kindern selbst bestimmter irrationaler Schutz, ein Glücksplatz, den – zumindest für die Dauer des Spiels – niemand verletzen darf. Diese Freimale gehören vielleicht zum Schönsten, was sich Kinderphantasie erdacht hat (Kap. 4).

Das größte Kapitel - auch in diesem Buch -, in dem sich Wunschvorstellungen erfüllen und Wunder der Verwandlung vollziehen, ist das der *Rollenspiele* (Kap. 5-9 und 12). Die Faszination dieser Spiele strahlt noch aus vielen der Kindheitsberichte zurück, ja, gerade auf diesem Gebiet werden die Erzähler gesprächig und liefern besonders genaue Details. So denkt der Verfasser historischer Romane, Felix Dahn (1834-1912), gern daran zurück, mit welcher Unbekümmertheit seine Spielgruppe nach ihren jeweiligen Kräfteverhältnissen die Weltgeschichte verändert hat. Bei einer Kreuzritterschlacht gewinnen ganz gegen jede historische Wahrheit die Templer und nehmen Saladin (den »Monten-Gustel«) mit seinem Krummschwert gefangen. Und die Jungfrau von Orléans drischt auf ihren Lionel so grausam los, daß ihm schließlich der grimme Talbot zu Hilfe kommen muß (Kap. 5, S. 122).
Sonst scheinen die Mädchen an diesen Ritterschlachten weniger Freude gehabt zu haben; bei gemischten Rollenspielen erging es ihnen oft nicht gut, und die Behandlung der Haremsdamen bei Hans Fallada grenzt an Brutalität (Kap. 5, S. 148ff.).
Ihr eigenes Ressort fanden die Mädchen wohl eher in den Familienspielen, auch beim Begräbnis- und Kirche-Spiel. In ausgespielten Szenen imitierten Mädchen und Jungen die Erwachsenenwelt, bewältigten vielleicht Gefühle, die zu schlimm für sie alleine waren, konkretisierten für sich ein Weltverständnis, das ihnen von den Erwachsenen oft nur in unverständlicher Abstraktheit angeboten wurde. Wie sehr es ihnen z.B. gelang, im »Ewigkeitsspiel« Teuflisches und Himmlisches zu einer Einheit zu verschmelzen, das verrät etwas von den wunderbaren Möglichkeiten der Kindheit (Kap. 8, S. 204ff.).
Vorbereitung auf böse Wirklichkeiten bieten die Kriegsspiele (Kap. 9), wohl aber auch getreue Imitationen der Erwachsenenwelt, gefördert durch die Väter. Die Verharmlo-

sung blutiger Realitäten, die Einübung der Knaben für die sogenannten männlichen Tugenden: das waren sehr gefährliche Spielhandlungen mit Vernichtungszielen! Doch galten sie zumeist als ganz selbstverständlich.

Aber es gibt auch andere Beispiele für eine erstaunliche und zauberische Entrücktheit. Tiefe Einsicht in die Wir-Welt der spielenden Kinder erlaubt Bertha von Suttner (1843 bis 1914, Kap. 5, S. 123ff.). Mit dem Zauberwort »Puff« setzt die Verwandlung der beiden kleinen Freundinnen ein, der Eintritt in ihre selbstgewählte Phantasiewelt. Fremde können diese Mystifikation nicht stören, und die Mädchen dürfen nach ihren eigenen Regeln die Spielhandlung nicht unterbrechen, wenn sie sich nicht zuvor selbst mit dem magischen Worte »Paff« wieder aus ihrer Wunderwelt entlassen haben. Diese Spieldarstellung ist so konsequent durchgeführt, daß sie zum Muster der Verwandlungsspiele gedeiht.

Nur wer so tief in eine andere Rolle eingeht, kann wirklich Theater spielen. Bedauernswert erscheint die kleine Isolde Kurz (1853 - 1944), deren Bruder den für das selbst gedichtete Theaterstück erforderlichen Fußfall nicht zu vollziehen bereit ist. So bleibt er draußen, zwar den Verhaltensnormen seiner Knabenehre treu, aber ein echter Spielverderber (Kap. 12, S. 308ff.).

Für die modernen Spiele der Nachkriegszeit sind unsere Quellen weniger ergiebig, denn die Hula-Hopp- und Gummitwist-Generation befindet sich derzeit noch nicht im üblichen Alter der Memoirenschreiber. Die jüngste Erzählerin dieser Sammlung ist 1944 geboren: Maria Wimmer.

Das Thema »Spielen« ist in der sozialwissenschaftlichen und pädagogischen Diskussion letzthin fast zur Mode geworden und beschäftigt auch lebhaft die Kulturhistoriker und Volkskundler. Dabei sind die Meinungen geteilt: auf der einen Seite wird kulturpessimistisch festgestellt, daß Technik und Fernsehen bei Kindern und Erwachsenen die Fähigkeit zum Spielen verderben bis zum völligen Verlust. Auf der anderen Seite erscheinen aber auch in unseren Tagen neben Spielanleitungen große Kinderspielsammlungen aus der Gegenwart von erstaunlicher Vielfalt und Fülle wie letzthin Ulrich Baaders Dokumentation aus Württemberg.[10]

Spielforschung aus volkskundlicher Sicht

Vielleicht beruht die Unsicherheit des zeitgenössischen Beobachters über Reichtum oder Armut an Kinderspielen auch auf einer veralteten Meinung über das Wesen des Kinderspiels. Ist dazu die Kenntnis all der traditionellen Verschen und Reime erforderlich, die seit hundert Jahren in immer neuen, liebreich illustrierten Sammlungen gedruckt und verbreitet werden? Ist nur *das* Kind ein echtes Spielkind, das diese Reime in großer Anzahl kennt und beherrscht?

Zu solchen – sicher einseitigen – Vorstellungen, wie man seit Rühmkorf[11] und Borneman[12] zuverlässig weiß, trug wohl nicht wenig die volkskundliche Sammeltätigkeit des 19. Jahrhunderts bei. Sie basierte mehr oder weniger auf einem romantischen Wissenschaftsverständnis und bezog sich gerne darauf, daß »Des Knaben Wunderhorn« (die 1806 von Achim von Arnim, 1781–1831, und Clemens Brentano, 1778 – 1842, herausgegebene große Volksliedersammlung) einen umfänglichen Anhang von Kinderliedern enthielt. Damit war auch diese Gattung zu einem legitimen wissenschaftlichen Sammelobjekt erhoben für eine textfreudige Wissenschaftlergeneration, denn Spielbeschreibungen finden sich kaum in den romantischen Sammlungen, sondern nur Texte. Auch übersah man gern, daß gerade Kinderlied und -spiel durchaus nicht als Neuentdeckungen der Romantiker gelten dürfen. Bereits um 1380 war Meister Altswerts Spielregister erschienen[13]; 600 Spielnamen finden sich bei

Johann Fischart (1546–1589/90) in seiner »Geschichtsklitterung«[14]; und Pieter Bruegel d.Ä. (1525–1569) hatte 1560 sein großformatiges Kinderspielbild gemalt, das wie ein semantischer Katalog aller ihm bekannten Kinderspiele wirkt, vorgeführt von einer Gruppe von Gnomen in Erwachsenenkleidung.[15]

Jedoch dem Sammeleifer der Forschergenerationen nach den Grimms entsprach weniger eine philologische Auflistung als vielmehr die Absicht, das Kinderspiel in das Muster des romantischen Gesellschaftsbildes einzuordnen, in dem naiver Volksgeist und Kindlichkeit zu einer Bewußtseinseinheit verschwammen. In seiner Abhandlung über »Kinderwesen und Kindersitten«, die er 1819 der 2. Auflage der Kinder- und Hausmärchen angliederte, umschrieb Wilhelm Grimm (1786–1859) in seiner behutsamen poetischen Art seine Anschauung von Kindheit folgendermaßen: »Das Kind blickt mit seinen reinen Augen umher, ein Vogel fliegt vorbei, ein Käferchen setzt sich auf seine Hand, ein Blümchen liegt neben ihm im Gras, ein armes Mädchen sitzt unter einem Baum und weint, das wird ganz unschuldig und kindlich vorgestellt, und darin liegt der eigene Reiz dieser Lieder.«[16]

Das allerdings schmeckt zu süß nach jener idealen Speise, in der sich Menschen- und Geisteskindlichkeit zu einer vermeintlich reinen Urform vermischen. Tatsächlich reicht der Bestand der von den Grimms aufgeführten Kinderlieder bis zur Edda, also in germanische Frühzeiten, und bot somit das Vorbild für eine Fülle von Kinderliedsammlungen von Simrock (1802 – 1876)[17] bis Böhme (1827 – 1898)[18], die Baader letzthin in seiner Dissertation ausführlich kommentiert hat.[19] Franz Magnus Böhmes Buch der »Kinderlieder und -spiele« von 1897 stellt – wie sein »Liederhort« – bis heute ein unübertroffenes Nachschlagewerk dar mit über 2500 Nummern, davon 630 Spielliedern und Spielen (mit allerdings nicht ganz zuverlässigen wissenschaftlichen Kommentaren).

Die Flut der Kinderliedsammlungen und die Entdeckung der Kinder und ihrer Bezugspersonen als volkskundliche Gewährsleute brachten eine Fülle wertvollen Text- und Melodiematerials zutage; die erklärenden Deutungen der Sammler und Herausgeber jedoch versickerten zumeist in jenem Urstrom mythologischer Germanenfreundlichkeit, der dann in der NS-Zeit nochmals über die Ufer trat. Das Amt Rosenberg hatte sogar innerhalb seiner »Arbeitsgemeinschaft für deutsche Volkskunde« eine eigene »Mittelstelle für Spielforschung« eingerichtet, die sich die Erschließung des Kinderspielgutes als »Wesensgrundlage arischer Kultur« zur Aufgabe machte.[20]
Dabei waren bereits um die Jahrhundertwende namhafte Forscher dieser mythologischen Richtung mit ihrem Kontinuitätsverfolg bis ins germanische Altertum energisch entgegengetreten. Schon 1909 schrieb Karl Wehrhan: »In die Kinderreime und -spiele hat man sehr gern allerlei mythologische Reste hineindeuteln wollen; fast alle Gottheiten haben dazu herhalten müssen, sich sozusagen aus diesen Resten rekonstruieren zu lassen. Es ist jedoch gewagt, weitgehende Überbleibsel der Mythologie unserer Vorfahren darin finden zu wollen, obgleich sie deren sicher nicht ganz bar sind ... Da wird in den Sammlungen häufig der ganze Götterhimmel der Germanen in allen seinen Einzelheiten aufgefahren; lasse man doch lieber die einfachen Liedchen in dieser ihrer Einfalt wirken, die Reime an sich, wie sie nun einmal sind und wie es ihrem Zwecke entspricht.«[21] Und an anderer Stelle wird er noch konkreter und führt aus: »Das Spiel vom Dornröschen z.B.: ›Dornröschen war ein schönes Kind‹, das heute so verbreitet ist und ein altertümliches Aussehen hat, ist erst am Ende des 19. Jahrhunderts von einer Dresdener Lehrerin als Spiellied zu einem bekannten Kinderspiele ›Mariechen saß auf einem Stein‹ gestaltet worden, hat also mit dem Märchen Dornröschen nichts zu tun gehabt.«[22]

Solche Entmythologisierungsversuche wären zu beachten gewesen. Wehrhan stand übrigens nicht allein, sondern hatte Mitstreiter wie z.B. Samuel Singer (1860–1948)[23], wie auch Georg Schläger[24] eine entscheidende Abkehr von der mythologischen Richtung vollzog. Sein Anmerkungsapparat zu Lewalter (1862–1935), eine 1000 Nummern umfassende Sammlung aus Kassel von 1911[25], setzt einen Markstein für die vergleichende Spielforschung. Das gilt nicht nur in philologischer Hinsicht, sondern auch in soziologischer, war doch hier eindeutig das Kinderspielgut einer *Stadt* erfaßt worden.

Schon Wehrhan hatte in seinem ausführlichen Literaturverzeichnis[26] auf die Wichtigkeit einer regionalen Verbreitungsforschung hingewiesen; 1929 legte er dann selbst mit seinem Band »Frankfurter Kinderleben« eine bedeutende Großstadtsammlung vor.[27]

Das geschah immerhin in einer Zeit, in der sich die Volkskunde gern als Bauernkunde verstand und ihr die Region der Städte, gar der Großstädte, als allzu unübersichtlich und fern von »Gemeinschaft und Tradition« erschien. Merkwürdig, daß gerade die Gruppe der Kinder als Überlieferungsträger diese Vorurteile durchbrechen konnte!

Die Durchsetzung funktionaler Sichtweisen in der Volkskunde, die der theoretischen Neuorientierung nach John Meier (1864 – 1953) und Hans Naumann (1886 – 1951) folgte, wurde vor allem von Julius Schwietering (1884 – 1962) erfochten, dessen Schülerin Martha Bringemeier seine Forderungen auf dem Gebiet des Volksliedes als »Gemeinschaftslied« verwirklichte.[28] Damit war auch für die Kinderspielforschung ein neuer Weg bereitet, eine komplexere Einsicht ermöglicht, als es die rein formale Aufzeichnung von Liedern und Spielreimen erlaubt hatte. Nicht nur Spielregeln, Mitspielerzahl usw. wurden nun notiert, sondern die ganze Spielwelt mit einbezogen, die Rolle des Spiels im Leben der Kinder – allerdings immer noch hauptsächlich aus

dem Blickpunkt der Erwachsenen. Eine Ausnahme bedeutete die 1957 erschienene Arbeit von Reinhard Peesch (1909–1987).[29] Wiederum war es eine Großstadt, Berlin, waren es die Berliner Spielplätze der Nachkriegsjahre, wo das Straßenspiel blühte und Peesch fündig wurde. Ruinen und Häuserlücken boten zwar gefährliche, aber herrliche abenteuerliche Gelegenheiten, die Vaterlosigkeit vieler Kinder und die Überbeanspruchung ihrer Mütter stellte besonders die »Schlüsselkinder« viel weniger unter Erwachsenenkontrolle als in normalen Zeiten. Sie machten das Straßenspiel zu ihrer eigenen Welt, deren Ordnungen sie selbst bestimmen, deren Leistungsanforderungen sie selbst setzen konnten. Das Spielrepertoire dieser Kinder hat Peesch akribisch aufgezeichnet, aufbauend auf der einfachen Frage: »Welche Spiele spielt ihr jetzt auf der Straße am liebsten?« Damit gewann er ein großes Material, das er nach Beliebtheitsgraden, Variantenreichtum und lokaler Intensität auflistete und verkartete. Seine Methoden der teilnehmenden Beobachtung und statistischen Auflistung waren damals für die Volkskunde noch neu.
Die Selbständigkeit der kindlichen Spielwelt im Sinne einer Gegenwelt gegen die von den Erwachsenen gesetzten Normen wurde nun in den unanständigen Abzählreimen und Abortversen entdeckt, die bis dahin im allgemeinen von den Sammlern im Interesse einer »reinen« Kindlichkeit verdrängt worden waren. Rühmkorf und Borneman haben diese Sparte der Kinderkultur zu Recht ans Licht gehoben. Freilich bietet auch hier eine isolierte Darstellung – genau wie zuvor ein Auslassen – ein schiefes Bild von kindlichem Denken. Nur ihre Einordnung in ein umfassendes innerlogisches Denksystem der Gruppe »Kinder« könnte ihren Stellenwert richtig bestimmen.[30] Doch davon später.

In der Anordnung seines Materials hatte auch Peesch sich nach den üblichen Gattungsbegriffen gerichtet, die den alten, pädagogisch-volkskundlichen Kategorien der Forschung entsprechen. Seit Wehrhan hatte sich wenig geändert[31]:

1. Unterhaltungen und Belustigungen ohne feste Spielregeln (wie Steckenpferd, Puppenspiel, Spiele mit Tieren, Schaukeln, Purzelbaum- und Radschlagen, Sandspiele, Drachensteigen, Stelzenlaufen, Murmelspiel, Seifenblasen, Fingerspiele, Schneespiele u.a.m.)
2. Reigen- und Tanzspiele
3. Lauf-, Sprung- und Haschenspiele
4. Hüpf- und Hinkspiele
5. Wurf-, Schlag- und Zielspiele
6. Kleine Körperübungen ohne turnerischen Drill
7. Kampfspiele
8. Such- und Ratespiele
9. Unterhaltungen und Spiele in der Stube zur Winterszeit
10. Gesellschafts- und Pfänderspiele.

Man kann diese Auflistung von 1909 modernisieren und neue Begriffe wie Erwerbsspiele und Rollenspiele einfügen. Doch wird die Problematik bestehenbleiben, daß viele Spiele in verschiedenen Gruppen unterzubringen wären, ja, daß das gleiche Spiel, von verschiedenen Kindern zu verschiedenen Zeiten gespielt, seinen Platz in jeder Art von Katalogbildung ändern kann. Auch Baader[32] betont die Fragwürdigkeit aller Systematisierungsversuche, die von ganz unterschiedlichen Ansätzen ausgehen können: dem allgemeinen Charakter der Spielhandlung, den inhaltlichen Gegebenheiten, den gegenständlichen Hilfsmitteln oder der Spielform selbst. Seine Einteilung des eigenen großen Erhebungsmaterials in 14 Gattungen unterscheidet sich nicht wesentlich von den herkömmlichen Mustern.

Die Ordnung riesigen Sammelmaterials als Vorarbeit für Forschung und Analyse ist von jeher Last und Gefahr für die volkskundliche Forschung gewesen. Dabei lag es immer nahe, Gattungen zu bilden, die sich jedoch meist bei näherem Zusehen als sehr fragwürdig erweisen und dem Wandel in Geschichte, Region und sozialer Gruppierung, also im gesamten gesellschaftlichen Kontext, nicht standhalten. Für die Kinderspiele wäre ja auch ein anderes Einteilungsprinzip denkbar, das gewissermaßen vom Selbstverständnis der spielenden Kinder ausgeht. Wir haben ein solches Modell mit dieser Anthologie versuchsweise vorgestellt.

Spieltheorien

Im Hinblick auf den europäischen Vergleich haben von volkskundlicher Seite Pertev Boratav[33] und Roger Pinon brauchbare theoretische Klassifikationsmodelle vorgelegt, die aber international nicht genügend diskutiert worden sind – leider ebensowenig wie ihre Vorschläge für eine zentral organisierte Sammelstelle. Nach der Definition von Pinon gibt es kein Spiel ohne Spielzeug. »Darum muß natürlich die Definition des Spielzeuges möglichst genau sein, und ich bin der Meinung, daß es *primäre* Spielzeuge gibt, d.h. speziell für das Spiel bestimmte Fabrikate, – *sekundäre*, aus utilitaristischen Objekten verfertigte Spielzeuge, – *zufällige* Spielzeuge, – *lebende* Spielzeuge – und *ideologische* Spielzeuge.« In kritischer Auseinandersetzung mit der kulturgeschichtlichen und volkskundlichen Spielforschung verwirft er deren dominierende Hinwendung zur Motiv- und Ursprungsgeschichte und möchte statt dessen in einer mehr sozialpsychologischen Sehweise Spiel als »Zusammenwirken eines Themas, einer Spielweise und eines Spielzeugs« begreifen.[34] Seine weitgehend offene Beschreibung des Gegenstandes Spielzeug erlaubt einen freien Zugang zum Verständnis von Kindheit, wenn man jeweils eine historische und soziale Differenzierung vornimmt. Spieltheorien hat fast jedes geisteswissenschaftliche Fach gebildet, um das unabsehbare und sich ständig vergrößernde Material von Spielen zu deuten und seine Formen fachspezifisch zu analysieren.

Es ist hier nicht der Ort, auf diese Konzeptionen näher einzugehen. Am meisten beschäftigte sich seit Friedrich Fröbel (1782 - 1852) die Erziehungswissenschaft mit der Rolle von Spiel und Spielmitteln für die Sozialisation des Kindes, ein Wissenschaftszweig, der letzthin von Hein Retter übersichtlich und abgewogen zusammengefaßt wurde.[35]

Donata Elschenbroich tadelt in ihrem Essay[36] die »bürgerlichen Spieltheorien« besonders deshalb als einseitig, weil sie Spiel lediglich aus dem Widerspruch zur Arbeit definieren, seine Zweckfreiheit und Unproduktivität als Qualität betonen und nicht verstehen, daß der Begriff »Spiel« als Abstraktion nur jeweils in bestimmten historischen Zusammenhängen zu erklären sei. Spiel sei also nichts Zeitloses, wie Johan Huizinga (1872 - 1945) behauptet[37], sondern die Aneignung gesellschaftlich historischer Erfahrungen durch das Kind. Spielen müsse gelernt werden, und das bedeute, daß man die jeweiligen sozialhistorischen Schichtungsbedingungen mit reflektieren müsse, unter denen sich die Spielprozesse vollziehen.

Diesen Forderungen ist sicher in vieler Hinsicht zuzustimmen und die Geschichtlichkeit des sozialen Phänomens Spiel voll zu bejahen. Nur fragt es sich, wie denn eine solche komplexe historische Spielforschung ablaufen solle? Eine allzu einfache Klassifizierung nach den Gesichtspunkten der Erwachsenengesellschaft ist sicher nicht ausreichend. Der affirmative Charakter der Kultur offenbart sich gerade im Spiel nicht so eindeutig, wie die Theoretiker das behaupten. Nicht nur im Erhalten und Festigen der gesellschaftlichen Einrichtungen besteht der Sinn des Spiels, woraus »sowohl die Illusion der Freiheit und des schöpferischen Tuns entspringt wie die Garantie, daß keiner aus dem Rahmen fällt«.[38] Das scheint zu kurz geschlossen, denn durchaus nicht alle Spiele disziplinieren im Sinne der herrschenden Gesellschaft. Die Spielfähigkeit der Kinder wäre damit beträchtlich unterschätzt.

Philippe Ariès (1909-1987) hat von der Kulturgeschichte her die These hervorgehoben, daß das Kind, »sei es mit anderen Kindern, sei es im Kreise der Erwachsenen, dieselben Spiele wie die Großen« spielt.[39] Das ist historisch zutreffend vor allem für die vorindustrielle Epoche und hier wiederum für die Oberschicht, die Zeit und Platz zum Spielen hatte. Mit dem Heraufkommen der Industriegesellschaft differenzieren sich die Dinge mehr und mehr, was mit den Wohnverhältnissen, den Veränderungen der Städte, aber auch mit der Sozialgeschichte der Familie in Stadt und Land zusammenhängt.[40] Im Straßenspiel der Kinder überlieferten sich wohl am längsten von Spielgeneration zu Spielgeneration traditionelle Strukturen. Und mit der Durchsetzung einer Leistungsgesellschaft geriet für die Erwachsenen der »Ernst« des Spiels zunehmend in Vergessenheit.

Die vorliegende Sammlung hat andere Erkenntnisziele. Was ist für die Kinder selbst der Sinn ihres Spiels außer Unterhaltung und Zeitvertreib? Wenn man zu der Überzeugung gelangt, sie spielen schließlich nichts anderes als »Gesellschaft«, so wäre die Folgerung sicher richtig, daß sie im Rahmen ihrer Gruppe spielend Anpassung erlernen, – dieses Mal an die Herrschafts- und Machtansprüche ihrer Anführer statt ihrer Eltern und Lehrer, an die Verhaltensnormen, Gesetze und Verbote ihrer Gruppe. Aber das wäre nur eine sehr äußerliche Interpretation. Die Lektüre der hier vorgelegten Kinderspiele verrät mehr. Die Kinder lernten soziales Handeln, das Entwickeln eines Ichbewußtseins; sie lernten auch, Widerstand leisten zu können, sich zu etwas zu bekennen und einer Freundesgruppe treu zu sein. Daraus entnahmen sie zuweilen die Kraft, die von den Erwachsenen festgelegten Gesellschaftsregeln aus den üblichen Wertbezügen zu lösen und frei zu neuen Mustern zu kombinieren, die ihren eigenen Wünschen entsprachen. Die Spiele ermöglichten ihnen, soziale Vorurteile zu überwinden und Ängste zu erleben. Es konnte geschehen, daß die Kinder im Spiel bei sich selbst und den anderen Qualitäten entdeckten, die in der Alltagswelt im Zusammenleben mit den Erwachsenen nicht zum Ausdruck kamen.

Solch Kinderspiel ist das Gegenteil von Einsamkeit. Daran sollten sich die Erwachsenen erinnern und diese Fähigkeit des spielenden Menschen nicht gänzlich verlernen.

»Wenn Kinder mit einander spielen, verraten sie mehr von ihrem Naturell und von ihrer Erziehung als Großen gegenüber. Das ist der Augenblick, wo man sie gründlich kennen lernen kann, und ihnen dabei leise zu folgen, könnte sehr lehrreich für Eltern sein.«[41]

Ingeborg Weber-Kellermann

Anmerkungen

1 Rüssel, Arnulf: Das Kinderspiel. Grundlinien einer psychologischen Theorie. München^{2} 1965, S. 91 ff.
2 Hardach-Pinke, Irene u. Gerd Hardach (Hrsg.): Deutsche Kindheiten. Autobiographische Zeugnisse 1700 - 1900. Kronberg/Ts. 1978, S. 50 f.
3 Hansjakob, Heinrich: Aus meiner Jugendzeit. Kassel^{6} 1903, S. 100
4 Miller, Alice: Das Drama des begabten Kindes und die Suche nach dem wahren Selbst. Frankfurt am Main 1979, S. 86
5 Corinth, Lovis: Selbstbiographie. Leipzig 1926, S. 34 f.
6 Zuckmayer, Carl: Als wär's ein Stück von mir. Frankfurt am Main 1969, S. 119; vgl. Weber-Kellermann, Ingeborg: Die Kindheit. Frankfurt am Main (1979), S. 129
7 vgl. auch Schweitzer, Albert: Aus meiner Kindheit und Jugendzeit. München 1924, S. 8 f.; vgl. Weber-Kellermann, Ingeborg: Die Kindheit, a.a.O., S. 183 ff.
8 Hansjakob, Heinrich: Aus meiner Jugendzeit. Kassel^{6} 1903, S. 101f.
9 Mead, Margaret: Children's play style: potentialities and limitations of its use as a cultural indicator. In: Anthropological quarterly 48 (1975), S. 166f.
10 Baader, Ulrich: Kinderspiele und Spiellieder. 2 Bde., Tübingen 1979
11 Rühmkorf, Peter: Über das Volksvermögen. (rororo 1180) Reinbek b. Hamburg 1969
12 Borneman, Ernest: Die Umwelt des Kindes im Spiegel seiner »verbotenen« Lieder, Reime, Verse und Rätsel. Bd. 2, Freiburg 1974
13 vgl. Ranke, Kurt: Meister Altswerts Spielregister. In: Schweizerisches Archiv für Volkskunde 48 (1952), S. 137 - 197
14 vgl. Rausch, Heinrich Adam: Das Spielverzeichnis im 25. Kapitel von Fischarts »Geschichtsklitterung«. Straßburg 1908
15 vgl. Hills, Jeanette: Das Kinderspielbild von Pieter Bruegel d. Ä. (1560). Wien 1957
16 Grimm, Wilhelm: Kinderwesen und Kindersitten. In: Kinder- und Hausmärchen, Bd. 2 Berlin ^{2}1819 = Kleinere Schriften, Bd. 1, Berlin 1881, S. 393
17 Simrock, Karl: Das deutsche Kinderbuch. Frankfurt am Main 1848
18 Böhme, Franz Magnus: Deutsches Kinderlied und Kinderspiel. (1897), Neudruck Leipzig 1924
19 Baader, Ulrich: a.a.O., Bd. I, S. 22 ff.
20 Haiding, Karl: Kinderspiel und Volksüberlieferung. München 1939, S. 154
21 Wehrhan, Karl: Kinderlied und Kinderspiel. Leipzig 1909, S. 86
22 Wehrhan, Karl: Artikel »Kinderspiel«. In: Sachwb. d. Deutschkunde. Bd. II, Leipzig u. Berlin 1930, S. 628

23 Singer, Samuel: Deutsche Kinderspiele. In: Zeitschrift des Vereins für Volkskunde 13 (1903), S. 49 - 64 u. S. 167 - 179

24 Schläger, Georg: Einige Grundfragen der Kinderspielforschung. In: Zeitschrift des Vereins für Volkskunde 27 (1917), S. 106-121 u. S. 199-215; 28 (1918), S. 15 - 25; 33/34 (1923/24), S. 137 - 152

25 Lewalter, Johann u. Georg Schläger: Deutsches Kinderlied und Kinderspiel. In Kassel aus Kindermund in Wort und Weise gesammelt. Kassel 1911

26 Wehrhan, Karl: Kinderlied und Kinderspiel. Leipzig 1909, S. 172 - 189

27 Wehrhan, Karl: Frankfurter Kinderleben in Sitte und Brauch. Wiesbaden 1929

28 vgl. Weber-Kellermann, Ingeborg: Deutsche Volkskunde zwischen Germanistik und Sozialwissenschaften. Stuttgart 1969, S. 63 ff.

29 Peesch, Reinhard: Das Berliner Kinderspiel der Gegenwart. Berlin 1957

30 Weber-Kellermann, Ingeborg: Die Kindheit, a.a.O., S. 253 ff.

31 Wehrhan, Karl: Kinderlied und Kinderspiel. Leipzig 1909, S. 38 - 45

32 Baader, Ulrich: a.a.O., Bd. I. S. 111 ff.

33 Boratav, Pertev Naili: Classification générale des jeux. In: VIe Congrès international des Sciences anthropologiques et ethnologiques. Paris 1960. Bd. II/2, 1964, S. 141-148

34 Pinon, Roger: Probleme einer europäischen Kinderspielforschung. In: Hessische Blätter für Volkskunde 58 (1967), S. 14 u. 15

35 Retter, Hein: Spielzeug. Handbuch zur Geschichte und Pädagogik der Spielmittel. Weinheim u. Basel 1979

36 Elschenbroich, Donata: Spielen und Spielzeug. Aspekte zur Kritik bürgerlicher Theorien des kindlichen Spiels. In: Kursbuch 34 (1973), S. 60 ff.

37 Huizinga, Johan: Homo ludens. Vom Ursprung der Kultur im Spiel. Hamburg 1956

38 Wörterbuch der Soziologie (Hg. W. Bernsdorf). Stuttgart[2] 1969, S. 1094

39 Ariès, Philippe: Geschichte der Kindheit. München-Wien 1975, S. 137

40 vgl. Weber-Kellermann, Ingeborg: Die Familie. Frankfurt am Main [2]1977 (Neuaufl. [2]1990)

41 Olfers, Hedwig von: Der Kinder-Advokat. 2. sehr vermehrte Aufl., Berlin 1868, S. 49

ARNIM, Bettina von, geb. Brentano (Schwester von Clemens B.)
Frankfurt am Main 1785–1859 Berlin
Schriftstellerin / Vater: Handelsherr und kurtrierischer Resident in Frankfurt am Main / Mutter: Sophie von La Roche / verheiratet mit Achim von Arnim
Lebensspiel. Zürich 1953, S. 42–44, *S. 243f.*

AUTORENKOLLEKTIV: Gerd GRÜNEISL, Fridhelm KLEIN, Hans MAYRHOFER, Michael POPP, Wolfgang ZACHARIAS
Engagiert im schulischen und außerschulischen Bereich mit den Schwerpunkten Vorschulerziehung, Spielpädagogik, Museumspädagogik
Kinder spielen Geschichte. Bd. 1: Theorie: Perspektiven der Sozial- und Kulturpädagogik. Nürnberg, Dezember 1977, S. 39, *S. 162*

BARLACH, Ernst
Wedel (Holstein) 1870–1938 Rostock
Bildhauer, Graphiker, Dichter / Vater: Arzt / Mutter: Tochter eines Zollassistenten
Ein selbsterzähltes Leben. R. Piper & Co. Verlag München 1948, S. 12/13, *S. 42*, S. 9/10, *S. 254f.*

BAUM, Vicki
Wien 1888–1960 Hollywood
Harfenistin, Journalistin, Schriftstellerin / Vater: Buchhalter / Mutter: reiche Bürgertochter
Es war alles ganz anders. © by Verlag Kiepenheuer & Witsch Köln 1987, S. 186, *S. 172*

BENJAMIN, Walter
Berlin 1892–1940 Port Bou (Spanien)
Schriftsteller / Vater: Bankier / großbürgerliche Familienverhältnisse
Berliner Kindheit um Neunzehnhundert. Suhrkamp Verlag Frankfurt am Main 1975, S. 50/51, *S. 100*

BEREND-CORINTH, Charlotte
Berlin 1880–1967 New York
Malerin, Lithographin / Vater: Geschäftsmann / wohlhabende Familie / verheiratet mit dem Maler Lovis Corinth
Als ich ein Kind war. Stromverlag Hamburg-Bergedorf 1950, S. 86–90, *S. 257–259*

BODENSTEDT, Friedrich
Peine 1819–1892 Wiesbaden
Schriftsteller, Übersetzer / Vater: Brauer / Mutter: Tochter eines Müllers
Erinnerungen aus meinem Leben. 2 Bde. Berlin 1888, S. 16 / 17, *S. 299f.*

BOSSE, Robert
Quedlinburg 1832–1901 Berlin
Preußischer Staatsminister / Vater: Besitzer einer Brennerei / 1835 Scheidung der Eltern und Tod der Mutter / 1838 Wiederverheiratung des Vaters
Aus der Jugendzeit. Erinnerungen. Fr. Wilh. Grunow Leipzig 1904, S. 138–140, *S. 45–48*

BOVERI, Margret
Würzburg 1900–1975 Berlin
Publizistin / Vater: Zoologe, Prof. an der Universität Würzburg
Verzweigungen. Eine Autobiographie. Hgg. und mit einem Nachwort versehen von Uwe Johnson, R. Piper & Co. Verlag München 1977, S. 59, *S. 236f.*

BROMME, Moritz William Theodor
Leipzig 1873–1926
Fabrikarbeiter, Schriftsteller / Vater: Schuhmacher, Knecht, Lokomotivputzer u.v.a. / Mutter: Näherin / 5 Geschwister, außerdem zahlreiche Kostgänger
Lebensgeschichte eines modernen Fabrikarbeiters. Hgg. von Paul Göhre, Jena und Leipzig 1905, S. 45 / 46, *S. 146*, Nachdruck 1971

CANETTI, Elias
Rustschuk (Bulgarien) 1905
Schriftsteller / aus bulgarischer jüdischer vornehmer Kaufmannsfamilie
Die gerettete Zunge. Geschichte einer Jugend. Carl Hanser Verlag München 1977, S. 153–155, *S. 238f.*

CONZETT, Verena
Zürich 1861–1947 Zürich
Textilarbeiterin, kaufmänn. Angestellte / Vater: Fabrikaufseher
Erstrebtes und Erlebtes. Ein Stück Zeitgeschichte. Grethlein & Co. Leipzig, Zürich 1929, S. 64 / 65, *S. 28f.*

DAHN, Felix
Hamburg 1834–1912 Breslau
Schriftsteller, Historiker / Vater: Schauspieler und Regisseur / Mutter: Schauspielerin / Scheidung der Eltern 1850
Erinnerungen, 1. Bd., 2. Aufl., Breitkopf & Härtel Leipzig 1890, S. 108–113, *S. 119–122*

DAMASCHKE, Adolf
Berlin 1865–1935 Berlin
Lehrer, Sozialpädagoge / Vater: Tischler / Mutter: Diakonissin
Aus meinem Leben. Grethlein Leipzig und Zürich 1924, S. 23 /24, 45 / 46, *S. 70f.*, S. 20–22, *S. 95f.*, S. 18/19, *S. 284f.*

DANTZ, Carl
Oldenburg 1884–1967
Lehrer, Schriftsteller / Vater: Angestellter / Mutter: Tochter eines Großbauern
Peter Stoll. Ein Kinderleben. Von ihm selbst erzählt. (1925), neu hgg. von Johannes Merkel und Dieter Richter, Weismann Verlag München 1978, S. 39–44, *S. 139–145*

DEUSSEN, Paul
Oberdreis Kr. Neuwied 1845–1919 Kiel
Indologe, Philosophiehistoriker / Vater: Pastor / Mutter: Tochter eines Pastors
Mein Leben. Hgg. von Erika Rosenthal-Deussen, F.A. Brockhaus Leipzig 1922, S. 25, *S. 30*

EBERS, Georg
Berlin 1837–1898 Tutzing
Schriftsteller, Ägyptologe, Prof. in Jena und Leipzig / Vater: Bankier, Porzellanfabrikant; stirbt vor der Geburt des Sohnes / E. wächst zusammen mit 4 Geschwistern bei der Mutter auf
Die Geschichte meines Lebens. Vom Kind bis zum Manne. Stuttgart / Leipzig / Berlin / Wien 1893, S. 58/59, *S. 192,* S. 259 / 260, *S. 206*, S. 75–77, *S. 230f.*

EBNER-ESCHENBACH, Marie von
Zdislawitz (Mähren) 1830–1916 Wien
Dichterin, Schriftstellerin / Vater: k.k. Kämmerer, Major a.D., Gutsbesitzer / Mutter: aus geadeltem sächsischem Juristengeschlecht; stirbt nach der Geburt der Tochter / Erziehung durch Ammen und Gouvernanten
Meine Kinderjahre, in: dies.: Erzählungen, Autobiographische Schriften. Winkler Verlag München 1958, S. 798/799, *S. 114f.*, S. 802 / 803, *S. 208*

EBRARD, August
Erlangen 1818–1888 Erlangen
Theologe / Vater: Pfarrer
Lebensführungen. In jungen Jahren. Gütersloh 1888, S. 43, *S. 189*, S. 29/30, *S. 297f.*

ERATH, Vinzenz
Waldmössingen Kr. Rottweil 1906–1976 Vaihingen/Enz
Schriftsteller / Vater: Schnitzer / Kindheit auf dem Land / 12 Geschwister, von denen 5 gestorben sind
Größer als des Menschen Herz. 9. Aufl., Verlag Wunderlich Tübingen 1962, S. 86, *S. 200.* © mit Genehmigung des Rowohlt Verlags, Reinbek

ESCHERICH, Max Joseph
Ingolstadt 1797–1861 München

Generaldirektionsrat / Vater: Patrimonialrichter
In: E. Escherich: An unserer Seite geht Erinnerung ... Ein Familienbilderbuch aus zwei Jahrhunderten. Verlag Martin Warneck, Berlin 1930, S. 88/89, *S. 223f.*

FALLADA, Hans
Greifswald 1893–1947 Berlin
Schriftsteller, Buchhalter, Nachtwächter u.v.a. / Vater: Reichsgerichtsrat
Damals bei uns daheim. Erlebtes, Erfahrenes und Erfundenes. Rowohlt Verlag Reinbek bei Hamburg
(Zitiert nach Taschenbuchausgabe Mai 1978), S. 212–214, *S. 36–38*, S. 70/71, *S. 148–150*, S. 16/17, *S. 260–262*

FELDER, Franz Michael
Schoppernau (Vorarlberg) 1839–1869 Schoppernau (Vorarlberg)
Bäuerlicher Heimatdichter / Vater: Bauer / Mutter: Tochter eines Wirts / behindert durch Augenkrankheit
Aus meinem Leben. Hgg. und eingeleitet von Anton E. Schönbach, Wien 1904, S. 18–21, *S. 163–165*

FONTANE, Theodor
Neuruppin 1819–1898 Berlin
Apotheker, Schriftsteller / Vater: Apothekenbesitzer / Mutter: Tochter eines Seidendockenkaufmanns
Meine Kinderjahre. Autobiographischer Roman. (1893). Zitiert nach der Ausgabe Leipzig 1955, S. 167–171, 174–178, *S. 18–25*

FREYTAG, Gustav
Kreuzburg (Schlesien) 1816–1895 Wiesbaden
Schriftsteller, Kulturhistoriker, Journalist / Vater: Arzt / Mutter: Tochter eines Pfarrers
Erinnerungen aus meinem Leben. Leipzig o.J., S. 507/508, *S. 274*

GERVINUS, Georg Gottfried
Darmstadt 1805–1871 Heidelberg
Historiker, Literaturhistoriker / Vater: Gerber, Gastwirt und Lederhändler / Mutter: Senatorentochter / 9 Geschwister, von denen 7 sterben / gehört zu den »Göttinger Sieben«
G.G. Gervinus' Leben von ihm selbst. Verlag Wilh. Engelmann, Leipzig 1893, S. 41/42, *S. 56*

GOETHE, Johann Wolfgang von
Frankfurt am Main 1749–1832 Weimar
Dichter / Vater: Jurist, kaiserl. Rat / Mutter: Tochter eines Juristen und Senators
Dichtung und Wahrheit. 1. Teil. In: Goethes sämtliche Werke. Jubiläumsausgabe, 22. Bd., Stuttgart und Berlin o.J., S. 47–49, *S. 201–203*, S. 66–69, *S. 219–222*

GOLTZ, Bogumil
Warschau 1801–1870 Thorn
Schriftsteller / Vater: Jurist, Stadtgerichtsdirektor, Gutsbesitzer / ab 1807 in Pension in häufig wechselnden Orten
Buch der Kindheit. 3. Aufl., Verlag von Franz Duncker Berlin 1869, S. 138–142, *S. 269–271*

GOTTSCHALL, Rudolf von
Breslau 1823–1909 Leipzig
Schriftsteller, Literarhistoriker / Vater: preuß. Artillerieoffizier
Aus meiner Jugend. Erinnerungen. Berlin 1898, S. 34/35, *S. 303*

GRÜN, Max von der
Bayreuth 1926
Maurer, Bergmann, Grubenlokomotivführer, Schriftsteller / Vater: Schuhmachergeselle / Mutter: Dienstmagd
Wie war das eigentlich? Kindheit und Jugend im Dritten Reich. Luchterhand Verlag Darmstatdt und Neuwied 1979, S. 91, *S. 154*

HALBE, Max
Güttland an der Weichsel 1865–1944 Burg bei Neuötting (Obb.)
Schriftsteller / Vater: Gutsbesitzer in Güttland / Mutter: Tochter eines Gutsbesitzers
Scholle und Schicksal. Geschichte meines Lebens. Knorr & Hirth München 1933, S. 124, 127/128, *S. 234f.*

HANSJAKOB, Heinrich
Haslach 1837–1916 Haslach
Volksschriftsteller, Priester / Vater: Bäcker, Gastwirt / Mutter: Tochter eines Kaufmanns, führt ein Wirtshaus
Aus meiner Jugendzeit. 6. Aufl., Georg Weiss Verlag Kassel 1903, S. 272–274, *S. 248f.*

HARTUNG, Hugo
Netzschkau 1902–1972 München
Schriftsteller, Film-, Fernsehspiel- und Hörspielautor / Vater: Gaswerksdirektor / Mutter: Tochter eines Schneiders und Mesners
Kindheit ist kein Kinderspiel. Ensslin & Laiblin Verlag Reutlingen 1968, S. 14, *S. 286*

HARYCH, Theo
Doruchow (Polen) 1903–1958 Berlin
Knecht, Kraftfahrer, Schriftsteller / Vater: Landarbeiter / Mutter: Tochter eines Holzfällers, Arbeiterin in einer Brikettfabrik / 5 Geschwister
Hinter den schwarzen Wäldern. 1968. 1. Auflage im Mitteldeutschen Verlag Halle (Saale). Herausgeber: Dr. Martin Reso, S. 157–159, *S. 212–214*

HAUN, Ernst
Raguhn 1879–?
Musiklehrer / Vater: Kaufmann, Besitzer einer Tuchfabrik / ab 1884 allmähliche Erblindung
Jugenderinnerungen eines blinden Mannes. 3. Aufl., Verlag Robert Lutz Stuttgart 1918, S. 53–58, *S. 133–138*, S. 50/51, 150–152, *S. 167–171*

HAUPTMANN, Gerhart
Bad Salzbrunn (Schlesien) 1862–1946 Agnetendorf (Schlesien)
Schriftsteller / Vater: Kaufmann, Hotelbesitzer / Mutter: Tochter eines Brunnen-Inspektors
Das Abenteuer meiner Jugend. 1.–5. Aufl., S. Fischer Verlag Berlin 1937, S. 61–63, *S. 31f.*, S. 273–275, *S. 50f.*, S. 68–70, *S. 128–130.* Mit freundlicher Genehmigung der Buchverlage Ullstein Langen-Müller

HAUSENSTEIN, Wilhelm
Hornberg (Schwarzwald) 1882–1957 München
Kunsthistoriker, Schriftsteller, Diplomat/Vater: Steuerkommissar / Mutter: Tochter eines Gastwirts
Lux perpetua. Geschichte einer deutschen Jugend aus des neunzehnten Jahrhunderts Ende. © Frau Margot Hausenstein und Frau Renée-Marie Parry-Hausenstein, Gainsville, Florida. S. Fischer Verlag Frankfurt a. M. 1972, S. 52/53, *S. 81–83*

HEBBEL, Friedrich
Wesselburen (Dithmarschen) 1813–1863 Wien
Dichter / Vater: Maurer / Mutter: Tochter eines Schuhmachermeisters / wächst in ärmlichen Verhältnissen auf
Meine Kindheit. In: Friedrich Hebbels sämtliche Werke, 7. Bd., Hamburg 1857, S. 181–184, *S. 14–17*, S. 199/200, *S. 67f.*, S. 198, *S. 272f.*

HERDAN-ZUCKMAYER, Alice
Wien 1901–1991 Visp/Wallis
Schauspielerin, Schriftstellerin / verheiratet mit dem Dichter Carl Zuckmayer / Eltern sind geschieden / großbürgerliche Verhältnisse / keine Geschwister / wächst auf in Wien
Genies sind im Lehrplan nicht vorgesehen. Copyright 1979 S. Fischer Verlag GmbH, Frankfurt am Main, S. 78–80, *S. 61–63*
Das Kästchen. Die Geheimnisse einer Kindheit. Copyright 1962 S. Fischer Verlag GmbH, Frankfurt am Main, S. 19–29, *S. 174–182*

HESSE, Hermann
Calw 1877–1962 Montagnola (Schweiz)
Dichter, Schriftsteller / Vater: deutsch-baltischer Missionsprediger / Mutter: Missionarstochter
Aus Kinderzeiten. In: Gesammelte Werke, 2. Bd., Frankfurt am Main (1970) 1975 (= werkausgabe edition suhrkamp), S. 219/220, *S. 194*, S. 221, *S. 211*

Kinderseele. In: Weg nach Innen. Vier Erzählungen. S. Fischer Verlag Berlin 1940, S. 176–180, *S. 288–291*

HÖCKER, Karla
Berlin 1901
Musikerin, Schriftstellerin / Vater: Redakteur
Ein Kind von damals. © 1977 by Erika Klopp Verlag GmbH Berlin, S. 202–205, *S. 103–105*, S. 11, *S. 263*

HOFER, Karl
Karlsruhe 1878–1955 Berlin
Maler / Vater: Militärmusiker im Badischen Leibgrenadierregiment, stirbt kurz nach der Geburt des Sohnes / Mutter: geht nach dem Tod ihres Mannes auswärts in Stellung / H. wächst bei zwei alten Großtanten auf
Erinnerungen eines Malers. © by F.A. Herbig Verlagsbuchhandlung München, S. 9/10, *S. 256*

HOLTEI, Karl von
Breslau 1798–1880 Breslau
Schriftsteller, Schauspieler / Vater: Rittmeister / Mutter: Tochter eines Majors, stirbt nach der Geburt ihres Sohnes / H. lebt als Pflegesohn bei seiner Großtante / Pflegevater: Geheimrat
Vierzig Jahre. Neu hgg. und durchgesehen von Max Grube. 1. Bd., 4. Aufl., Schweidnitz 1898, S. 49/50, *S. 43f.*, S. 20/21, *S. 267f.*

JATHO, Carl Oskar
Boppard 1884–1971
Vater: Pfarrer / Kindheit in Boppard und Köln / 2 ältere Brüder
Kindheit am Rhein. © 1969 by Verlag Kiepenheuer & Witsch Köln, S. 43–46, *S. 57–60*, S. 81/82, *S. 102*

KELLER, Gottfried
Glattfelden bei Zürich 1819–1890 Zürich
Dichter / Vater: Drechslermeister / Mutter: Tochter eines Chirurgen / wächst nach dem frühen Tod des Vaters in bescheidenen Verhältnissen auf
Der grüne Heinrich. In: Gesammelte Werke. Neue wohlfeile Ausgabe, 1. Bd., Berlin-Grunewald o.J., S. 83–86, *S. 276–281*, S. 91/92, *S. 301f.*

KEMPOWSKI, Walter
Rostock 1929
Schriftsteller / Vater: Reeder
Tadellöser & Wolff. Ein bürgerlicher Roman. © Albrecht Knaus Verlag, München 1971, S. 46–49, *S. 155–159*

KEY, Ellen
Sundsholm (Småland) 1849–1926 Strand b. Alvastra am Vättersee
Schwedische Schriftstellerin, Lehrerin und Reformpädagogin / Vater: Politiker Emil Key / Mutter: Gräfin Posse

Das Jahrhundert des Kindes. Copyright S. Fischer Verlag Berlin, 1902, S. 114, *S. 12*

KLÖDEN, Karl Friedrich von
Berlin 1786–1856 Berlin
Geograph, Historiker / Vater: Artillerieoffizier / Mutter: Tochter eines Kompaniechirurgen
Jugenderinnerungen. Hamburg 1912, S. 123, *S. 116*

KÖNIG, Heinrich
Fulda 1790–1869 Wiesbaden
Dichter / Mutter: Haubennäherin, verwitwet / ärmliche Verhältnisse
Auch eine Jugend. Leipzig 1852, S. 102/103, *S. 204f.*

KOKOSCHKA, Oskar
Pöchlarn an der Donau 1886–1980 Villeneuve
Maler, Graphiker, Dichter / bescheidenes Elternhaus / 3 Geschwister / Tod eines Bruders für ihn bedeutendes Kindheitserlebnis
Schriften 1907–1955. Hgg. von Hans Maria Wingler, © by Langen Müller Verlag in der F.A. Herbig Verlagsbuchhandlung GmbH München, S. 21–26, *S. 77–80*

KÜGELGEN, Wilhelm von
Petersburg 1802–1867 Ballenstedt (Harz)
Maler, Schriftsteller / Vater: Maler, Prof. an der Kunstakademie in Dresden / Mutter: geborene Zöge von Manteuffel, Baltin
Jugenderinnerungen eines alten Mannes. (1870), zitiert nach Ausgabe Langewiesche-Brandt, Ebenhausen bei München 1909, S. 92/93, *S. 117f.*, S. 197–199, *S. 225–227*, S. 157/158, *S. 295f.*

KURZ, Isolde
Stuttgart 1853–1944 Tübingen
Schriftstellerin / Vater: Dichter, Bibliothekar / Mutter: geb. Freiin Marie von Brunnow
Aus meinem Jugendland. Deutsche Verlags-Anstalt Stuttgart und Berlin 1918, S. 114–116, *S. 308–310*

LANGE, Helene
Oldenburg an der Hunte 1848–1930 Berlin
Lehrerin, aktiv in der deutschen Frauenbewegung / Vater: Kaufmann
Lebenserinnerungen. © by F.A. Herbig Verlagsbuchhandlung München, S. 12–16, *S. 89–93*, S. 38, *S. 166*

LITZMANN, Karl
Neu-Globsow 1850–1936 Neu-Globsow
General der Infanterie / Vater: Jurist, Guts- und Glashüttenbesitzer / Mutter: Tochter eines Offiziers
Lebenserinnerungen. 1. Bd., R. Eisenschmidt Berlin 1927, S. 13, *S. 94*

MANN, Monika
München 1910
Schriftstellerin / Vater: der Schriftsteller Thomas Mann / Mutter: Katia Mann, geb. Pringsheim
Vergangenes und Gegenwärtiges. Erinnerungen. Kindler Verlag München 1956, S. 26–28, *S. 84f.*

MANN, Thomas
Lübeck 1875–1955 Zürich
Dichter und Schriftsteller / Vater: Senator, Konsul, Kaufmann / Mutter: Kaufmannstochter
Buddenbrooks. Verfall einer Familie. Copyright S. Fischer Verlag GmbH, Frankfurt am Main 1960, 1974, S. 561, *S. 88*
Mario und der Zauberer. Copyright S. Fischer Verlag GmbH, Frankfurt am Main 1960, 1974, S. 666, *S. 218*

MANN, Viktor
Lübeck 1890–1949 München, jüngster Bruder von Thomas Mann.
Diplomlandwirt / Vater: Senator, Konsul, Kaufmann / Mutter: Kaufmannstochter
Wir waren fünf. 3. Auflage © Südverlag Konstanz 1973 (ren.) Mit Genehmigung der Gesellschaft für Verlagswerte GmbH, Kreuzlingen/Schweiz 1991, S. 107/108, *S. 52*

MENZEL, Wolfgang
Waldenburg (Schlesien) 1798–1873 Stuttgart
Schriftsteller / Vater: Arzt
Wolfgang Menzel's Denkwürdigkeiten. Hgg. von Konrad Menzel, Bielefeld und Leipzig 1877, S. 32/33, *S. 228*

NIERITZ, Gustav
Dresden 1795–1876 Dresden
Lehrer, Schriftsteller / Vater: Elementarlehrer / Mutter: Tochter eines Bäckers
Selbstbiographie. Leipzig 1872, S. 77–79, *S. 245–247*

NIETZSCHE, Friedrich
Röcken bei Lützen (Sachsen) 1844–1900 Weimar
Dichter, Philosoph / Vater: ev. Pfarrer / Mutter: Tochter eines Pfarrers / 1847 Tod des Vaters, kurz danach Tod des einzigen Bruders
Aus meinem Leben: Die Jugendjahre 1844–1858. In: Werke und Briefe. Historisch-kritische Gesamtausgabe, 1. Bd.: Jugendschriften 1854–1861. Hgg. von Hans Joachim Mette, C.H. Becksche Verlagsbuchhandlung München 1933, S. 9/10, *S. 232f.*

PARTHEY, Gustav
Berlin 1798–1872 Rom

Philologe, Buchhändler / Vater: Leineweber, Hofrat / Mutter: Tochter des Berliner Verlegers und Buchhändlers Friedrich Nicolai, stirbt 1803 / Wiederverheiratung des Vaters
Jugenderinnerungen. Handschriften für Freunde. 1. Teil. Hgg. von Ernst Friedel, Ernst Frensdorff Berlin 1907, S. 98, *S. 13*

PAULSEN, Friedrich
Langenhorn (Schleswig) 1846–1908 Berlin
Philosoph, Pädagoge / Vater: Bauer mit eigenem Hof / Mutter: Tochter eines kleinen Bauern
Aus meinem Leben. Jugenderinnerungen. Eugen Diederichs Jena 1909, S. 77, *S. 69*

PEESCH, Reinhard
Berlin 1909–1987
Wissenschaftlicher Mitarbeiter am Ostberliner Institut für Volkskunde
Das Berliner Kinderspiel der Gegenwart. Akademie Verlag Berlin (Ost) 1957, S. 92, *S. 66*

PFISTER, Albert von
Münster (Württemberg) 1839–1907 Trossingen
Generalmajor / Vater: Landpfarrer
Pfarrers Albert. Fundstücke aus der Knabenzeit. Stuttgart, Berlin, Leipzig 1901, S. 41, *S. 266*

POPP, Adelheid
Inzersdorf bei Wien 1869–1939 Wien
Arbeiterin / 15. Kind einer Weberfamilie
Jugend einer Arbeiterin. Herausgegeben und eingeleitet von Hans J. Schütz, Verlag J.H.W. Dietz Nachf., Berlin/Bonn, S. 17/18, *S. 75f.*

REINIG, Christa
Berlin 1926
Schriftstellerin / wächst in armen Verhältnissen auf
Feuergefährlich. In: Atlas zusammengestellt von deutschen Autoren, Klaus Wagenbach Verlag Berlin 1965, S. 85–89, *S. 106–110*

REUTER, Fritz
Stavenhagen (Mecklenburg) 1810–1874 Eisenach
Niederdeutscher Erzähler und Dichter / Vater: Bürgermeister von Stavenhagen / Mutter: Tochter eines Bürgermeisters
Meine Vaterstadt Stavenhagen. In: ders.: Gezeiten des Lebens. Die Romane der Erinnerung. Langen Müller Verlag GmbH München, Wien 1976, S. 180, *S. 9*, S. 180/181, *S. 188*

REUTER, Gabriele
Alexandria (Ägypten) 1859–1941 Weimar
Schriftstellerin / Vater: Kaufmann, Import-Export-Handel

Vom Kinde zum Menschen. Die Geschichte meiner Jugend. S. Fischer Verlag Berlin, 1921.
Abdruck mit Genehmigung der S. Fischer Verlag GmbH, Frankfurt am Main, S. 95–97, *S. 126f.*

RINGELNATZ, Joachim
Wurzen bei Leipzig 1883–1934 Berlin
Schriftsteller, Bibliothekar, Matrose u.v.a. / Vater: Schriftsteller und Humorist Georg Bötticher
Mein Leben bis zum Kriege. Karl H. Henssel Verlag Berlin 1951, S. 13, *S. 185*

RODENBERG, Julius
Rodenberg (Hessen) 1831–1914 Berlin
Schriftsteller, Professor / Vater: Kaufmann / vielseitig gebildete Mutter
Aus der Kinderzeit. Erinnerungsblätter. Verlag von Gebrüder Paetel Berlin 1907, S. 66–68, *S. 306f.*

SCHEDLER, Melchior
Oberammergau 1936
Theaterwissenschaftler, Dramaturg
Kindertheater. Geschichte, Modelle, Projekte. Suhrkamp Verlag Frankfurt am Main 1972, S. 18, *S. 294*

SCHIEBER, Anna
Esslingen 1867–1945 Tübingen
Schriftstellerin / Vater: Besitzer einer Fabrik für Bierfaßherstellung / geschwisterreiche Wohlstandsfamilie
Doch immer behalten die Quellen das Wort. Erinnerungen aus einem ersten Jahrsiebent. Salzer Heilbronn 1932, S. 196–199, *S. 72–74*, S. 95–97, *S. 131f.*, S. 143/144, *S. 196*, S. 115/116, *S. 251f.*, S. 136–139, *S. 311–313*

SCHLEICH, Carl Ludwig
Stettin 1859–1922 Berlin
Arzt, Professor / Vater: Augenarzt
Besonnte Vergangenheit. © 1922 by Rowohlt Verlag, Berlin, S. 36, *S. 190*

SCHÜCKING, Levin
Schloß Clemenswerth bei Sögel 1814–1883 Bad Pyrmont
Schriftsteller / Vater: Jurist / Mutter: Tochter eines fürstbischöflichen Richters / befreundet mit der Dichterin Annette von Droste-Hülshoff
Lebenserinnerungen. Bd. 1. Verlag von S. Schottlaender Breslau 1886, S. 62/63, *S. 304*

SCHUMACHER, Tony
Ludwigsburg 1848–1931 Ludwigsburg

Schriftstellerin / Vater: Generalleutnant / großbürgerliche Familienverhältnisse
Was ich als Kind erlebt. 1. Teil. Deutsche Verlags-Anstalt Stuttgart und Leipzig 1901, S. 51, *S. 250*

SCHUSTER, Albert
Reichenbach i. Vogtl. um 1880–?
Eisendreher / Vater: Schlosser, Fabrikarbeiter / Mutter: Tochter eines Handwebers, Heim- und Fabrikarbeiterin / 5 Geschwister
In: Adolf Levenstein (Hrsg.): Proletariers Jugendjahre. Verlag Eberhard Frowein Berlin o.J., S. 69/70, *S. 197*

SEIDEL, Heinrich
Perlin 1842–1906 Groß-Lichterfelde
Ingenieur, Schriftsteller / Vater: Pfarrer / Autor des Romans »Leberecht Hühnchen«
Von Perlin nach Berlin. Aus meinem Leben. A.G. Liebeskind Leipzig 1894, S. 74–77, *S. 26f.*, S. 78–81, *S. 282f.*

SUDERMANN, Hermann
Matzicken (Ostpreußen) 1857–1928 Berlin
Schriftsteller / Vater: Brauereipächter auf einem ostpreußischen Gut / Mutter: Tochter eines Schiffkapitäns
Das Bilderbuch meiner Jugend. J.G. Cotta'sche Buchhandlung Nachfolger Stuttgart und Berlin 1922. © by Langen Müller Verlag in der F.A. Herbig Verlagsbuchhandlung GmbH München, S. 29, *S. 210*

SUTTNER, Bertha von, geb. Gräfin Kinsky
Prag 1843–1914 Wien
Schriftstellerin, aktiv tätig in der Friedensbewegung, erhielt 1905 den Friedens-Nobelpreis / Vater: k.k. Feldmarschalleutnant und Kämmerer, stirbt vor ihrer Geburt / Mutter: Dichterin, aus der Familie Theodor Körners
Memoiren. Hgg. von Lieselotte von Reinken, mit einem Vorwort von Ava Helen Pauling und Linus Pauling, Schünemann Bremen 1965, S. 19–21, *S. 123–125*

THIESSEN, Johannes
Woyen 1867–?
Vater: Mittlerer Beamter, Gelegenheitsdichter / Mutter: Tochter eines Schiffszimmermanns / Kindheit auf dem Land / 8 Geschwister
Kindheit. Erinnerungen. 2. Aufl., Langewiesche-Brandt Ebenhausen bei München und Leipzig 1920, S. 69–72, *S. 33–35*, S. 172–174, *S. 98f.*

TIBURTIUS, Franziska
Rügen 1843–1927
Ärztin / Eltern: Gutsbesitzer / Kindheit auf der Insel Rügen, später in Stralsund / 9 Geschwister

Erinnerungen einer Achtzigjährigen. 2. erw. Aufl., C.A. Schwetschke & Sohn Berlin 1925, S. 23, *S. 49*

TOLLER, Ernst
Samotschin (Posen) 1893–1939 New York
Politiker, Schriftsteller / Vater: Geschäftsbesitzer; Stadtverordneter
Eine Jugend in Deutschland. In: Gesammelte Werke, 4. Bd., Carl Hanser Verlag München 1978, S. 25–27, *S. 151–153*, S. 22, *S. 242,* S. 15, *S. 287*

VIERORDT, Heinrich
Karlsruhe 1855–1945 Triberg/Villingen
Schriftsteller / Vater: Offizier
Das Buch meines Lebens. Erinnerungen. 2. unveränderte Aufl., Carl Winters Universitätsbuchhandlung Heidelberg 1934, S. 26, *S. 209*, S. 29/30, *S. 253*

WIMMER, Maria
1944
Lehrerin, Studium der Psychologie / Arbeiterkind / Kindheit in einem kleinen badischen Dorf
Die Kindheit auf dem Lande. rororo-neue frau 4291. © 1978 by Rowohlt Taschenbuch Verlag GmbH, Reinbek, S. 27/28, *S. 39*

WINNIG, August
Blankenburg (Harz) 1878–1956 Bad Nauheim
Maurer; Gewerkschaftsführer / Vater: Totengräber, sommers Maurer, winters Holzhacker / Mutter: aus Hirtenfamilie
Frührot. Ein Buch von Heimat und Jugend. Friedrich Wittig Verlag Hamburg 1959, S. 57/58, 63, *S. 54*

WOLF, Christa
Landsberg/Warthe 1929
Schriftstellerin / Vater: Kaufmann
Kindheitsmuster. Luchterhand Verlag Darmstadt und Neuwied 1977, S. 125–127, *S. 183f.*, S. 139/140, *S. 215*

ZUCKMAYER, Carl
Nackenheim am Rhein 1896–1977 Visp (Wallis)
Schriftsteller / Vater: Fabrikant in Mainz
Als wär's ein Stück von mir. Horen der Freundschaft. © S. Fischer Verlag GmbH, Frankfurt am Main 1966, S. 177, *S. 314f.*

Masüger, J.B.: Schweizerbuch der alten Bewegungsspiele. Zürich 1955
Greenaway, Kate: Kinderspiele. Ein Insel-Bilderbuch. Frankfurt am Main 1977
Erikson, Erik H.: Kinderspiel und politische Phantasie. Frankfurt am Main 1978
Ward, Colin: Das Kind in der Stadt. Frankfurt am Main 1978
Schmidtchen, Stefan / Erb, Anneliese: Analyse des Kinderspiels. Königstein/Ts. 1979
Börsch, Susanne / Bauer, Michael: Kinderkram. Spiele ohne Anweisung. Berlin 1981
Grand, Philippe u.a.: Jeux de notre enfance. Monographic SA, Sierre 1983
Mathys, F.K.: Ist die Schwarze Köchin da? Alte Kinderspiele. Frauenfeld 1983
Mathys, F.K.: Die Ballspiele. Eine Kulturgeschichte in Bildern. Harenberg/Dortmund 1983
Postman, Neil: Das Verschwinden der Kindheit. Frankfurt am Main 1983
Schier-Oberdorffer, Uta: Vom Murmelspiel zum Gummitwist. Kinderspiel im Freien. In: Vater - Mutter - Kind. Münchner Stadtmuseum, München 1987, S. 290-299
Was willst Du spielen? Eine Sammlung der schönsten und beliebtesten Kinderspiele nach den Jahreszeiten geordnet, (1867). Neudruck Leipzig 1987
Röhrich, Lutz: Kinderreim und Kinderspiel - gestern und heute. In: Kinderkultur. Bremen 1987, S. 199-218 (mit ausführlicher Bibliographie)
Behnken, Imbke / Bois-Reymond, Manuela du: Kinder unter sich. Spielwelten in alten Stadtquartieren. In: Kinderwelten. Hgg. Christa Berg. es 1624, Frankfurt am Main 1991, S. 132-154
Einsiedler, Wolfgang: Das Spiel der Kinder. Zur Pädagogik und Psychologie des Kinderspiels. Bad Heilbrunn/Obb. 1991

Nachweis der Bildquellen

Umschlag und S. 6/7: Aus: Max Liebermann in seiner Zeit. Ausstellungskatalog. Nationalgalerie Berlin 1979, S. 223
S. 10: Aus: Heinrich Hoffmann-Donner: Prinz Grünewald und Perlenfein mit ihrem lieben Eselein. Ein Bildermärchen. Frankfurt am Main 1875
S. 17: Aus: Franz Graf von Pocci: Lustige Gesellschaft. München 1867, S. 3
S. 24: Berlin Museum
S. 27: Historisches Museum der Stadt Wien
S. 29: Sammlung Weber-Kellermann
S. 34: Wilhelm Weick, Berlin
S. 40: Bundesbildstelle Bonn
S. 47: Sammlung Weber-Kellermann
S. 51: Münchner Bilderbogen No. 128
S. 53: Aus: Simplicissimus. 8. Jg., Heft 21, S. 163
S. 55: Sammlung Weber-Kellermann
S. 59: Bildarchiv Foto Marburg
S. 62: Statens Museum for Kunst, Kopenhagen
S. 64: Esslinger Bilderbogen Nr. 749
S. 68: Niedersächsische Landesgalerie Hannover, Städtisches Museum
S. 73: Foto: Reinhard Peesch, Berlin 1955
S. 78: Aus: Lust und Leid der Kinderzeit. 1884
S. 82: Bayerische Staatsgemäldesammlungen München
S. 85: Aus: Franz Graf von Pocci: Die gesamte Druckgraphik. München 1974, S. 366
S.86: Aus: Oskar Pletsch: Die Kinderstube in 36 Bildern. 3. Aufl., Hamburg o.J.
S. 92: Statens Museum for Kunst, Kopenhagen
S. 97: Landesbildstelle Berlin
S. 101: Historisches Museum der Stadt Wien
S. 109: Nationalmuseum Kopenhagen
S. 111: Aus: Das Bild der deutschen Familie (von der Familienzeitschrift HÖR ZU. o.J.)
S. 112: Foto: Reinhard Peesch, Berlin 1955
S. 121: Historisches Museum der Stadt Wien
S. 125: Bayerische Staatsgemäldesammlungen München
S. 129: Mittelrheinisches Landesmuseum Mainz
S. 132: Aus: Daheim. Ein deutsches Familienblatt mit Illustrationen. 30. Jg., 1894, Heft 7, S. 105
S. 137: Aus: Das Kind in Haus, Schule und Welt. Ein Lehr- und Lesebuch. 96.–110. Tausend, Leipzig 1912, S. 45
S. 141: Sammlung Weber-Kellermann
S. 145: Sammlung Weber-Kellermann
S. 147: Aus: Das Kind in Haus, Schule und Welt. Ein Lehr- und Lesebuch. 96.–110. Tausend, Leipzig 1912, S. 59

S. 150: Bilderbogen No. 543 von Schreiber in Esslingen
S. 153: Aus: Das Kind in Haus, Schule und Welt. Ein Lehr- und Lesebuch. 96.–110. Tausend, Leipzig 1912, S. 64
S. 156: Aus: Meine kleine Stadt. Reutlingen 1968
S. 160: Foto: Reinhard Peesch, Berlin 1955
S. 164: Aus: Volker Kutschera: Spielzeug. Spiegelbild der Kulturgeschichte. Salzburg 1975
S. 170: Bildarchiv der Österreichischen Nationalbibliothek
S. 173: Bildarchiv Foto Marburg
S. 181: Sammlung Weber-Kellermann
S. 186: Aus: Daheim. Ein deutsches Familienblatt mit Illustrationen. 29. Jg., 1893, Heft 9, S. 133
S. 191: Aus: Das Kind in Haus, Schule und Welt. Ein Lehr- und Lesebuch. 96.–110. Tausend, Leipzig 1912, S. 38
S. 193: Sammlung Weber-Kellermann
S. 195: Aus: Albert Hendschels Skizzenbüchern
S. 197: Aus: Franz Graf von Pocci: Die gesamte Druckgraphik. München 1974, S. 242
S. 198: Staatliche Kunstsammlungen Kassel, Neue Galerie
S. 205: Brüder-Grimm-Museum Kassel
S. 207: Bildarchiv Foto Marburg
S. 210: Aus: Oskar Pletsch: Was willst du werden? 1867
S. 213: Sammlung Weber-Kellermann
S. 216: Aus: Pestalozzi und seine Zeit. Ausstellungskatalog. Yverdon 1977
S. 220: Theodor Hosemann nach: Theodor Hampe: Der Zinnsoldat. Berlin 1924, S. 17
S. 223: Aus: Niklaus Bohny: Neues Bilderbuch. Anleitung zum Anschauen, Denken, Rechnen und Sprechen. Verlag Schreiber Esslingen o.J., S. 10
S. 227: Theodor Hosemann: Ernst Zinna auf der Barrikade. 1848
S. 229: Aus: Albert Hendschels Skizzenbüchern
S. 231: Bildarchiv Foto Marburg
S. 233: Aus: Puppe, Fibel, Schießgewehr. Das Kind im kaiserlichen Deutschland. Ausstellungskatalog. Berlin 1977, S. 185
S. 237: Sammlung Weber-Kellermann
S. 239: Foto: Wolfgang Schneider, Schramberg
S. 240: Aus: Albert Hendschels Skizzenbüchern
S. 244: Aus: Niklaus Bohny: Neues Bilderbuch. Anleitung zum Anschauen, Denken, Rechnen und Sprechen. Verlag Schreiber Esslingen o.J., S. 6
S. 247: Brüder-Grimm-Museum Kassel
S. 250: Aus: Oskar Pletsch: Was willst du werden? 1867
S. 252: Aus: Franz Graf von Pocci: Die gesamte Druckgraphik. München 1974, S. 196
S. 253: Aus: Oskar Pletsch: Die Kinderstube in 36 Bildern. 3. Aufl., Hamburg o.J.

S. 255: Aus: Albert Hendschels Skizzenbüchern
S. 259: Aus: Oskar Pletsch: Was willst du werden? 1867
S. 264: Bildarchiv Preußischer Kulturbesitz, Berlin
S. 273: Sammlung Weber-Kellermann
S. 275: Bildarchiv Foto Marburg
S. 279: Privatbesitz
S. 280: Aus: Adolph Menzel: Skizzenbuch. 1846
S. 283: Brüder-Grimm-Museum Kassel
S. 285: Aus: Wilhelm Busch: Max und Moritz
S. 289: Sammlung Weber-Kellermann
S. 292: Neu-Ruppiner Bilderbogen No. 1866
S. 300: Aus: Albert Hendschels Skizzenbüchern
S. 305: Aus: Deutsche Romantik Handzeichnungen. O.O., o.J., S. 1921
S. 307: Neu-Ruppiner Bilderbogen No. 1587
S. 309: Sammlung Weber-Kellermann
S. 312: Sammlung Weber-Kellermann
S. 316: Aus: Die gesellschaftliche Wirklichkeit der Kinder in der bildenden Kunst. Ausstellungskatalog. Berlin 1979, S. 297

Umschlagabbildung: Albert Edelfelt, Spielende Kinder am Ufer. Öl auf Leinwand, 1884. Ausschnitt. Art Museum of the Ateneum, Helsinki.

Register der Spiele
(wie sie in den Erinnerungen
beschrieben werden)

Inhalt

4. ANSCHLAG FÜR MICH!
Verstecken und Finden

5. PUCK-PUCK-PUCK, WER SOLL DAS SEIN?
Rollenspiele

6. VATER - MUTTER - KIND
Familien-Nachahmungsspiele

7. Schön feierlich zu Grabe tragen
Begräbnisspiele

8. Der Himmel ist gerecht
Spiele mit Kirche, Ewigkeit und Paradies

9. Wir wollen siegen oder untergehn!
Kriegsspiele

10. David gegen Goliath
Angriffe auf die Welt der Erwachsenen

11. Harte Währungen
Sammeln und Tauschen

12. Vorhang auf und zu!
Theaterspielen

Anhang

Kinder- und Bilderbücher im insel taschenbuch

Richard Adams: Die Reise der beiden Tiger. Eine Geschichte von Richard Adams mit Bildern von Nicola Bayley. Ins Deutsche gebracht von Elisabeth Borchers. it 493

Allerleirauh. Viele schöne Kinderreime versammelt von H. M. Enzensberger. it 115

Jost Amman: Frauentrachtenbuch. Mit kolorierten Holzschnitten der Erstausgabe von 1586 und einem Nachwort von Manfred Lemmer. it 717

H. C. Artmann / Barbara Wehr: Christopher und Peregrin und was weiter geschah. Ein Bären-Roman in drei Kapiteln zu Bildern von George Martyn. it 488

Bäume. Das Insel-Buch der Bäume. Gedichte und Prosa. Ausgewählt und herausgegeben von Gottfried Honnefelder. Mit sechzehn Farbtafeln. it 1041

Monika Beisner: Das Adreßbuch für Kinder. Mit Bildern und ausgewählten Geschichten, Gedichten und Rätseln von Monika Beisner. it 294

– Das Buch der hundert Rätsel. it 2019

– Das Sternbilder-Buch. Bilder von Monika Beisner. Nacherzählt von Ingrid Westerhoff. it 587

Monika Beisner / Alison Lurie: Vom wundersamen Einhorn und anderen Fabeltieren. Mit Bildern von Monika Beisner zu Geschichten von Alison Lurie. Aus dem Amerikanischen von Ingrid Westerhoff. it 2007

Ivan Bilibin / Alexander Puschkin / Elisabeth Borchers: Das Märchen vom herrlichen Falken und andere russische Märchen mit Illustrationen von Ivan Bilibin. Nacherzählt von Elisabeth Borchers. it 487

– Das Märchen vom Zaren Saltan. Das Märchen vom goldenen Hahn. Nacherzählt von Elisabeth Borchers. Mit Illustrationen von Ivan Bilibin. it 2002

– Wassilissa die Wunderschöne und andere russische Märchen. Das Märchen vom herrlichen Falken. Mit Illustrationen von Ivan Bilibin. Nacherzählt von Elisabeth Borchers. it 2020

Boccaccio: Erotische Geschichten. Ausgewählt aus dem Dekameron des Giovanni di Baccaccio. Aus dem Italienischen von Albert Wesselski. Mit einem Aufsatz von Friedrich Schlegel und Zeichnungen von Jakob Schwarzkopf. it 1078

Elisabeth Borchers: Briefe an Sarah. Text von Elisabeth Borchers. Bilder von Wilhelm Schlote. it 568

159/1/10.90

Kinder- und Bilderbücher im insel taschenbuch

Elisabeth Borchers: Heute wünsch ich mir ein Nilpferd. Bilder von Wilhelm Schlote mit einer Geschichte von Elisabeth Borchers. it 629

– Der König der Tiere und seine Freunde. Bilder von Louise Brierley mit einer Geschichte von Elisabeth Borchers. it 622

– Das Geburtstagsbuch für Kinder. Geschmückt mit Bildern von László Varvasovszky und Versen von Elisabeth Borchers. it 664

Wilhelm Busch: Sämtliche Bilderbogen. Mit einem Nachwort von Gert Ueding. it 620

Lewis Carroll: Alice hinter den Spiegeln. Mit einundfünfzig Illustrationen von John Tenniel. Übersetzt von Christian Enzensberger. it 97

– Alice im Wunderland. Mit zweiundvierzig Illustrationen von John Tenniel. Übersetzt und mit einem Nachwort von Christian Enzensberger. it 42

– Briefe an kleine Mädchen. Herausgegeben und übersetzt von Klaus Reichert. Erweiterte Ausgabe mit dreißig Fotografien des Autors. it 172

– Geschichten mit Knoten. Eine Sammlung mathematischer Rätsel. Herausgegeben u nd übersetzt von Walter E. Richartz. Mit Illustrationen von Arthur B. Frost. it 302

– Die Jagd nach dem Schnark. Übersetzt und ausgeleitet von Klaus Reichert. Mit Illustrationen von Henry Holiday. it 598

Collodi: Pinocchios Abenteuer. Aus dem Italienischen von Nino Erné. Mit farbigen Bildern von Sabine Friedrichson. it 1047

Tankred Dorst: Grindkopf. Libretto für Schauspieler. Mitarbeit Ursula Ehler. Mit farbigen Zeichnungen von Roland Topor. it 929

– Korbes. Ein Drama. Mitarbeit Ursula Ehler. Mit farbigen Zeichnungen von Johannes Grützke. it 1114

Der nackte Mann. Mitarbeit Ursula Ehler. Mit farbigen Zeichnungen von Johannes Grützke. it 857

Emanuel Eckardt: Der Mops von Bornholm. Die Wahrheit über Morten, den einzigen Mops, der ein großer Sänger war. Eine Bildergeschichte von Emanuel Eckardt. it 866

Günter Eich: Der 29. Februar. Ein Märchen. Mit Bildern von Edda Köchl. it 616

Elisabeth Borchers: Ein Fisch mit Namen Fasch und andere Gedichte und Geschichten von Menschen und anderen Menschen. Zusammengestellt von Elisabeth Borchers. it 222

Dick Gackenbach: Theo und Leo. Eine Weihnachtsgeschichte. Vierfarbendruck. it 2017

159/2/10.90

Kinder- und Bilderbücher im insel taschenbuch

– Was ist bloß mit Theo los? Aus dem Amerikanischen von Friederun Meyer-Jürshof. it 2015

Wilson Gage: Mathilde und die Krähe. Eine Geschichte von Wilson Gage mit Bildern von Marylin Hafner. Aus dem Amerikanischen von Friederun Meyer-Jürshof. it 2030

Robert Gernhardt / Almut Gernhardt: Feder Franz sucht Feder Frieda. Eine Geschichte von Robert Gernhardt zu Bildern von Almut Gernhardt. it 2028

– Ein gutes Schwein bleibt nicht allein. 7 Geschichten von Robert Gernhardt und 66 Bilder von Almut Gernhardt. it 2012

– Mit dir sind wir vier. 29 Bilder von Almut Gernhardt mit 28 Geschichten von Robert Gernhardt. it 2003

– Was für ein Tag. Eine Geschichte von Robert Gernhardt. Mit Bildern von Almut Gernhardt. it 544

– Der Weg durch die Wand. 13 abenteuerliche Geschichten von Robert Gernhardt zu Bildern von Almut Gernhardt. it 2010

Grandville: Die beseelten Blumen. Mit Gedichten, ausgewählt von Marianne Beuchert und einem Nachwort von Karl Krolow. 36 kolorierte Stahlstiche. it 524

Elisabeth Borchers: Das große LALULA und andere Gedichte und Geschichten von morgens bis abends für Kinder. Zusammengestellt von Elisabeth Borchers. it 91

Anne Heseler: Das liebe lange Jahr. Mit Bildern und allerlei Versen. it 2008

Hermann Hesse: Bäume. Betrachtungen und Gedichte. Mit Fotografien von Imme Techentin. Zusammenstellung der Texte von Volker Michels. it 455

– Gedichte des Malers. Zehn Gedichte mit farbigen Zeichnungen. it 893

– Magie der Farben. Aquarelle aus dem Tessin. Mit Betrachtungen und Gedichten zusammengestellt und mit einem Nachwort versehen von Volker Michels. it 482

– Schmetterlinge. Betrachtungen, Erzählungen, Gedichte. Zusammengestellt und mit einem Nachwort versehen von Volker Michels. it 385

– Die Stadt. Ein Märchen, ins Bild gebracht von Walter Schmögner. it 236

– Der verbannte Ehemann oder Anton Schievelbeyn's ohnfreywillige Reisse nacher Ost-Indien. Handgeschrieben und illustriert von Peter Weiss. Mit einem erstmals veröffentlichten Opernlibretto von Hermann Hesse. it 260

159/3/10.90

Kinder- und Bilderbücher im insel taschenbuch

Wolfgang Hildesheimer: Endlich allein. Collagen. Mit einer Einführung des Künstlers »Die Ästhetik der Collage«. it 898

– In Erwartung der Nacht. Collagen. Mit einer Einführung des Künstlers »Zu meinen neuen Collagen«. it 1052

Detlef Hoffmann: Gemalte Spielkarten. Ihre Geschichte an handgemalten Beispielen von Detlef Hoffmann. it 912

James Joyce: Die Katze und der Teufel. Eine Geschichte von James Joyce. Deutsche Übertragung von Fritz Senn. Mit Bildern von Richard Erdoes. Vierfarbendruck. it 2024

Marie Luise Kaschnitz: Beschreibung eines Dorfes. Fotografien von Michael Grünwald. it 665

August Kopisch: Die Heinzelmännchen zu Köln. Mit farbigen Illustrationen von Rolf Köhler und einer Nachbemerkung von Heinrich Pleticha. it 2025

Lesebuch für Kinder. Ausgewählt von Elisabeth Borchers. it 999

Der Löwe und die Maus und andere große und kleine Tiere in Fabeln, Geschichten und Bildern, ausgewählt von Anne M. Rotenberg. it 187

Rainer Malkowski / Rolf Köhler: Die Nase. Für Kinder erzählt nach Nicolai Gogol von Rainer Malkowski. Mit Illustrationen von Rolf Köhler. it 549

Friederike Mayröcker / Theodor Eberle: Sinclair Sofokles der Baby-Saurier. Eine Geschichte von Friederike Mayröcker mit Bildern von Theodor Eberle. it 652

Miris: Leben und Taten des Herkules. In Reime gebracht von Miris. Mit Illustrationen von Fritz Steub. Herausgegeben von Karl Riha. it 957

Guillermo Mordillo: Crazy Cowboy. it 2004

– Crazy crazy. Das Dschungelbuch. it 2009

– Das Giraffenbuch. Cartoons. it 37

– Das Giraffenbuch 2. Cartoons. it 71

– Mordillos Träumereien. Und andere wunderliche Geschichten. it 108

Christian Morgenstern / Anne Heseler: Schnauz und Miez. Verse von Christian Morgenstern mit Bildern von Anne Heseler. it 2006

Mutter Gans oder Die alten Ammenreime. Mit Bildern von Kate Greenaway. Ins Deutsche gebracht von Elisabeth Borchers. it 28

Willi der Bücherhamster. Eine Geschichte von Helmut Nachtigall mit Bildern von Alicia Sancha. it 2029

Neuester Orbis Pictus oder die Welt in Bildern für fromme Kinder. Nach der Ausgabe von 1838. Mit einer Vorbemerkung von Friedrich C. Heller und zwei Aufsätzen von Walter Benjamin. it 9

159/4/10.90